TEXTOS E FOTOS SOBRE A **SÃO PAULO COMPANHIA DE DANÇA**

Passado

ASSOCIAÇÃO
PRÓ-DANÇA
ORGANIZAÇÃO SOCIAL DE CULTURA

SÃO PAULO
COMPANHIA DE
DANÇA

—futuro

INÊS BOGÉA (ORG.)

wmf martinsfontes

Sumário

9   Apresentação | MARCELO MATTOS ARAUJO

11   Passado-futuro | INÊS BOGÉA

31   Entretempos: a obra de Édouard Lock | MARCELA BENVEGNU

47   Um olhar sobre a programação clássica | ROLAND CLAUZET

65   Os dedos inconscientes | FELIPE CHAIMOVICH

77   Dança, ritmo e silêncio – um som não tem pernas para ficar de pé | CACÁ MACHADO

89   SPCD – expandindo o público da dança no Brasil | PETER J. ROSENWALD

99   Que país é esse? | AMANDA QUEIRÓS

111   O corpo para fora – trio em 15 movimentos | RODRIGO LACERDA

118   Estreias 2014

178   **Olhares** | *Seleção de críticas e ensaios 2014*

São Paulo Companhia de Dança: um balanço
(ROLAND CLAUZET, *La Danse*) 181

Dança clássica e elegante (VOLKMAR DRAEGER, *Tanznetz.de*) 186

São Paulo Companhia de Dança – sucesso de público
(GABI ELDOR, *Haaretz*) 189

Três surpresas agradáveis (ANAT ZAHARIA, *Yediot Ahronot*) 192

Amor etéreo (PETER ROSENWALD, *Brasil Post*) 194

Ritmo brasileiro sem samba
(CHRISTIANE FASCHING, *Tiroler Tageszeitung*)   197

Com chapéu-coco, charme e cerejas douradas
(JASMINA SCHEBESTA, *Oper*)   198

Um modelo de dança equilibrado em três eixos
(MAYARA DE ARAÚJO, *Diário do Nordeste*)   200

Ensaio sobre o equilíbrio (BIANCA BITTELBRUNN, *A Notícia*)   206

Um jogo brasileiro de emoções (*Corriere dell'Alto Adige*)   208

Primeiro balé romântico, **La Sylphide** *retorna aos palcos*
(IARA BIDERMAN, *Folha de S.Paulo*)   209

Édouard Lock cria para a SPCD
(MARIA EUGÊNIA DE MENEZES, *Estado de S. Paulo*)   210

214   Jogo de corpo | Ensaio fotográfico

229   English version | TRANSLATED BY IZABEL MURAT BURBRIDGE

323   Sobre os autores
330   Referências bibliográficas
332   Créditos das imagens

Apresentação

A preservação da memória da dança e a produção de fortuna crítica sobre a linguagem são dois dos objetivos da São Paulo Companhia de Dança desde sua gênese, em 2008. Em paralelo à criação de um corpo estável de bailarinos, o Governo do Estado de São Paulo implantou um projeto de geração de conhecimento relacionado à dança, que inclui a documentação, a análise e a disseminação de informações.

Nessa missão, a SPCD por vezes reflete sobre a dança como linguagem em sua universalidade; e, por outras, busca analisar os processos criativos da própria companhia. O presente livro de ensaios, o sexto da série, passeia por esses dois mundos. Aqui, o leitor encontrará olhares mais aprofundados sobre o que é visto no palco. Assim, o livro oferece uma segunda camada de conhecimento que estimula a geração de novos sentidos para além da efemeridade dos movimentos.

A São Paulo Companhia de Dança, é importante lembrar, desenvolve também um intenso trabalho de formação de plateias e de difusão da linguagem da dança, levando suas produções e ações educativas para as cidades do interior de São Paulo com o mesmo profissionalismo com que participa de festivais internacionais.

Desse modo, o Governo do Estado de São Paulo reafirma seu compromisso no apoio ao desenvolvimento da linguagem artística, com qualidade e acessibilidade ao maior número possível de paulistas.

Marcelo Mattos Araujo
SECRETÁRIO DE ESTADO DA CULTURA DE SÃO PAULO

Passado-futuro
Inês Bogéa

Ao longo desses seis anos, a São Paulo Companhia de Dança inventou um modo de estar presente não somente no palco, mas também para além dele. Gradativamente, ao lado de diferentes artistas, técnicos, produtores e públicos, criou programas que multiplicaram os sentidos da própria existência da São Paulo e ampliaram os espaços de atuação da arte de dança, buscando reunir, com equilíbrio, contemporaneidade e memória.

Em 2014, a ideia que organizou a temporada – a tradição viva no corpo de hoje, um presente intenso que está impregnado de passado a sugerir um futuro – é também um grande norteador, em alguma medida, de todas as ações da Companhia. Fazer parte de uma tradição é ser capaz de renovar, cultivar e reinventar o passado no presente. É vivo tudo o que nutre, o que interessa, o que tem sucessivas etapas de contestação e renovação do passado. Neste ano, colocamos lado a lado obras de diferentes gêneros da dança clássica e obras contemporâneas, provocando um pouco o olhar a perceber o que é continuidade e o que é ruptura nessa grande trajetória da dança cênica ocidental.

Estreamos quatro obras canônicas: *La Sylphide*, o *Grand pas de deux* de *O Cisne Negro* e *Le spectre de la rose*, três criações de Mario Galizzi a partir das obras originais de, respectivamente, August Bournonville (1805-1879), Marius Petipa (1818-1910) e Michel Fokine (1880-1942); e *workwithinwork*, de William Forsythe. E três criações inéditas: *The seasons*, de

Édouard Lock; *Bingo!,* de Rafael Gomes; e *GEN* de Cassi Abranches, essas duas últimas integrando o programa Ateliê de Coreógrafos Brasileiros. Também reapresentamos obras do repertório da São Paulo: *Bachiana n° 1,* de Rodrigo Pederneiras; *Vadiando,* de Ana Vitória; *Mamihlapinatapai,* de Jomar Mesquita; *Peekaboo,* de Marco Goecke; *Petite mort,* de Jirí Kylián; *Por vos muero* e *Gnawa,* de Nacho Duato; *In the middle, somewhat elevated,* de Forsythe; *Ballet 101,* de Eric Gauthier; e o *Romeu e Julieta* de Giovanni Di Palma. Em cada obra, podemos ver em grande medida as relações sociais e as ideias de cada época.

O trabalho das montagens artísticas está diretamente relacionado à circulação, que neste ano se compôs de 71 apresentações em 18 cidades paulistas (Campinas, Caraguatatuba, Cerquilho, Indaiatuba, Jacareí, Mogi Guaçu, Mogi Mirim, Paraguaçu Paulista, Piracicaba, Poá, Praia Grande, Presidente Prudente, Ribeirão Preto, Rio Claro, São João da Boa Vista, São José do Rio Preto, São Paulo e São Simão); nove apresentações em três outras cidades do Brasil (Recife, Belo Horizonte e Salvador); e 13 apresentações no exterior: Alemanha (Colônia), Itália (Bolzano), Áustria (Innsbruck), Israel (Herzliya, Beersheva, Petah Tikva e Haifa) e Chile (Frutillar). Em cada cidade, apresentamos um repertório específico, que buscou dialogar com as programações e as condições técnicas dos locais.

A produção artística e a circulação ecoam nas ações educativas, de Formação de Plateia em Dança e de Registro e Memória dessa arte. Uma área não apenas reverbera na outra, mas também constrói um pensamento sobre o papel da São Paulo como agente para fortalecer e ampliar o entendimento, a produção e a fruição da arte da dança. Na relação diária das atividades, criamos diferentes expansões e articulações dos trabalhos, abrindo espaço para distintos colaboradores interagirem com a São Paulo.

As ações educativas contemplam palestras, oficinas e espetáculos abertos para estudantes e a terceira idade. Produzimos um documentário de apoio ao professor na sala de aula, abordando diferentes períodos da dança cênica ocidental; produzimos também o Ateliê Internacional de Dança e os programas de acessibilidade comunicacional. São momentos em que se pode conhecer um pouco mais de perto aspectos da realidade do ensino e aprendizagem da dança no Brasil, e é, sobretudo, um tempo para pensar em possibilidades e novas maneiras de viver e perceber a dança, reconhecendo que a estrutura contemporânea traz à tona processos e nos leva à busca da compreensão das diferentes maneiras de a arte se manifestar hoje.

Na área de Registro e Memória da Dança, procuramos diferentes fios da história da dança no nosso país, contextualizando, refletindo e convidando distintos artistas, pesquisadores, escritores e documentaristas a colaborarem conosco na construção desse patrimônio imaterial da arte.

O registro dessa grande pesquisa em movimento se dá em duas séries de documentários (*Figuras da Dança* e *Canteiro de Obras*). Hoje, já são 36 documentários, que, além de serem distribuídos em universidades e instituições de ensino e pesquisa, são veiculados na TV Cultura, no canal Arte 1 e no canal Curta!, propiciando que uma parte ampla da população conheça um pouco mais da história dessa arte no nosso país.

O trabalho continua na publicação de livros de ensaios com fotos e textos de autores variados, do qual este faz parte; no programa Dança em Rede, uma enciclopédia colaborativa de dança no site da Companhia (spcd.com.br); e nos programas de espetáculo, que são materiais de mediação com informações sobre as obras apresentadas.

Nesse movimento de olhar para a dança em geral e para os trabalhos da Companhia em particular, expandimos o espaço de reflexão e desdobramento, desvelamos e dialogamos com diferentes parceiros.

Criatividade, renovação, experimentação, continuidade, memória e diversidade permeiam o trabalho da Companhia, que alcança novas dimensões e nova compreensão de si nas ações e olhares das diferentes plateias e colaboradores. No dia a dia, o presente vivido intensamente nos leva a acreditar e criar um futuro sonhado, desejado e imaginado por todos os que fazem parte dessa trajetória.

Desenhos dos gestos no espaço

Ser uma companhia de repertório foi a escolha de atuação da São Paulo Companhia de Dança, por trazer diferentes fios da história da dança e possibilitar que tenhamos a colaboração de vários coreógrafos, apresentando a diversidade da dança em movimento. Assim, as obras de 2014 se conectam pelo grande tema do ano e também ampliam as linhas do trabalho artístico da São Paulo.

La Sylphide, um conto de fadas para todas as idades, marca o início da história do balé clássico romântico, no qual a dupla aparição feminina – sensual e etérea – simboliza a dualidade do corpo e do espírito.

Essa obra, elaborada por Mario Galizzi para a São Paulo Companhia de Dança, parte do original que August Bournonville (1805-1879) criou em 1836 para o Ballet Real da Dinamarca,[1] depois que Bournonville assistiu, em 1834, à versão de Filippo Taglioni (1777-1871) para o Ballet da Ópera de Paris.[2] O balé de Bournonville traz solos desafiadores, quer pelo uso da técnica dinamarquesa do balé, que apresenta movimentos ágeis, velozes e virtuosos dos pés e sustentação da posição dos braços (em

---

1. Na estreia, a obra teve nos papéis principais a bailarina Lucile Grahn (1919-1907) e o próprio Bournonville.

2. Em 1832, Filippo Taglioni criou *La Sylphide* para Marie Taglioni (1804-1884), sua filha, que dançou o balé inteiro nas pontas, com música de Jean-Madeleine Schneitzhöffer (1785-1852). *La Sylphide* de Taglioni permaneceu no repertório do Ballet da Ópera de Paris até 1863 e foi reconstituído por Pierre Lacotte em 1972. No Brasil, a primeira vez que se viu *La Sylphide* foi em 1848, no Theatro São Pedro de Alcântara, no Rio de Janeiro.

muitos momentos, ao lado do corpo), ressaltando o movimento do torso e dos pés; quer pelo uso da música, acentuando as dinâmicas nos movimentos e incorporando muito do folclore da Dinamarca. O coreógrafo encomendou ao compositor norueguês Herman von Lovenskjold (ou Løvenskiold, 1815-1870) uma música nova para seu balé. Essa versão passou de geração em geração graças à permanência da obra no repertório do Ballet Real da Dinamarca.

No século XIX, a estreia da versão parisiense de *La Sylphide* (1832) havia sido uma revolução no mundo do balé. Engenhocas carregavam as sílfides pelos ares; a coreografia apresentava movimentos que sugeriam elevação, pela proliferação de saltos e *arabesques* (uma perna esticada no chão e outra esticada no ar); a roupa da bailarina (o *tutu*)[3] tinha leveza e fluidez; e talvez a maior das novidades, que se tornou um ícone da dança clássica: a introdução das sapatilhas de ponta, que contribuíram para a definição de uma nova linguagem. Como num sonho, La Sylphide (a sílfide protagonista, tradicionalmente designada em francês) sobrevoa o palco nas suas delicadas pontas, etérea e imponderável. Diferentemente dos seres terrenos, ela parece desprendida da gravidade. Esse jogo de ilusão foi possível também pela introdução da iluminação a gás, uma invenção daquela época (a Revolução Industrial), instalada em 1822 na Ópera de Paris. E pela prática de descer as cortinas entre os atos, ocultando as mudanças mecânicas da cena.

O roteiro de *La Sylphide*, imaginado por Adolphe Nourrit (1802-1839), foi inspirado livremente pelo conto *Trilby, ou le lutin d'Argail* (1822), de Charles Nodier (1780-1844). James, o protagonista do balé, vive momentos

---

3. Eugène Lami (1800-1890) criou novas roupas para as intérpretes: um corpete justo trançado e uma saia esvoaçante de gaze branca (o *tutu*), que marcou para sempre a imagem das bailarinas.

intensos ao lado de três figuras femininas que o cercam e influenciam seu caminho: La Sylphide (ser alado da floresta) traz para a cena o sonho, a liberdade e a paixão; Effie (a noiva de James), a realidade e o cotidiano; e Madge (a feiticeira), a traição, a hostilidade, o desprezo e a vingança. No primeiro ato, todos estão numa casa, num ambiente familiar, conhecido e acolhedor, protegidos entre seus pares; vivem os preparativos para a festa de casamento de James e Effie, e há os encontros e desencontros do amor – Gurn, o administrador da fazenda, ama Effie; James vive entre o amor e o sonho. La Sylphide e a feiticeira aparecem ou desaparecem pelas aberturas da casa (chaminé, janelas e portas), ressaltando a relação entre dentro e fora, natural e sobrenatural, juventude e velhice, ambivalência, ambiguidade, fragilidade. No segundo ato, temos o espaço livre e desconhecido da floresta e encontramos um mundo imaginário permeado de personagens fantásticas como as sílfides, a feiticeira e os bruxos com suas magias. E, por essas paisagens, passam homens e mulheres da comunidade procurando amores, amigos, aventuras e ideais.

Os três distintos grupos presentes na obra trazem qualidades e significados diferentes de movimentos. A comunidade de James dança inspirada no folclore céltico-escocês. Uma dança marcada pelo espírito de cooperação e coesão social na qual se veem movimentos sincronizados com que eles desenham e redesenham o espaço, traçando várias figuras (como círculos, linhas e diagonais) com passos cada vez mais complicados, enérgicos, percutindo os pés no chão. O grupo das sílfides faz movimentos delicados, aéreos, que deslizam sobre a terra e buscam a elevação. A feiticeira e os bruxos, seres que vivem na natureza e lembram o grotesco da vida, têm gestos angulares e assimétricos. De frágil e velha no primeiro ato, a feiticeira retorna no segundo ato no seu elemento, com todos os poderes para gerar o mal. Vemos em cena a realidade e a fantasia, o etéreo e o natural.

La Sylphide é um balé que atravessa gerações por conter temas atemporais como o amor, o casamento, a sexualidade, a natureza humana, o relacionamento entre pares e entre seres diferentes, a liberdade, as dúvidas e os questionamentos do homem diante de si mesmo e dos seus sonhos.

O *Grand pas de deux* de *O Cisne Negro* (que Mario Galizzi recria a partir da obra de Marius Petipa) integra o terceiro ato de *O lago dos cisnes,* um dos balés mais conhecidos no mundo. Nos balés clássicos acadêmicos, a temática dos amores impossíveis e dos seres imaginários permanece como no romantismo, mas a movimentação e o figurinos se modificam: pela verticalização maior do movimento das pernas, por giros infinitos (por exemplo, os 32 *fouettés,* ou giros sobre a mesma perna, que a bailarina executa na coda do *grand pas de deux*),[4] por saltos que desafiam a gravidade nas variações masculinas. E o figurino agora se eriça em volta do quadril da moça, revelando o desenho e o movimento das pernas: passamos do *tutu* romântico, com suas longas saias transparentes, para o *tutu*-bandeja, com a forma redonda a flutuar na altura dos quadris.

Esse duo mostra o encontro do príncipe Siegfried com Odile, o Cisne Negro. Filha do feiticeiro Rothbart, ela deseja encantar o príncipe para que, durante um baile, ele quebre sua jura de amor eterno a Odette, o Cisne Branco, impedindo assim que Odette volte a ser uma princesa, pois somente o amor verdadeiro de um príncipe poderá libertá-la do feitiço de Rothbart – durante o dia, ela é cisne, e somente da meia-noite ao amanhecer volta a ser mulher. Para enganar Siegfried, Odile sutilmente alterna momentos de sensualidade e doçura com outros em que deixa transparecer toda a sua maldade. O desafio para os bailarinos está não só na técnica, mas também na interpretação – o homem e a mulher dividem

---

4. O *grand pas de deux* se divide em cinco partes: entrada, adágio, variação masculina, variação feminina e coda.

a cena igualmente e revelam sua técnica executando passos de extrema dificuldade. Ao mesmo tempo, o duo pede expressividade e capacidade de transmitir as emoções em movimento para contar uma história. Ao dançarmos o *grand pas de deux* isolado do balé completo, provocamos os intérpretes a guardarem no corpo a memória do todo dessa grande obra e sintetizarem a essência dela em movimento.

Le spectre de la rose, original de Fokine que Galizzi também recria para a São Paulo, inspirou-se no poema homônimo de Théophile Gautier (1811-1872)[5] e foi criado em 1911 para o Ballets Russes de Diaghilev, especialmente para dois grandes artistas: Vaslav Nijinsky (1890-1950) e Tamara Karsavina (1885-1978). É a história de uma moça que recebe uma rosa em seu primeiro baile e, ao voltar para casa, adormece e sonha com o espírito da rosa, que é também o perfume do jovem que a presenteou com a flor. A obra mantém o ambiente romântico do sonho e do desejo, mas muda a relação do homem com a mulher: aqui, ela sonha com ele; ela é de carne e osso, e ele é o espírito da rosa, invertendo a polaridade dos balés anteriores, nos quais a mulher é um ser imaginário ligado à natureza e o homem é quem sonha com ela. A música utilizada por Fokine foi *Convite à valsa*, de Carl Maria von Weber (1786-1826), orquestrada por Hector Berlioz (1803-1869) e renomeada *Convite à dança*. Na estreia da São Paulo, escolhemos a versão para piano, trazendo à cena o clima de intimidade da obra.[6]

5. "*Soulêve ta paupière close/Qu'effleure un songe virginal; /Je suis le spectre d'une rose /Que tu portais hier au bal./ Tu me pris encore emperlée/ Des pleurs d'argent de l'arrosoir,/ Et, parmi la fête étoilée, / Tu me promenas tout le soir*" ("Ergue tua pálpebra cerrada,/ Tocada por sonho virginal;/ Sou o espectro de uma rosa/ Que usavas ontem no baile./ Tu me colheste ainda perolada/ Pelas lágrimas argênteas do regador,/ E, na festa estrelada/Me levaste a passear a noite toda"). In: GAUTHIER, Théophile. *La comédie de la mort*. Paris: E. Laurent, 1838; p. 145-146.

6. Na temporada de estreia no Teatro Alfa, em agosto de 2014, o pianista foi Cristian Budu.

Os figurinos e cenários originais de Léon Bakst (1866-1924) ofereciam um contraste entre modernidade e classicismo, pois a roupa de Nijinsky era extremamente diferente e ousada, uma malha com sobreposição de pétalas de rosa, e o figurino de Karsavina remetia ao *tutu* e dialogava com a moda da época. Revistos para a São Paulo por Fábio Namatame, o figurino da moça busca o ideal romântico dialogando com a moda – um vestido prata sobre camadas de tule –, e o do rapaz apresenta uma ligação forte com a natureza e com o desenho do corpo, pela transparência da malha e pela sugestão de uma rosa de tecidos sobrepostos, como se fosse uma tatuagem sobre a segunda pele do figurino. Já a iluminação de Wagner Freire trouxe para a obra tons de azul e âmbar que procuraram revelar três diferentes momentos – a entrada, o sonho e o encontro –, dando intensidades distintas e contribuindo para a dramaturgia da peça.

Aqui há inovações na movimentação, principalmente dos braços do rapaz, ao buscar ondulações e quebras das linhas geométricas do balé, desenhando assim novas linhas no espaço. Esse é um dos solos masculinos mais desafiadores da dança clássica, com giros e saltos em sequência, nos quais o rapaz tem que aliar a delicadeza e a precisão dos pés com a suavidade e a ondulação dos braços. Como diz Galizzi,[7] "os balés de Fokine romperam com a geometria das linhas e dos balés brancos; eram moderníssimos, muito importantes na época".

A obra que remontamos de Forsythe, *workwithinwork*, é um trabalho em que vemos a gramática da dança clássica como base de questões contemporâneas, refletidas pelo uso do espaço e do corpo, pela composição das cenas e pelo tempo e dinâmica dos movimentos, criando um caleidoscópio de gestos. As diversas entradas e saídas do palco promovem um fluxo de movimento e novas configurações e revelam distintas possibilidades do traço

---

7. Entrevista à Marcela Benvegnu em agosto de 2014.

do gesto no espaço. Para Forsythe, é uma dança mais intimista. Nela, os figurinos "tem um pouco mais de *glamour* pelo brilho. Gosto de dizer que é para um coquetel [...]. A luz dá sentido à obra, ela oculta quando deve ocultar, revela partes do corpo, o todo, recorta. Dá um tom de mistério, de intimidade".[8]

A música, *Duetti per due violini, vol. 1* (1979-1983), de Luciano Berio (1925-2003), traz tons, vozes e impulsos para os movimentos.[9] Para Allison Brown, a assistente de coreografia, que participou da montagem original da peça, "cada trecho da música foi dedicado a uma pessoa; é como se fossem cartas escritas em movimento por Forsythe para cada um".[10] Os bailarinos buscam a expansão do corpo no espaço como se pudessem ampliar o próprio espaço do corpo. Para Allison, a obra traz "uma combinação de gestos que conduzem a muitos outros em uma só peça com quadros neoclássicos. [...] Você sai das pontas e encontra esse paralelo de rotações múltiplas e opostas do corpo que vão além desse neoclassicismo". Em alguns movimentos da obra, vemos mais claramente a relação entre o gesto clássico e a linguagem proposta por Forsythe; por exemplo, a dança número 25, uma dança de grupo com *passes, grand battements* e saltos, e a número 28, uma dança também de grupo com *liftings* e *tendus*. Como contraponto às sequências mais clássicas, há um bailarino que cruza a cena improvisando sobre uma sequência preestabelecida.

Segundo Noah Gelber, também assistente de coreografia, o título *workwithinwork* aborda "o trabalho atrás do próprio trabalho, o trabalho dentro do trabalho, o trabalho ao redor do trabalho, o trabalho dentro dele mesmo, o trabalho sobre ele mesmo".

8. Idem.
9. A música é composta de 34 peças para dois violinos, das quais Forsythe coreografou 29.
10. Entrevista à autora deste texto em agosto de 2014.

Já vimos que 2014 foi o ano também de três obras criadas especialmente para a Companhia: *The seasons*, do reconhecidíssimo coreógrafo Édouard Lock; e dois trabalhos de jovens coreógrafos, *Bingo!*, de Rafael Gomes, e *GEN* de Cassilene Abranches, que integram o programa Ateliê de Coreógrafos Brasileiros.

Em *The seasons*,[11] energia, velocidade, pulsões; luz e sombra; reflexões sobre a memória e a percepção do movimento são os grandes temas.

Lock é diretor da internacionalmente aclamada companhia canadense La La La Human Steps. A primeira obra em que utilizou sapatilhas de ponta foi *Bread Dances* (1988), criada para o Het Nationale Ballet, da Holanda. De lá para cá, criou peças emblemáticas como *Exaucé/Salt* (1999), *Amelia* (2002) e *Amjad* (2007), consolidando uma linguagem pessoal e audaciosa.

O coreógrafo se utiliza do vocabulário atual da dança, numa peça de grande energia e extrema intensidade. Seu gestual oscila entre movimentos vigorosos – por vezes fluidos, por vezes angulares – e outros muito suaves. Lentidão e rapidez intensa permeiam as cenas, na velocidade do pensamento, desorientando nossa percepção.

Embora a base dos movimentos possa ser clássica, é entremeada de pequenas atitudes do cotidiano; mas o que é conhecido, aqui se vê transformado por outros gestos, outros empuxos, outras resoluções, num contexto que põe em xeque, também, noções de gênero e sexualidade.

Para Lock, a técnica clássica enfatiza a compreensão do corpo como construção estrutural – um conjunto de linhas idealizadas, que são distorcidas pela pluralidade de detalhes e complexidades da coreografia e de sua relação com o ambiente da obra. Na desconstrução e reconstrução dos movimentos e na adaptação deles aos tempos de hoje, o coreógrafo

---

11. Para saber mais, veja o texto de Marcela Benvegnu neste volume, página 31.

explora o corpo em toda a sua versatilidade. A dança transita no limite da fisicalidade, com giros que parecem não ter fim, executados numa velocidade extrema; gestos *staccato* de braços e pernas; suspensão e contração do corpo; virtuosismo e espontaneidade; movimentos expressivos, controlados e dinâmicos.

O trabalho foi criado para 12 bailarinos e apresenta solos, duos e trios, entremeados por movimentos do grupo. Os bailarinos dividem o palco com os cinco músicos do Percorso Ensemble (duas violas, dois violoncelos e um contrabaixo, sob a direção de Ricardo Bologna). Na cena podemos observar diversas camadas, que interagem ou interferem umas com as outras – dança, música, cenário e luz – e serão reorganizadas a partir da percepção do espectador. Cada elemento que se apresenta interfere e cria novas relações, tanto para quem vê quanto para quem está na cena.

As parcerias de Lock com músicos como David Bowie, Frank Zappa (1940-1993), David Lang e Gavin Bryars também marcaram época. Para *The seasons*, o coreógrafo convidou Bryars para compor uma trilha original com base em *As quatro estações*, de Antonio Vivaldi (1678-1741), uma das mais populares peças do repertório barroco, composta em 1723 e publicada em 1725 como parte de *Doze concertos de Vivaldi, op. 8: A disputa entre a harmonia e a invenção*. Título emblemático para o tema em questão. Bryars dividiu a música em 12 movimentos, como na obra original, novamente partindo do passado e criando algo novo.

A luz concebida por Lock é marcada por contrastes: do escuro profundo à luminosidade intensa; da iluminação direta ao uso de espaços sombreados. Uma luz cinematográfica, impulsionada pelo movimento do bailarino. Praticamente todo gesto tem seu correspondente em algum movimento da luz, que corta o espaço como se editasse ao vivo o que se vê. Ao mesmo tempo, o coreógrafo cria opções para o espectador ao usar simultaneamente elementos diversos da cena.

Para Lock, a técnica do balé continua sendo uma ferramenta poderosa para abordar temas contemporâneos e expor os conflitos inerentes à nossa percepção evolutiva do corpo.

As imagens criadas pelo coreógrafo em *The seasons* revitalizam – ou seja, tornam vivo, de novo – o sentido da memória da dança. Reconhecemos o considerável arrojo e o humanismo revigorado do artista, ao descobrirmos nos diferentes tempos da obra uma forma possível de resistência e entrega à dança do nosso tempo.

Estações da dança

Ao longo desses seis anos, os programas educativos e de Formação de Plateia em Dança vêm abrindo espaços de encontro e troca de ideias diretas com o ensino e a aprendizagem da dança no Brasil, especialmente no Estado de São Paulo.

Em 2014, além dos programas regulares da companhia, realizamos o 1º Ateliê Internacional São Paulo Companhia de Dança, em Piracicaba (SP), no Engenho Central.[12] Reunimos professores, orientadores e coreógrafos convidados do Brasil, Alemanha, Estados Unidos, Rússia, Espanha, Inglaterra e Bélgica, com um total de 173 participantes. O Ateliê buscou ser um espaço de arte, de troca de ideias, de movimento, de encontros, e deu continuidade de forma completar ao 1º Seminário Internacional de Dança (2013). Foi uma imersão na qual alunos de dança vivenciaram aulas práticas (dança clássica e contemporânea) e teóricas (história da dança no Brasil e no mundo) com professores do país e do exterior (Hilary Cartwright, Paulo Caldas, Miriam Druwe, Ludmila Sinelnikova, Henrique Rochelle, Tindaro Silvano, Dimitri Magitov, Ana Terra, Luiz Fernando Bongiovanni) e participaram de processos criativos com coreógrafos brasileiros (Beatriz de

---

12. O Ateliê ocorreu entre 29 de abril e 3 de maio, marcando o Dia Internacional da Dança.

Almeida, Samuel Kavalerski, Clébio Oliveira, Allan Falieri, Jorge Teixeira, Daniela Cardim e Erika Novachi) e com o belga Eric Frédéric.

Os professores acompanharam as aulas dos alunos e se reuniram ao final de cada dia, dialogando com seus pares e com um profissional especializado em diferentes linguagens da dança (Ana Terra, Tindaro Silvano, Marcela Benvegnu, Vera Aragão, Miriam Druwe). Os alunos de fotografia e jornalismo fizeram a cobertura desse encontro coordenados por profissionais da área (Eleni Destro, para jornalismo, e Wilian Aguiar, para fotografia) e, ampliando o espaço de especialização, e, com o apoio do *Jornal de Piracicaba*, tiveram a oportunidade de publicar suas primeiras matérias e fotos no jornal impresso. Todos juntos assistimos aos espetáculos da São Paulo e da Cia. Estável de Piracicaba (Cedan) e aos processos coreográficos dos participantes. Foram 40 horas de atividades, muitos encontros e convívio diário para compartilharmos ideias em movimento e abrirmos mais espaço para reflexão sobre o ensino e aprendizado da dança hoje no nosso país.

Este ano, também aumentamos as ações de acessibilidade comunicacional, disponibilizando em todos os espetáculos da Companhia, a partir de abril, os recursos de audiodescrição, legendagem e Libras. Aprendemos a ver novas possibilidades de percepção da dança e do trânsito entre pessoas na cidade e a dialogar com diferentes entendimentos da arte hoje. São vários passos até chegarmos ao espetáculo: os técnicos especializados assistem aos ensaios das coreografias e, junto com a equipe interna, elaboram um texto (com informações sobre a coreografia, o cenário, o figurino, os movimentos dos bailarinos). Esses roteiros são lidos por um especialista e gravados. Além disso, são transcritos seguindo as regras de acessibilidade na linguagem dos sinais. Durante os espetáculos, a audiodescrição, a legendagem e a Libras são disponibilizadas em *smartphones* e *tablets* por meio do aplicativo WhatsCine, cujo *download* é gratuito. A Companhia disponibiliza dez *tablets* e 30 fones aos interessados e auxilia aqueles que já possuem *smartphones* ou *tablets* a baixarem o *app*.

Os programas educativos buscam ampliar os espaços da dança como lugar de reunião, como ponto de encontro; um centro de emissão, produção, formação, retransmissão ou recepção dos sinais dessa arte.

Tempos da dança

Para quem se dedica a estudar a arte da dança no nosso país, a dificuldade de encontrar materiais de referência, seja em livros, seja em vídeos, é uma realidade.[13] Nesse contexto, foi possível, com a criação da Companhia, ampliar e sistematizar um programa voltado para o registro e memória da dança no Brasil.

Em 2014, chegamos ao 30º documentário[14] da série *Figuras da Dança*,[15] que aborda a carreira de diferentes artistas contada pelo biografado

---

13. Em 1988, Eduardo Sucena (1920-1997) lançou *A dança teatral no Brasil*, um dos livros que ainda hoje são referência na historiografia da dança no país. SUCENA, Eduardo. *A dança teatral no Brasil*. Rio de Janeiro: Ministério da Cultura; Fundação Nacional de Artes Cênicas, 1988.

14. *Figuras da Dança 2008*: Ady Addor, Ivonice Satie (1951-2008), Ismael Guiser (1927-2008), Marilena Ansaldi e Penha de Souza; *Figuras da Dança 2009*: Tatiana Leskova, Luis Arrieta, Ruth Rachou, Hulda Bittencourt e Antonio Carlos Cardoso; *Figuras da Dança 2010*: Sônia Mota, Marcia Haydée, Décio Otero, Angel Vianna e Carlos Moraes; *Figuras da Dança 2011*: Ana Botafogo e Célia Gouvêa; *Figuras da Dança 2012*: Edson Claro (1949-2013), Ismael Ivo, Lia Robato e Marilene Martins; *Figuras da Dança 2013*: Cecília Kerche, Eva Schul, J.C. Violla, Hugo Travers e Janice Vieira; *Figuras da Dança 2014*: Paulo Pederneiras, Eliana Caminada, Jair Moraes e Mara Borba. Os documentários tiveram codireção de Inês Bogéa e Antonio Carlos Rebesco (Pipoca), em 2008; Sergio Roizenblit, em 2009; e Moira Toledo, em 2010. Desde 2011 têm direção de Inês Bogéa.

15. O nome *Figuras da Dança* foi criado na palestra desta autora durante a primeira edição dos Seminários de Dança do Festival de Dança de Joinville, em 2007. Para saber mais: PEREIRA, Roberto; MEYER, Sandra & NORA, Sigrid. *História em movimento – biografias e registros em dança*. Caxias do Sul: Lorigraf, 2008.

em diálogo com parceiros da sua trajetória. A série *Canteiro de Obras*,[16] que aborda as atividades e os bastidores da própria Companhia, chega neste ano à sexta edição. Esses materiais, além de serem testemunhos dos tempos em que vivemos, são preciosos para quem vier depois poder estudar e registrar a história da dança neste período, somando esforços com os diversos pesquisadores de diferentes partes do Brasil que se debruçam na área de registro e memória da dança.

Em alguma medida, as *Figuras da Dança* demarcam o território no qual se criou a São Paulo, revelando a rede da dança e seus adensamentos em grupos, companhias e movimentos em diferentes tempos dessa arte no Brasil dos séculos XX e XXI. Cada trajetória ecoa ou reverbera outra, mesmo que seja em diferentes lugares do nosso país; muitas pessoas traçam suas carreiras percorrendo diferentes cidades e estabelecem relações diminuindo as distâncias geográficas.

Nos documentários, podemos ver determinados movimentos, com diferentes visões de distintas gerações, em instituições emblemáticas do nosso país. Por exemplo, podemos conhecer momentos específicos do Corpo de Baile (oficializado em 1936) do Theatro Municipal do Rio de Janeiro, na voz de Tatiana Leskova, Eliana Caminada, Ana Botafogo e Cecília Kerche; do Balé da Cidade de São Paulo (criado em 1968), pelas trajetórias de Antonio Carlos Cardoso, Hugo Travers, Marilena Ansaldi, Ivonice Satie (1951-2008), Sônia Mota, Luis Arrieta e Mara Borba; do Balé Teatro Castro Alves, de Salvador, que inicia suas atividades em 1981, com direção de Antonio Carlos Cardoso e alunos do gaúcho Carlos Moraes (o qual já morava em

---

16. *Canteiro de Obras 2008*, direção de Antônio Carlos Rebesco (Pipoca) e Inês Bogéa; *Canteiro de Obras 2009*, direção de Sergio Roizenblit e Inês Bogéa; *Canteiro de Obras 2010*, direção de Moira Toledo e Inês Bogéa; *Canteiro de Obras 2012*, direção de Evaldo Mocarzel; *Canteiros de Obras 2013*, direção de Jurandir Müller e Kiko Goifmann; *Canteiro de Obras 2014*, direção de Rica Saito.

Salvador havia alguns anos), criando diversos movimentos da dança clássica com acentos locais; do curso de dança da Universidade Federal da Bahia e do Grupo Axé, na trajetória de Lia Robatto; ou do Balé Teatro Guaíra, de Curitiba, que foi criado em 1969 e cuja história coincide em muito com a carreira de Jair Moraes.

Um pouco do que se passou na cena em geral com a criação de grupos privados e movimentos de classe é algo que podemos conhecer pelas vozes de Ady Addor, Ismael Guiser (1927-2008), Penha de Souza, Ruth Rachou, Célia Gouvêa, J.C. Violla, Hulda Bittencourt, Décio Otero e Janice Vieira, no Estado de São Paulo; e Marilene Martins, Angel Vianna e Paulo Pederneiras, em Belo Horizonte. Marcia Haydée e Ismael Ivo cruzaram o mundo e levam para outros países a maneira brasileira de lidar com a arte. No Rio Grande do Norte, Edson Claro (1949-2013) fez multiplicar o movimento de relacionar a dança com a educação física nos espaços fora e dentro da universidade, algo que ele já havia feito em São Paulo anos antes de ter-se mudado para Natal. Em Porto Alegre, Eva Schul cria espaços para a dança contemporânea.

Em muitos casos, os artistas participam de mais de uma instituição e constroem suas carreiras também na cena livre, e os documentários mostram as relações fortes que cada um teve com determinadas instituições ou espaços, fortalecendo assim a dança de cada lugar – sem esquecermos que o trânsito dessas personalidades enriquece a dança do Brasil como um todo.

Palavras e imagens

Este livro segue a tradição dos anteriores, trazendo a voz e o olhar de pessoas de diferentes áreas do conhecimento – literatura, música, artes plásticas e dança.

Marcela Benvegnu reflete sobre *The seasons*, a criação de Édouard Lock. Roland Clauzet analisa os balés *La Sylphide* e *Le spectre de la rose*. Felipe

Chaimovich escreve sobre a historicidade dos dedos e das mãos no balé. Cacá Machado traz um texto que, entre ensaio e crônica, comenta a música dos corpos na cena. Peter Rosenwald aborda a relevância da SPCD no cenário da dança brasileira. Amanda Queirós faz uma retrospectiva das criações de coreógrafos brasileiros para a SPCD. Rodrigo Lacerda apresenta um ensaio dividido em três movimentos, tendo uma bailarina como personagem. Há também um ensaio fotográfico de André Porto, chamado *Jogo de corpo*, com imagens que relacionam a dança ao futebol. O material conta ainda com críticas e ensaios sobre a SPCD que, publicados ao longo de 2014, registram e comentam um pouco da temporada desse ano, com diferentes visões sobre a Companhia, tanto no Brasil como no exterior.

Entretempos: a obra de Édouard Lock
Marcela Benvegnu

Se em 2013 Inês Bogéa, diretora artística da São Paulo Companhia de Dança (SPCD), se debruçou sobre a temática *Amor, vida e morte* para dar sentido às obras escolhidas para a temporada, em 2014 ela optou por pensar o tempo. Intitulada *Passado-futuro*, a temporada do ano prevê sete estreias[17] que "apresentam a tradição viva no corpo e pretendem mostrar o que é continuidade e ruptura na trajetória da dança cênica ocidental".[18] Entre essas estreias, a quarta criação internacional[19] da Companhia sintetiza o tema: *The seasons*, de Édouard Lock, coloca lado a lado a tradição, a memória e a possibilidade da ruptura, ao mesmo tempo que as atualiza.

17. Além da obra de Édouard Lock, as estreias de 2014 foram *La Sylphide*, de Mario Galizzi, a partir do original de August Bournonville (1805-1879); *Grand pas de deux* de *O cisne negro*, de Galizzi, a partir do original de Marius Petipa (1818-1910), *Le spectre de la rose*, também de Galizzi, a partir do original de Michel Fokine (1880-1942); *workwithinwork*, de William Forsythe; *Bingo!*, de Rafael Gomes; e *GEN* de Cassi Abranches. Outras obras do repertório da SPCD compõem os programas.

18. Inês Bogéa, diretora artística da SPCD, em *Passado-futuro*, publicado no site da São Paulo Companhia de Dança (www.spcd.com.br).

19. A primeira criação internacional da SPCD foi *Polígono* (2008), do italiano Alessio Silvestrin, revisitada em versão reduzida em 2009. Foi seguida de *Peekaboo* (2013), do alemão Marco Goecke, e de *Romeu e Julieta* (2013), do também italiano Giovanni Di Palma.

Em 2014, Lock chegou ao Brasil para criar para a São Paulo num dia simbólico: 28 de janeiro, data em que a Companhia comemorava seis anos e lançava *Jogo de corpo – ensaios sobre a São Paulo Companhia de Dança*, publicação que antecede este volume. Lock, um mito do cenário da dança, agora precisaria ser desvendado pelos bailarinos da São Paulo, e vice-versa.

A principal ideia do coreógrafo para a criação de *The seasons* era a interação entre a memória e a percepção da plateia no instante em que a coreografia acontece. "Nessa peça existem três níveis de memória: a memória cultural de *As quatro estações* [1723], de Antonio Vivaldi [1678-1741], que é revisitada na trilha de Gavin Bryars e reconhecida em alguns momentos pela plateia; a memória cultural do próprio balé clássico, que está na sociedade há tempo suficiente para que possa ser reconhecido pelas pessoas; e a memória pessoal e cultural do corpo de cada um, que tem distorções devido às influências do nosso tempo. Esses três níveis interagem de forma direta: a memória cultural da música; a memória cultural de uma forma de arte que é o balé clássico; e a memória cultural individual do corpo de cada um. Juntas, elas criam novos posicionamentos e, portanto, uma tensão em que a obra se insere para existir", diz Lock.[20]

Ele pondera que a dança clássica é um reflexo da sociedade do tempo em que essa dança surgiu; e que o coreógrafo pode atualizar a percepção sobre essa linguagem na contemporaneidade. Para serem dançadas, suas obras exigem do intérprete algo além da técnica. "O que procuro num bailarino é inteligência. Dançar é muito difícil, vai além da execução dos passos. É preciso saber ser outra pessoa, e não representar uma personagem. É um erro tornar-se a personagem. Na minha coreografia, os bailarinos precisam fugir de hábitos antigos. É essa inteligência o que busco, o que me importa."

---

20. As citações de Édouard Lock neste texto foram concedidas a esta autora e a Inês Bogéa, em 24 de fevereiro de 2014, no Teatro Mars (São Paulo), em entrevista.

Dos 53 bailarinos da São Paulo, Lock escolheu 12 – Ana Paula Camargo, Daniel Reca, Joca Antunes, Leony Boni, Lucas Axel, Lucas Valente, Luiza Lopes, Morgana Cappellari, Pamela Valim, Renata Alencar, Vinícius Vieira e Yoshi Suzuki – para dar corpo à sua criação. "Quando fiquei sabendo que íamos dançar uma obra do Lock, eu só pensava que precisava estar neste elenco. Fiquei imaginando como seria trabalhar com ele e como conseguiríamos a qualidade de movimento que ele exige. Estudei muito e sabia o que deveria buscar. Não foi uma audição fácil. Era preciso apresentar segurança em sequências muito complexas", lembra Valente.

"Essa audição foi muito diferente. Os auxiliares de ensaio ficavam na sala com *tablets* gravando as sequências de movimento que ele criava aleatoriamente para cada bailarino para que pudéssemos decorar depois. Era uma mistura de dança clássica com movimentos cotidianos muito rápidos, e, a cada vez que executávamos, Lock pedia uma intenção diferente", completa Reca.

Depois de aproximadamente três meses de trabalho, a estreia mundial de *The seasons* aconteceu no Teatro Castro Mendes, em Campinas (SP), nos dias 25 e 26 de abril, com lotação esgotada em ambas as apresentações.

As quatro estações

1. *Movimento*. É na velocidade do movimento e da luz que a obra de Lock se revela e se oculta. A coreografia é estruturada em 12 partes, uma para cada mês do ano, marcando as quatro estações.[21] Quando a cortina se abre, cinco músicos estão colocados ao fundo do palco; na penumbra, num foco à frente e ao centro, está Yoshi Suzuki, parado, de torso nu e

---

21. A obra foi elaborada segundo as estações do ano na Europa: inverno (dezembro, janeiro e fevereiro), primavera (março, abril e maio), verão (junho, julho e agosto) e outono (setembro, outubro e novembro).

cabeça em sentido oposto à plateia. A movimentação começa devagar e não anuncia o que vem a seguir. A cabeça de Suzuki se vira para a frente, e seus braços e pernas deslizam rapidamente para baixo, ainda no silêncio. Uma imagem semelhante a um fauno é brevemente percebida quando a luz conduz o olhar do espectador para outra cena. É o registro num piscar de olhos.

É um janeiro de inverno, e os movimentos rápidos e ágeis refletidos no chão criam uma imagem dupla no bailarino, como se este estivesse à sua própria sombra. O suor ganha volume, encontra o ar pelas piruetas e some no espaço quando outros dois bailarinos (Antunes e Reca) entram no palco. Eles dividem três focos dentro de um único ao mesmo tempo, e não se sabe mais onde cada um está. Os movimentos são percebidos, mas não decifrados; tudo é muito rápido, o gesto risca o espaço. Simples movimentos cotidianos – o ato de passar a mão no cabelo ou no canto da boca ou o de dobrar os punhos – ganham complexidade ímpar pela velocidade com que são executados.

"Lock dizia que queria que a plateia não entendesse os movimentos, que, quando fossem pensar que gesto era aquele não daria mais tempo de ver porque ele já teria desaparecido no ar. Ele nos pedia força para sermos cada vez mais rápidos ao fazer os movimentos", conta Reca. Nesse momento, percebemos que *The seasons* faz eco em *Supernova* (2009), criação de Marco Goecke para o Scapino Ballet (Roterdã), remontada para a SPCD em 2011, em que o coreógrafo diz o mesmo sobre a velocidade do movimento. "Você pode fazê-lo cada vez mais rápido, então dificilmente ele vai existir no final."[22]

Marcado pelo duo de Luiza e Antunes, fevereiro tem ao fundo outros intérpretes (Axel e Vieira). É nessa cena que se ouve um trecho da peça de

---

22. Em entrevista a esta autora por e-mail para o programa de sala da SPCD, em 5 de agosto de 2011.

Vivaldi, mantida por Bryars na estrutura da obra para que se possa reconhecer a tradição da composição viva no corpo dos intérpretes. O duo se mostra diferente da movimentação anterior; é mais clássico, ao estilo *pas de deux*, suave. As pernas e os giros sobressaem. As formas da dança clássica, como desejava o coreógrafo, são imediatamente reconhecidas. A movimentação, em sua maior parte, se realiza no meio do palco, à frente, como na estrutura dos grandes clássicos – em que os solistas se colocam à frente do corpo de baile e no centro do palco –, e a sapatilha de ponta se torna uma extensão do corpo da bailarina; uma prótese que, sendo a continuidade de suas pernas, a tira do eixo. "Durante a montagem, o trabalho nas pontas foi intenso e fez com que adquiríssemos uma musculatura mais rígida. Neste balé, quase não ficamos com o pé no chão; todo o trabalho de *élevés*[23] deve ser muito rápido e quase não existe uma preparação para subir nas [sapatilhas de] pontas", pontua Pamela.

É no mês de março, com a chegada da primavera, que se percebe todo o elenco da coreografia. Uma fila de mulheres e homens em diagonal, sentados no chão, anuncia outro duo. Na cena, Vieira e Morgana trazem a sensação de tensão, disputa. A respiração parece mudar. Os outros bailarinos entram e saem de focos sem que se veja o início do movimento nem para onde partem. É como procurar e não achar. A música, mais uma vez, traz à memória a peça de Vivaldi.

Nos dois meses seguintes, um trio e um quarteto. O primeiro, abril, é de Antunes, Valente e Ana Paula, e os movimentos da bailarina precisam da força e do contato com os bailarinos para acontecer. Uma espécie de pergunta e resposta dos corpos, como se ela precisasse escolher somente um para ficar. O quarteto que segue, é de Pamela, Axel, Vieira e Suzuki (maio). No encontro,

---

23. *Élevé* é um termo francês que significa elevado (alto). É o movimento que a bailarina realiza para subir na ponta ou meia ponta sem fazer uso de uma flexão de joelho.

a dúvida. A movimentação, embora pareça a mesma, é pontuada por pequenos e velozes saltos revelados pela luz aos olhos do espectador.

No mês de junho, com a chegada do verão, é a luz que apresenta os braços e os rostos dos intérpretes e conduz, ao mesmo tempo que confunde, o olhar da plateia nas sequências de Ana Paula, Renata, Boni e Valente. Os focos centrais se acendem e se apagam na velocidade do movimento, e não se sabe ao certo onde está cada bailarino, ora dentro, ora fora, ora nas bordas. É luz o que se move. Os duos da sequência são mais leves, pontuados. Os movimentos, mais claros, definidos. Os bailarinos trocam de parceiros, fazem um trio, um solo. O espectador já não consegue se lembrar das formações anteriores, tamanho o zigue-zague provocado pelas entradas e saídas, sejam pelas laterais, sejam pelo fundo de cena.

Julho anuncia-se com a volta do duo de Luiza e Antunes. Ao centro, executam uma sequência em que as pernas altas são lançadas ao espaço o tempo todo e a música mais forte deixa um clima de tensão no ar. Com a saída de Joca, todos os outros homens entram no palco (agosto), e a bailarina se despede de um por um, como se o seu escolhido fosse o último a ficar. São oito focos para seis bailarinos, um entra e sai de corpos na luz. Eles giram, saltam, vão ao chão. Pamela entra correndo e escolhe o seu alvo, Axel. O duo revela uma sequência em que não só coloca os movimentos da dança clássica em evidência, assim como nas entradas anteriores de Luiza, mas também traz toda a velocidade e o sentido dos movimentos cotidianos apresentados; é um duo de outono (setembro), que suspende o espectador da cadeira, não com o final inesperado, marcado por uma gargalhada de Pamela sobre Axel, mas com o entrosamento da dupla, a força, a velocidade das mãos na luz.

Os três meses seguintes e finais marcam um trio, em outubro (Reca, Antunes e Morgana), e dois duos: um em novembro (Ana Paula e Valente) e outro em dezembro (Luiza e Antunes). "No *pas de deux*, Lock juntou dez pequenas sequências diferentes que tínhamos aprendido, depois de ter descartado outras dez, e fez uma coreografia de aproximadamente cinco minutos. Na última semana antes da estreia, mexeu novamente, incluindo e excluindo partes, deixando o *pas de deux* com quatro minutos e meio", conta Valente. Ana Paula explica que, ao dançar essa peça, pensa na velocidade como resultado, e não ponto de partida. "A dança começa com a energia que Lock pedia, passa para a coreografia, para o movimento, e a velocidade é resultado dessa explosão."

O duo final é a volta de Luiza e Antunes, que costuram o balé todo, elucidando o tema da memória da dança clássica atualizada pelo tempo e pela velocidade do movimento. Quando conclui sua movimentação, o casal caminha para a frente; e pelo fundo do palco, e por detrás dos músicos, entram os outros bailarinos. O balé termina com o elenco frente a frente com a plateia. "A estrutura da coreografia é a parte mais importante da dança. Não é um movimento específico, mas como o movimento se correlaciona com o todo, com as linhas, as formas. As sapatilhas de ponta são um símbolo de memória, e alguns momentos da coreografia fazem alusão à estrutura dos balés clássicos; mas o nível de complexidade, os detalhes e a velocidade tiram aquela estrutura desse lugar, encontrando outro tempo", afirma o coreógrafo.

2. *Luz*. É na (e pela) luz que a estrutura da coreografia se constrói. O palco é escuro, e são os focos (isolados, sequenciais ou um dentro do outro) o que clareia o espaço para que a movimentação aconteça. Em alguns momentos, a luz antecede o movimento, iniciando o caminho que será percorrido pelo intérprete; em outros, suspende a plateia e a confunde. Sem a luz, a dança não acontece.

Lock não é um artista convencional. Durante dois meses, dividiu seu tempo entre os ensaios na sala da São Paulo Companhia de Dança e o

Teatro Mars, onde montou uma estrutura de luz para colocar a coreografia na cena antes mesmo de ela existir. Era preciso criar ali, ver como a luz dançaria com o movimento dos bailarinos. O resultado foram 668 mudanças de luz ao longo dos 50 minutos de coreografia. Milton Coatti, professor e ensaiador da SPCD, conta que Lock parava para desenhar a luz conforme ia vendo os gestos coreografados. "Era um trabalho meticuloso. Cada foco tem um ângulo certo, uma parte específica do corpo para destacar. Em alguns momentos, a luz não muda de lugar; o que muda é o ponto de onde ela vem. São muitos pontos de vista."[24] "Cada gesto tem seu correspondente num movimento da luz, que corta o espaço como se editasse ao vivo o que se vê",[25] completa Inês.

"Quando pensamos em luz, a primeira ideia é clarear a cena. Mas a sombra também é luz, assim como a escuridão é. Tudo significa revelar algo, mostrar os detalhes de alguma coisa. A luz é muito mais interessante quando você esconde, do que quando você revela. É preciso alterar a textura da cena, não somente seguir um bailarino. Dessa forma, você cria essencialmente uma percepção interna do que as pessoas veem, porque elas não veem a realidade; veem, isto sim, partes do que está acontecendo, e tudo o que não é iluminado pode ser preenchido pela memória do espectador. Desse modo, temos uma visão individual, diferente, em cada olho", diz o coreógrafo.

3. *Figurino e cenário*. "O modo que eu trabalho a iluminação e a complexidade do movimento me faz pensar que a plateia precisa entender as formas que estão na cena, porque o público tem uma série de obstáculos para

---

24. Em entrevista a esta autora por e-mail em 28 de agosto de 2014.
25. Em *A dança no tempo*, texto escrito para o programa de sala de *The seasons*, em abril de 2014.

superar antes de prestar atenção no figurino ou no cenário. Estes, portanto, devem ser diretamente acessíveis ao olho de quem vê", diz Lock.

Desde a década de 1980, o coreógrafo é adepto dos corseletes – que surgem na história da moda no século XVI, para dar mais ênfase ao busto e à cintura das mulheres. Segundo ele, a peça apresenta o físico e a extensão dos movimentos das intérpretes e, mesmo depois de mais de 30 anos, continua presente nas suas obras, com mais texturas e representações. Para assinar o figurino feminino da SPCD, Lock convidou Liz Vandal, com quem trabalha há mais de 25 anos.

"Um figurino para a dança deve ser bonito, funcional, e deve servir o movimento, porque não é moda, é dança", diz Liz.[26] "O figurino feminino é um corselete preto com transparências, e, pela primeira vez na história das suas coreografias, usamos detalhes em vermelho. São detalhes praticamente invisíveis que, colocados dentro do tecido preto, alteram a percepção da roupa quando iluminada." Lock conta que o atrai fazer algo quase imperceptível pelo olho do outro mas importante para o bailarino, porque este sabe o que veste. As bailarinas usam meias-calças transparentes, que alongam a silhueta. "Quando você tem um corpo com braços e cabeças livres, as pernas são extensões da roupa, e a textura é importante para a luz e para o bailarino. Ele sabe que aquele figurino está cheio de detalhes, tal como a coreografia que dança. É um conjunto", explica o coreógrafo.

Os homens vestem terno, figurino tradicional das obras do coreógrafo, assinado por ele. "Acredito que é interessante quando o público reconhece algo em comum com a pessoa que está no palco e esse reconhecimento se dá por meio da roupa. Assim, um homem sentado na plateia reconhece o tipo de roupa que ele próprio usa, mas no palco, fazendo coisas muito diferentes do que ele faz com o terno no dia a dia. Portanto há um traço em

---

26. Em entrevista a esta autora em 7 de abril de 2014, em São Paulo.

comum, ao mesmo tempo que há uma distorção", diz o artista. Os bailarinos vestem calças pretas e, em alguns momentos, camisa e blazer da mesma cor.

Lock não deu muitas referências da obra para a criação de Liz, e não foi diferente com Armand Vaillancourt, que assina a cenografia. "Eu só disse para Armand se basear na obra de Vivaldi e fazer algo que fosse interessante e refletisse a memória daquela música. Ele criou formas orgânicas que ficam nas laterais das coxias e aparecem e desaparecem no meio do espetáculo. Se as pessoas quiserem ignorar a coreografia e olhar para o cenário, poderão fazê-lo. É só outro ponto de vista. É um palco muito complexo, e a plateia pode entrar por caminhos improváveis."

Vaillancourt criou 96 diferentes placas de alumínio, conectadas em 12 painéis, cada um com seis placas, que fazem as vezes da coxia, criando um limite entre o palco e os bastidores, e se movem durante a coreografia, ficando a alturas distintas do chão. Os painéis podem ser vistos em diferentes ângulos e posições na cena. "Queria um sentimento orgânico com inspiração na natureza. Os diferentes desenhos representam ramos e raízes de árvores organizados no espaço", explica Vaillancourt.[27]

4. *Música*. Se o título da obra faz referência à música, esta foi a última a ser organizada pelo coreógrafo. Segundo Lock, existe uma tradição no encontro da música com a dança, e as duas, para acontecerem juntas, não precisam ser criadas ao mesmo tempo. "A música é uma mídia emocional, faz com que os sentimentos aflorem de forma rápida e forte. Pode fazer as pessoas ficarem tristes ou alegres. A emoção está muito mais presente no ouvido do que nos olhos. Os olhos são mais frios, veem o trabalho e, quando você acrescenta música, mudam. Prefiro criar as estruturas visuais – que têm equivalência nas estruturas musicais –, dar ritmo e, depois disso, fazer

---

27. Em entrevista a esta autora por e-mail em 14 de abril de 2014.

dança e música coexistirem. O bailarino não precisa depender da música para se inspirar para a dança. Ele já trabalhou no silêncio."

Valente relembra que Lock não queria que os bailarinos se relacionassem com a música. "Ele dizia que deveríamos nos esforçar para manter a sensação interna e que a música era um estímulo para o espectador. Ensaiamos com muitas músicas variadas e também no silêncio." O resultado do movimento vinha de dentro para fora. O som externo era uma espécie de suporte, para deixar a obra mais refinada. "Nossa música era do corpo, nós nos escutávamos", completa Boni. Para Ana Paula, o desafio de não se prender à música estava em manter a velocidade dos movimentos. "Como algumas peças eram lentas, era preciso prestar muita atenção no gesto para não perder a energia."

Lock acredita que a plateia inicialmente seja movida pela memória da música e pelas recordações que a peça pode evocar. "A plateia não se reconhece na neutralidade. É preciso um símbolo para dizer e representar algo. Na obra, lidamos com um símbolo que é apresentado de maneira nova: parte de você está envolvida, e parte não sabe o que acontecerá. Ai está a tensão. É a não previsibilidade."

A peça escolhida para dar sentido ao símbolo e à memória foi *As quatro estações*, uma das mais conhecidas composições do italiano Antonio Vivaldi (1678-1741). Composta em 1723 e publicada em 1725, é parte de *op. 8: A disputa entre a harmonia e a invenção*, sendo uma das mais obras populares da música barroca. Para atualizar *As quatro estações*, Gavin Bryars, dividiu sua obra em 12 partes, uma para cada mês do ano, assim como Piotr Ilitch Tchaikovsky (1840-1893) fez em sua *As estações* (1882). "Meu grande desafio foi identificar a essência de cada uma das partes da versão original e tentar seguir ao máximo sua estrutura. Em alguns casos, precisei expandir a escala porque o material escolhido pelo coreógrafo tinha somente 40 segundos e eu precisaria transformá-lo numa música de três a quatro minutos. Em algumas partes, é possível reconhecer citações da peça original", conta Bryars.[28] "Existem duas músicas no outono, nos meses de outubro e novembro, que não integram *As quatro estações*, e sim, o *Concerto em Sol Maior*, também de Vivaldi, que Lock escolheu para completar a peça."

Na estreia, a música foi executada ao vivo pelo Percorso Ensemble, com Lisa Monteiro e Sarah Nascimento (violas), Douglas Kier e Heloisa Meirelles (violoncelos) e Pedro Gadelha (contrabaixo), sob a direção de Ricardo Bologna. Dança e música configuram na cena dois diferentes ambientes. "Você pode ficar fascinado pelo movimento dos músicos, porque eles precisam tirar som dos seus instrumentos, e depois pelo movimento da dança. Você também pode decidir fechar os olhos e ouvir a música. A plateia tem a liberdade de escolher para onde olhar e o que ouvir. A música é mais uma opção", diz o coreógrafo.

Anteontem

Édouard Lock nasceu em 1954, no Marrocos, e mudou-se em 1957 para Montreal, no Canadá, onde se naturalizou e grafou seu nome como um dos mais importantes coreógrafos de todos os tempos. Antes de ter fundado em 1980 a LockDanseurs (que posteriormente se transformou na La La La Human Steps), ele coreografou seu primeiro trabalho, *Temps volé* (1975), para Le Groupe Nouvelle Aire (companhia de dança contemporânea canadense fundada em 1968), e depois obras para Les Grands Ballets Canadiens de Montréal (1979). "Minha mãe conta que, quando eu era bebê, eu fazia esse som *la la la*, e ele não tinha nenhum significado. Como acredito que o poder de uma obra está não no nome, no que ele significa, mas na estrutura, em algo a que damos sentido com o tempo, resolvi dar

---

28. Em entrevista a esta autora por e-mail em 14 de abril de 2014.

aquele nome para a companhia. Não gosto muito de dar nomes. O perigo de dar título a uma obra antes da estreia, por exemplo, é que você direciona a opinião da plateia, ela preconcebe uma ideia. Gosto que o público venha neutro ao espetáculo e só depois penso no nome que quero dar, se isso é realmente preciso."

Depois de *Lili Marlene in the jungle* (1980); *Oranges, ou La recherche du paradis perdu* (1981), que lhe rendeu o Jean A. Chalmers Award de coreografia; e *Businessman in the process of becoming an angel* (1983), que venceu o Bessie Award, em Nova York, e revelou sua musa (Louise Lecavalier, com quem trabalhou por 18 anos), a La La La deixou de ser apenas um som e projetou Lock para o cenário da dança mundial. O trabalho que consagra o estilo do coreógrafo é *Human sex* (1985), que mescla silêncio pós-*punk*, esporte de combate e cinema. A obra foi apresentada por dois anos no mundo todo. A década de 1980 também marca os trabalhos de Lock na música. Em 1988, começa a trabalhar com o roqueiro britânico David Bowie, coreografando a canção *Look back in anger* para um concerto em Londres; no ano seguinte, assina a concepção e direção de *Sound and vision*, a turnê mundial de Bowie. Em 1992, Lock também trabalhou com Frank Zappa nos concertos que resultariam no álbum orquestral *The yellow shark*.

A intimidade com o cinema e a literatura, resultado dos estudos de Lock na Concordia University (Montreal), já haviam começado a aparecer em trabalhos como *New demons* (1987), no qual testa os limites físicos dos bailarinos que parecem voar entre as projeções. O ponto de virada acontece em *Bread dances* (1988), criado para o Het Nationale Ballet (Amsterdã), em que Lock pela primeira vez usa sapatilhas de ponta e bailarinos de formação clássica. Após ter criado *Infante, c'est destroy* (1990) e 2 (1995), a técnica clássica desconfigurada aparece forte em *Étude* (1996) e *Exaucé/Salt* (1999).

Em *Amelia* (2002), criação para a Ópera Estatal de Praga, que ganhou autonomia e também marca a trajetória de Lock, os bailarinos da La La

La, embora tivessem formações diversas, já eram todos clássicos e tinham treinamento esportivo para trabalharem força e resistência. Em *Amelia*, os limites físicos são desafiados pela gravidade, e o virtuosismo é transformado pela iluminação. *Amelia* ganhou adaptação cinematográfica em 2003 e diversos prêmios (como o do Chicago International Film Festival, o do Festival de la Rose d'Or, o do Festival Internacional de Cinema de Praga e o do Banff World Television Festival Mundial) e pode ser considerada uma obra em que o título não precisa mais da assinatura do coreógrafo: *Amelia* é *Amelia* em qualquer lugar do mundo da dança. Também em 2003, Lock coreografou *Les Boréades* para a Ópera de Paris.

Em *Amjad* (2007), ele se debruçou sobre importantes obras do repertório clássico, como *O lago dos cisnes* e *A Bela Adormecida*, para mesclar tradição, memória e contemporaneidade numa peça que explora o corpo dos intérpretes de forma abstrata. Em 2011, para marcar os 30 anos de sua companhia, o coreógrafo criou um trabalho sem título e, em 2014, a obra para a São Paulo Companhia de Dança. "Não costumo coreografar para muitas companhias porque uma criação é trabalho de tempo integral e, tendo uma companhia, preciso fazer isso constantemente, dia e noite. Eu gosto de entrar na sala de ensaio e experimentar, encontrar caminhos que aprecio, que vou colocar na cena. E esse é um processo em que me envolvo inteiro e de que não consigo sair. Passo muito tempo dentro da sala de ensaio pensando o que vou fazer." Para ele, a sala de ensaio é um lugar natural, de vibração, onde esforço e trabalho se encontram. "Na sala de ensaio, muitas coisas acontecem, renunciamos para as paredes. Você pode dizer que é um lugar saudável e, ao mesmo tempo, sentir uma tensão. É muito individual."

Depois de amanhã

Para Lock, "o futuro da dança contemporânea encontra-se em parte em redescobrir seu passado na rica história do balé clássico".[29] Para ele, "o que dá à dança o seu poder é que ela não apresenta artifícios. O impacto do que o público vê no palco acontece naquele instante. Às vezes, é importante voltar ao básico e perceber quanto você pode ser poderoso, interessante e complexo sendo simples. Tudo é construído sobre essa primeira impressão. Tendemos a tentar encontrar uma progressão, uma evolução, mas acho que, apesar de as ideias e experiências coreográficas mudarem continuamente, partimos sempre do princípio básico. É importante voltar à fonte de tempos em tempos. A dança existe para nos lembrar disso sempre".[30]

É no intervalo passado-futuro que coabitam memória, tradição e ruptura e onde o presente pulsa. "Ser parte de uma tradição é ser capaz de renovar, cultivar e reinventar o passado no presente."[31] *The seasons* é um encontro entre esses tempos, pela inscrição do instante no gesto de quem dança e nos olhos de quem vê, pois a memória se constrói não somente a partir de uma regressão do presente ao passado, mas também de uma reatualização do passado no presente.

---

29. Em entrevista ao Vancouver Sun, *La La La: Édouard Lock's future of ballet,* publicada em 16 de janeiro de 2012. http://blogs.vancouversun.com/2012/01/16/la-la-la-edouard-locks-future-of-ballet/, acesso em 28 de maio de 2014.

30. Em entrevista à mediateca do Dance National Art Center (Canadá). www.artsalive.ca/en/dan/mediatheque/interviews/transcripts/edouard_lock.asp, acesso em 27 de maio de 2014.

31. Inês Bogéa em *Passado-futuro*, publicado no site da São Paulo Companhia de Dança (www.spcd.com.br).

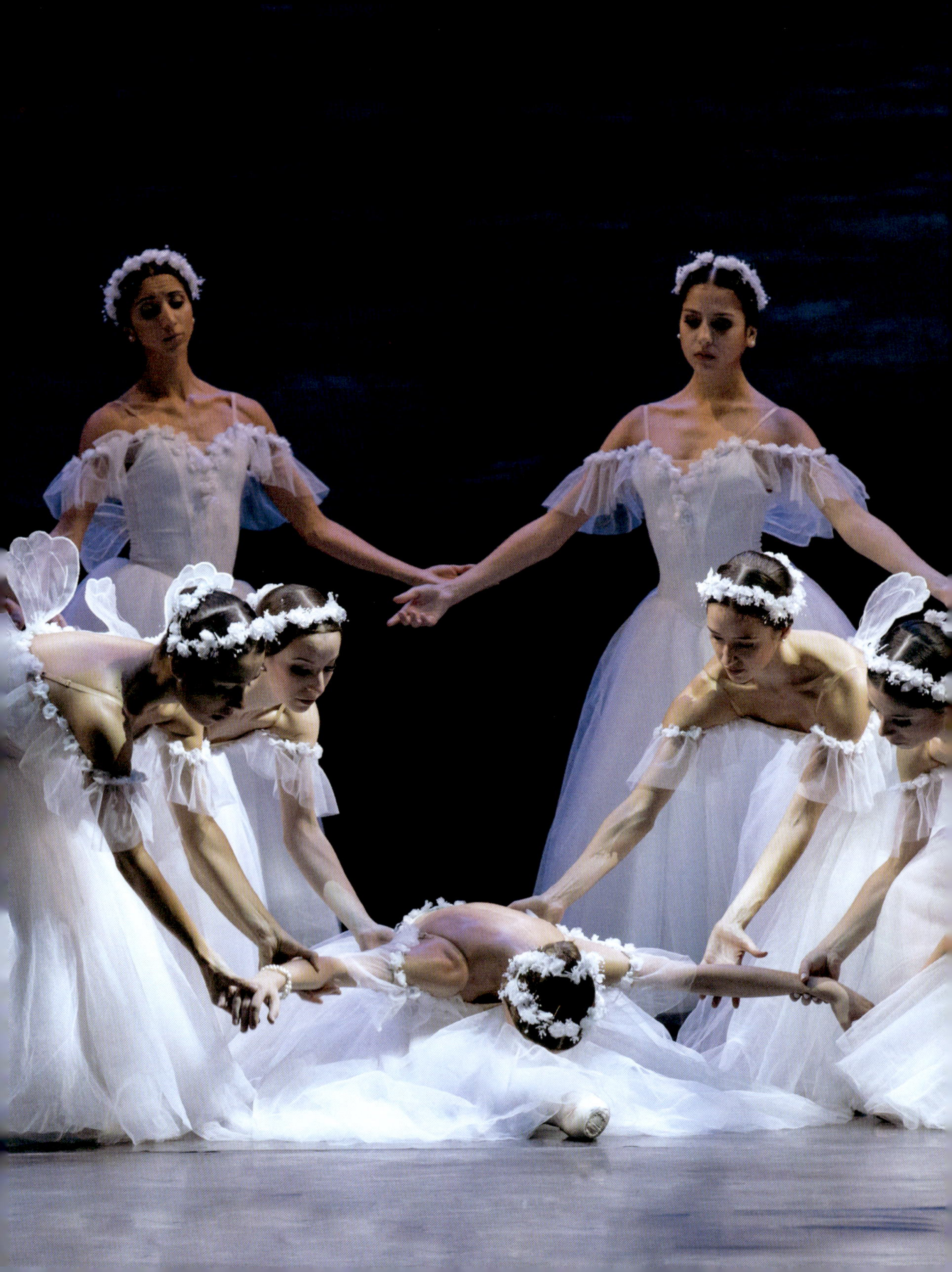

Um olhar sobre a programação clássica
Roland Clauzet

Deve-se elogiar muito especialmente a programação da SPCD, que neste ano mantém perfeito equilíbrio entre as obras contemporâneas e as clássicas. Quanto a essas últimas, acontecimento importante é a inclusão no repertório de dois balés que marcam profundamente a história da dança: *La Sylphide* e *Le spectre de la rose*. Trata-se de um grande passo da companhia, no sentido de se situar melhor na tradição coreográfica. A brilhante apresentação de *La Sylphide* que admiramos nos últimos dias, com coreografia de Mario Galizzi, provaria – se ainda fosse necessário – que os bailarinos da Companhia agora conseguem empreender projetos clássicos difíceis com resultados tão bons quanto os que fazem o sucesso dela na dança contemporânea. Na mesma ocasião, demonstraram um amadurecimento do temperamento teatral que os deixa totalmente à vontade nos balés de ação, tal como já ocorreu com *Romeu e Julieta* no ano passado.

Podemos nos perguntar se as bailarinas da SPCD que acabam de interpretar *La Sylphide* conseguem imaginar como, por volta de 1830, reagiram alguns críticos e parte do público parisiense diante de coisas que lhes pareciam excentricidades. "Ficar na ponta dos pés para dançar?", dizia-se com frequência, "Que coisa absurda e pouco estética!". Afirmava-se que o uso das pontas nunca se adaptaria à arte coreográfica que fora codificada durante os dois séculos anteriores. Mas, em 1830, os tempos eram de mudança. Viviam-se grandes revoluções sociais e políticas: a Europa inteira estava em ebulição. As artes não ficavam atrás. Também em 1830, o romantismo ganhava novo alento com o considerável acontecimento que foi a estreia de *Hernani*, drama de Victor Hugo (1802-1885), na Comédie Française; seis meses depois, a *Sinfonia fantástica*, de Hector Berlioz (1803-1869), deixaria o mesmo público admirado. Foi nesse clima favorável à novidade que a bailarina Marie Taglioni (1804-1884) teve a audácia de impor as pontas em *La Sylphide*, coreografia que o pai, Filippo Taglioni (1777-1871), organizava para a Ópera de Paris (1832). O triunfo dos Taglioni, pai e filha, foi tão grande que as tímidas tentativas de dançar nas pontas das sapatilhas em anos anteriores deixaram de ser consideradas experiências duvidosas. Já estavam distantes os passos nobres e compassados que as cortes dos príncipes italianos tinham criado no século XVI e os reis da França, codificado um século depois. Entretanto, as recentes pastorais à moda do lugarejo rústico da rainha Antonieta no Trianon coexistiam com os ecos mitológicos dos balés de Versalhes e do Rei-Sol. Com as pontas de seus pés, Marie Taglioni faz tudo isso desaparecer de repente!

Quem sugeriu o argumento foi o tenor francês Adolphe Nourrit (1802-1839). A ideia lhe fora inspirada pela forte impressão que Marie Taglioni lhe causou ao interpretar uma das freiras que, pálidas e brancas, envoltas em mortalha, saem do túmulo à noite no balé de *Roberto, o diabo*, ópera de Giacomo Meyerbeer (1791-1864) cujo intérprete principal era Nourrit e que estreara no ano anterior na Ópera de Paris. Para a estreia de *La Sylphide*, naquele ano de 1832, o figurinista teve a ideia de vestir as bailarinas com uma saia de musselina finíssima para que se acentuasse a impressão de leveza quando essa peça de indumentária fosse erguida pelo movimento. Foi assim que nasceu outra novidade, e não das menores: o *tutu*, traje hoje tradicional da bailarina. Ademais, os espectros das freiras de *Roberto, o diabo* e as moças aladas de *La Sylphide* lançariam o gosto pelo "balé branco", dando-lhes grande descendência – *wilis*, dríades, sombras, espectros, cisnes e muitos outros – até hoje. Em suma, esse novo balé não se parecia em nada com tudo o que se tinha visto até então. Em prosa e verso, os cronistas da época cantavam loas ao novo estilo. "Não me perguntem o que foi feito da primavera este ano", escreverá um deles, famoso. "Toda ela foi jogada aos pés da srta. Taglioni!". O mais lírico se mostrava o jovem poeta Théophile Gautier (1811-1872), que era um dos campeões incontestes do romantismo e ficaria obsessivamente marcado por aquela Sylphide. Verdadeiro baletômano, ele proporá à Ópera de Paris, em 1841, o argumento de *Giselle*, outro monumento fundador da dança na ponta dos pés, do balé branco e do *tutu*. Mas, se *Giselle* é a obra-prima absoluta do balé romântico, *La Sylphide* é a certidão de nascimento, o protótipo.

Marie Taglioni era invejada. Suas rivais diziam que ela era "composta de um pouco de carne e muito osso"; chegavam a espalhar sabão no chão do palco quando ela se apresentava em solo! No plano físico, Marie era magra, com pernas e braços compridos, dos quais teve o talento de tirar proveito para inaugurar movimentos mais ondulantes, mais melífluos, que caracterizariam a nova maneira. Depois disso, outras grandes bailarinas deixaram sua própria marca. Minha memória guarda algumas inesquecíveis: Alicia Markova (1910-2004), Rosella Hightower (1920-2008), Ghislaine Thesmar. Como *La Sylphide* não suporta banalidade e exige grande respeito ao estilo, confesso ter receado que a SPCD ambicionasse demais ao incluí-la em seu repertório. No entanto, meus temores eram infundados. As duas intérpretes do papel-título – Luiza Lopes e Luiza Yuk – ganharam minha adesão, a tal ponto souberam traduzir a faceirice espontânea da personagem e, sobretudo, a graça atemporal que precisa ser marcada com o jogo rápido das pernas e a grande fluidez nos portes de braços.

Théophile Gautier dizia que os braços "devem valer mais que um longo poema, com mãos leves como flores". Nossas sílfides do corpo de baile também se impregnaram perfeitamente das características da dança romântica. Pode-se quase afirmar que várias delas poderiam assumir o papel principal.

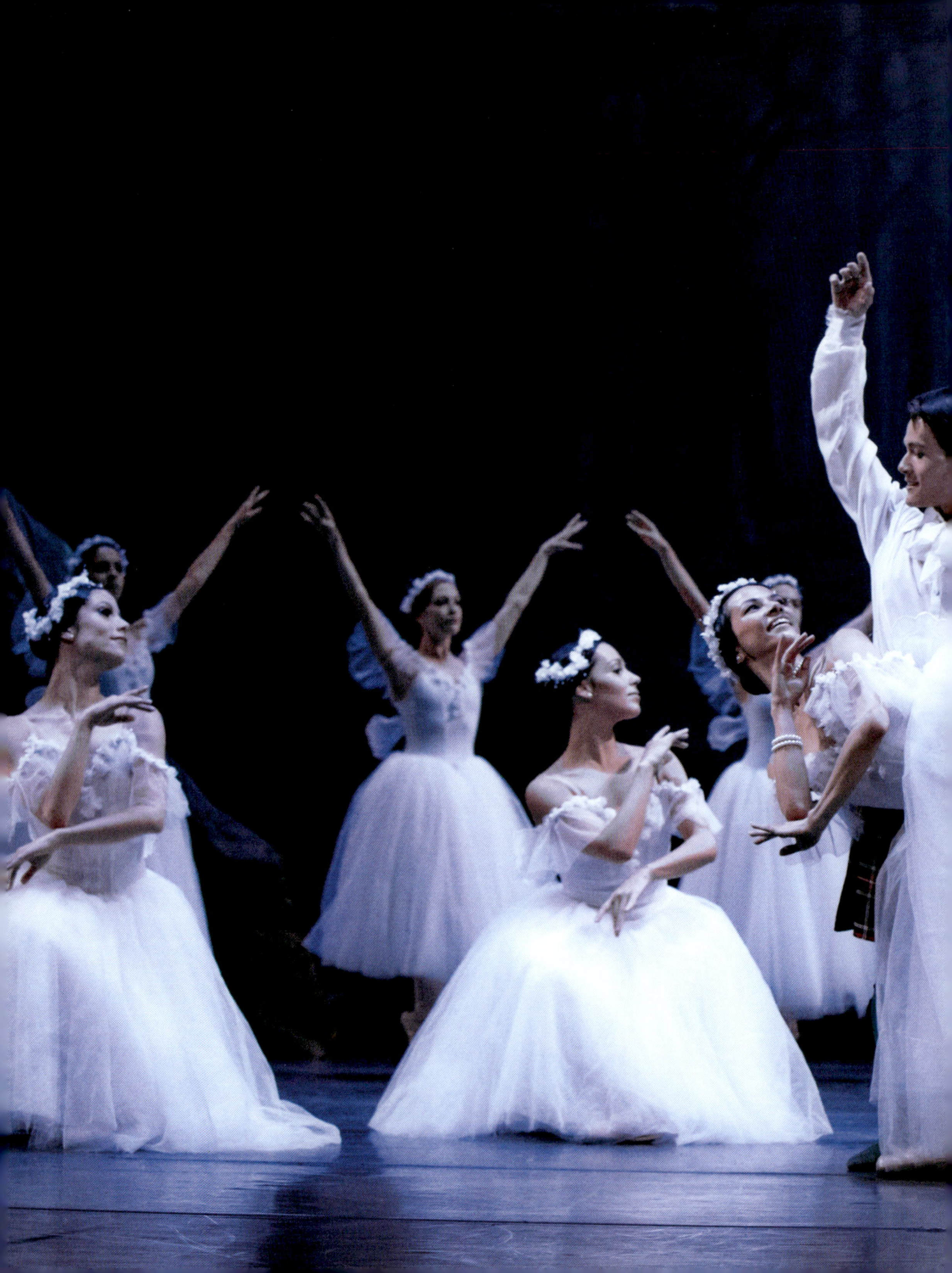

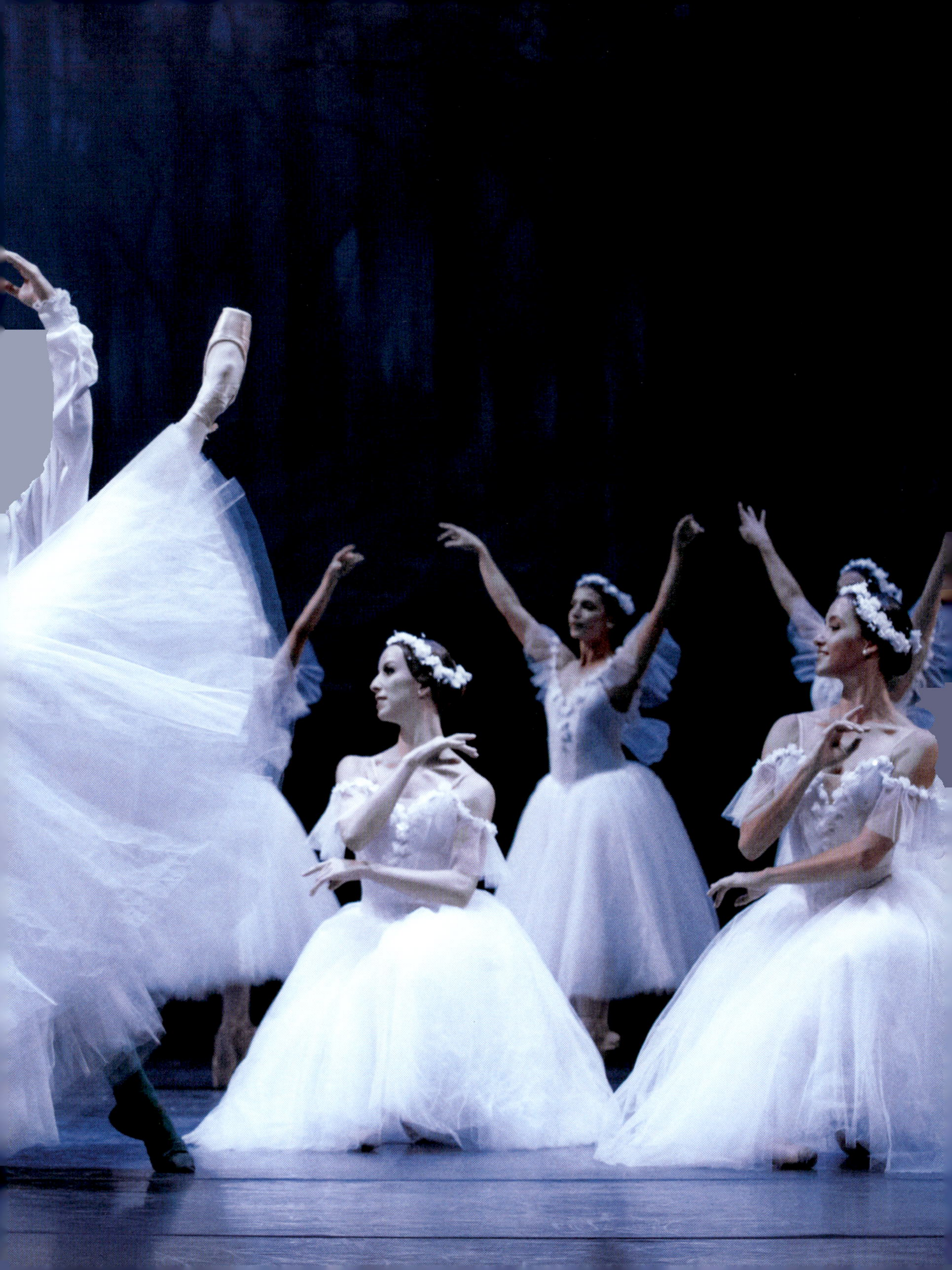

E isso me faz sonhar, me faz imaginar, que seria possível remontar para algumas o famoso balé *Pas de quatre*, criado em 1941 por Anton Dolin (1904-1983), que retomava o balé de mesmo título criado em Londres um século antes, em 1844, pelo coreógrafo Jules Perrot (1810-1892). Perrot conseguira a façanha de reunir quatro das maiores bailarinas românticas: além de *la Taglioni*, havia Lucile Grahn (1819-1907), que estreara a versão de Bournonville de *La Sylphide* na Dinamarca; Carlotta Grisi (1819-1899), que estreara *Giselle*; e Fanny Cerrito (1817-1909), outra estrela absoluta da época. As quatro se apresentaram, iguais no traje de sílfide, numa coreografia que imitava a de Filippo Taglioni. Podemos imaginar hoje as disputas de perfeição técnica que devem ter sido travadas pelas quatro feras ciumentas, por assim dizer postas na mesma jaula, agressivas, levando ao extremo os requintes de estilo para marcar a própria superioridade sobre as companheiras – de tal modo que o combate deve ter beirado a caricatura. Ao retomar *Pas de quatre* em 1941, Dolin punha aquelas rivalidades em cena com humor; essa pequena obra-prima já não costuma ser apresentada, o que é uma pena. Tomara que o sucesso de *La Sylphide* desperte a vontade de acrescentá-la ao repertório da SPCD, que hoje em dia conta com os elementos necessários. De fato, seria interessante ver quatro bailarinas nossas confrontando seus talentos pessoais num torneio de cabotinismo.

La Sylphide dos Taglioni cairia no esquecimento, vítima da moda. A versão que os bailarinos da SPCD acabam de interpretar é a obra do dançarino e coreógrafo dinamarquês August Bournonville (1805-1879), discípulo do pai, o francês Antoine Bournonville (1760-1843), coreógrafo da Ópera Real de Copenhague. Com 15 anos, August vai para Paris a fim de se aperfeiçoar com Auguste Vestris (1760-1842);[32] em 1826, é contratado pelo Ballet de

---

32. O último da linhagem dos Vestris, bailarinos e coreógrafos mundialmente famosos. Gaetano Vestris (1729-1808), pai de Auguste, fora cognominado "o deus da dança".

l'Opéra. Mas três anos depois, em 1829, decepcionado por não o terem nomeado primeiro-bailarino, volta para a Dinamarca, onde o Ballet Real lhe oferece aquela posição. Ali, Bournonville se destaca pela técnica elegante e pelo talento de mímico. Logo demonstra também ser excelente coreógrafo.

Bournonville, tendo visto e admirado *La Sylphide* de Filippo Taglioni em Paris, decidiu apresentá-la em seu teatro. Isso em 1836. Contudo precisou desistir fosse da participação dos Taglioni, cujos cachês eram altíssimos, fosse dos direitos sobre a música. Bournonville, porém, era um homem obstinado. Corajosamente, resolveu recriar a coreografia tanto quanto lhe permitisse a memória. Sem dúvida, permanecia fiel à dança na ponta dos pés e seguia o enredo com exatidão, mas o encurtou e, sobretudo, tornou a ação teatral mais vivaz e mais clara. Com uma inovação. Como Bournonville já tinha sido bailarino, achava que na época os intérpretes masculinos serviam apenas para dar destaque à bailarina. Então, enriqueceu o papel de James, confiando-lhe no segundo ato uma série de baterias, de difícil execução, possibilitando que o bailarino brilhasse mais. Na SPCD, essa passagem virtuosística foi bravamente executada pelos solistas – Emmanuel Vazquez e Yoshi Suzuki –, mas seriam desejáveis aterrissagens mais precisas. Por fim, Bournonville encomendou nova partitura a um jovem compositor de 20 anos, o norueguês Herman von Lovenskjold (ou Løvenskiold, 1815-1870), e ambos trabalharam juntos da maneira que fora elaborada a criação em Paris: Lovenskjold foi entregando a música em pequenos fragmentos, adaptados aos passos desejados por Bournonville. Assim, o balé foi sendo construído, trecho por trecho, como queria o coreógrafo, para que a unidade entre música e dança desse a impressão de "que o bailarino produz sons suaves ao simplesmente tocar o chão com leveza". Ora, observando-se a graça voluptuosa, o desenvolvimento flexível dos braços, o jogo dos pés e a elevação de nossas sílfides da SPCD, sente-se aquele total acordo melódico. Que elogio melhor pode haver? Para inculcar nos bailarinos esse estilo e esse espírito inabituais, Mario Galizzi deve ter recebido sério respaldo dos professores de balé e dos ensaiadores – artesãos obscuros, mas essencialíssimos, de cada nova produção. De outra parte, assim que a Companhia passou a introduzir balés de ação em seu repertório, contratou-se um professor de dramaturgia ou interpretação. E isso destaca mais o trabalho de qualidade cotidianamente oferecido nas salas de ensaio da rua Três Rios, em São Paulo. Tenho a impressão de que, atingidos esses resultados da Companhia, agora é possível pensar em montar *Giselle*, desde que haja duas bailarinas suficientemente maduras para o papel principal. Isso não me parece muito difícil no atual estágio das personalidades...

A outra novidade clássica da programação, *Le spectre de la rose*, é um marco igualmente importante na história da dança. Também nesse caso, seria de acreditar que fosse muito audacioso montar uma obra que comporta apenas dois intérpretes, mas cujo papel masculino exige longa familiaridade com o repertório clássico mais tradicional, o que não é bem o caso dos artistas da spcd. A direção da Companhia, que ao longo dos anos foi avaliando a capacidade de alguns deles, agora se arrisca a fazê-los assumir papéis solistas, e essa escolha tem se mostrado sempre judiciosa; algumas personalidades vão aos poucos se destacando do conjunto. Mas, como a qualidade deste está melhorando incessantemente, enriquecido que é pela experiência de criações numerosas e variadas, quase todos os membros da Companhia na atualidade podem entrar no elenco como solistas, contanto que a natureza deles os indique para determinada atuação. Em *Le spectre de la rose*, acabamos de ver alguns que, embora não habituados aos papéis principais, conseguem rivalizar com colegas que já têm essa experiência. Tivemos direito a um duo diferente para cada um dos três elencos,[33] e todos

---

33. Luiza Yuk com Yoshi Suzuki; Luiza Lopes com Emmanuel Vazquez; e Pamela Valim com Vinícius Vieira.

só merecem elogios por terem assimilado o estilo particular de um balé representado com pouca frequência. Quer a interpretação de um se destacasse por algum encanto especial, quer a de outro por uma sensibilidade mais acentuada, maior virtuosidade ou melhor domínio físico, cada um dos três elencos se distinguiu agradavelmente. Também nesse caso, o trabalho realizado foi fecundo, e a coreografia de Mario Galizzi, de uma inspiração que respeita muito a coreografia original do balé, foi extremamente bem executada. Ritmo, passos e atitudes tão especiais, magia, enfim – tudo estava lá. Só lamento que, no que se refere ao cenário e ao guarda-roupa, não se tenha apostado o suficiente na poesia do *démodé*, como deve sugerir a história da criação de *Le spectre de la rose*. Aliás, isso merece que nos detenhamos um pouco nessa história.

Le spectre de la rose estreou em 1911 na Ópera de Monte Carlo, com o famoso Ballets Russes, que, instalado desde 1909 em Paris, apresentava espetáculos cuja novidade produzia o efeito de uma bomba, assim como *La Sylphide* produzira em seu tempo. O diretor daquela jovem companhia, Sergei Diaghilev (1872-1929), rompera tempestuosamente com o academicismo que procuravam lhe impor na Rússia; Diaghilev esperava encontrar na Europa ocidental uma audiência nova, receptiva às formas também novas que desejava. Não estava enganado. Seus espetáculos causavam admiração, despertando entusiasmo com seus temas inabituais e com cenários criados por pintores resolutamente modernos – Alexandre Benois (1870-1960), Léon Bakst (1866-1924), Natalia Goncharova (1881-1962), depois Pablo Picasso (1881-1973), Henri Matisse (1869-1954), Georges Braque (1882-1963) e outros –, afastando-se dos pesados cenários vigentes então. Quanto à música, os russos traziam na bagagem Igor Stravinsky (1882-1971) e, pouco tempo depois, dançavam ao som de partituras de Claude Debussy (1862-1918), Maurice Ravel (1875-1937), Erik Satie (1866-1925), Francis Poulenc (1899-1963)... Nada senão o imprevisto!

Contudo, em meio ao aparecimento de formas novas, *Le spectre de la rose* irrompeu de uma maneira que pode parecer surpreendente. Isso porque Diaghilev recebeu a proposta de um tema *démodé* que o seduziu. Nada mais, nada menos, que um encantador poema de Théophile Gautier – ele de novo! –, que em seus quatro primeiros versos contém todo o argumento do balé:

Soulève ta paupière close
Qu'effleure un songe virginal;
Je suis le spectre d'une rose
Que tu portais hier au bal[34]

No tempo do Ballets Russes, esse romantismo já estava longe. Seria traduzido de maneira muito original para oferecer a Vaslav Nijinsky (1890-1950), que Diaghilev acabava de contratar, uma criação digna desse bailarino excepcional. Nijinsky vinha de ser excluído do Ballet Imperial Russo (São Petersburgo) por causa do "escândalo da indumentária"! Imaginemos a coisa: Nijinsky adotara o *collant* até a cintura e recusava-se a usar a espécie de calção regulamentar que dissimulava toda a pelve até a metade das coxas. O que pensariam nossos jovens da SPCD se aquela moda fosse hoje restabelecida?

Não só o tema de *Le spectre de la rose* tivera origem numa poesia do passado, como também foi escolhida uma música de Carl Maria von Weber (1786-1826), *Convite à valsa*, com orquestração de Berlioz. Era outro olhar para trás, se pensarmos que *Petrushka*, de Stravinsky, figurava no mesmo programa e que *A sagração da primavera* estrearia no ano seguinte, 1912. A coreografia de *Le spectre de la rose* era de Michel Fokine (1880-1942), que,

---

34. "Ergue tua pálpebra cerrada,/ Tocada por sonho virginal;/ Sou o espectro de uma rosa/ Que usavas ontem no baile."

também rebelde ao conservadorismo do público russo, juntara-se à companhia de Diaghilev no Ocidente, onde sabia que suas concepções muito inovadoras seriam levadas em consideração. O cenário e o guarda-roupa da estreia em Monte Carlo eram de Bakst, um dos pintores russos que, contratados por Diaghilev, renovariam a cenografia teatral com sua liberdade de inspiração e suas cores vivas. Esse estilo os aproximava do fauvismo, em plena expansão na época; entretanto, os russos de Diaghilev, diferentemente dos fauvistas, não abusavam dos contrastes violentos. O cenário de Bakst reproduzia um dormitório à moda de 1900; quase nada surpreendente, não fossem algumas pequenas audácias pictóricas. Como queria incluir ali um pássaro na gaiola, a princípio só para acrescentar um elemento insólito, Bakst ficava o tempo todo no palco, com a gaiola na mão, hesitando na escolha do melhor lugar, o que irritava os bailarinos durante o ensaio, fazendo que enxotassem o pintor e cenógrafo. Ninguém queria saber daquela gaiola. Obstinado, Bakst acabou por pendurá-la acima da janela, e assim o pássaro se tornou a metáfora do voo do Espectro. Bakst provocava surpresa com a aparição do Espectro, criatura extravagante, com corpete de pétalas e folhas e um inacreditável chapéu de folhagem, tudo em tons violáceos. O figurino da jovem, de uma moda indecisa, vagamente romântica, contrastava com o dele pela simplicidade. Essa silhueta do Espectro, assim como a do Fauno, que Bakst criará para *L'après-midi d'un faune* (1913), impondo aos olhos dos contemporâneos a seminudez em cena, ficará fortemente marcada na história do balé. Os cenários de Bakst no Ballets Russes exercerão forte influência em todos os lugares; seu orientalismo atingirá até a moda feminina. É compreensível que a SPCD não tenha desejado utilizar esse figurino, que pareceria um tanto ridículo para nosso olhar atual. Eu disse acima que teria sido preciso apostar no encanto do *démodé* porque acredito que teria sido possível tornar mais leves os elementos de gosto excessivamente pesado sem renegar totalmente a estética do Ballets Russes.

O cenógrafo, Fabio Namatame, optou pela modernização total da apresentação. Devo reconhecer que a janela simples, abrindo-se entre cortinas de um azul cintilante sob a sutil iluminação, é bem melhor que um cenário rebuscado. A indumentária da jovem sofreu algumas modificações, bem menos que a do Fauno, cujo corpo ficou inteiramente moldado num *collant* sobre o qual foram pintadas, delicadamente, algumas folhagens. A beleza plástica dos intérpretes foi assim realçada. Imagino que Bakst acharia isso demasiado despojado, mas tenho certeza de que ele apreciaria a seminudez do Espectro.

De certo modo, *Le spectre de la rose* é o romantismo lançando sua última centelha. A jovem adormecida que só vê o espectro de sua rosa em sonho era uma ideia poética concebível em 1911, mas confiar o papel do Espectro a um homem, quando todos estavam habituados a ver frágeis bailarinas representarem espíritos, era no mínimo chocante. Mas Fokine imaginou o Espectro da mesma maneira singular e nova que produzira as sílfides e *wilis* de outrora. Queria para a personagem "braços que precisam cantar e viver"; para ser mais preciso, braços que se movessem com flexibilidade ondulatória e graça controlada – em suma, uma criatura andrógina. Cabe notar que, nessa ocasião, o homem assume o papel essencial, ao passo que até aquela época a moda era que a bailarina fosse sempre a estrela principal. Também é preciso lembrar que, em 1911, os russos traziam para o Ocidente uma dança mais vigorosa que a do estilo francês ou italiano; era uma maneira de dançar que exigia a força muscular das pernas instaurada pelos grandes balés de Marius Petipa (1818-1910). Assim, na coreografia de Fokine, o Espectro, com braços quase femininos, surpreende-nos com saltos sucessivos que, produto de força viril, é preciso dar sem descanso do princípio ao fim.

De antemão, sabia-se que a maioria dos rapazes da SPCD, robustos e fortes, com panturrilhas de elástico, seria capaz de desempenhar o papel do Espectro. Os intérpretes de nossos dias não decepcionaram, realizando múltiplos saltos, até o limite das possibilidades, pois aquele ritmo saltitante era mantido sem cansaço aparente ao longo dos dez minutos de duração do balé – uma façanha! Talvez não se encontre número muito grande daqueles passos rodopiantes que se veem na coreografia original de Fokine, os quais tornam mais leve o virtuosismo saltatório do intérprete. Tais passos constituem ornamentos, como os melismas indesejados pelo compositor de ópera que as cantoras hábeis, entretanto, acrescentam para dar mais brilho às suas aptidões. O mais notável, porém, eram os braços dos rapazes movendo-se com uma flexibilidade ondulatória e uma graça controlada que correspondiam exatamente ao que Fokine queria: "Braços que precisam cantar e viver". Algo tão essencial quanto a força muscular das pernas. A força precisa dissimular-se por trás da graça, tornando esse ser andrógino um sonho poético novo e singular. As intérpretes da moça tinham a parte, se não mais fácil, pelo menos mais usual, e elas já de início impuseram a imagem romântica vinda diretamente de *La Sylphide*. Para cada uma das intérpretes, a entrada em cena, sonhadora e nostálgica, era, antes mesmo de dançarem realmente, um daqueles momentos de encantamento nos quais se exprime por completo o talento da bailarina. Depois desse novo sucesso, a SPCD pode lançar-se a novas aventuras!

Voltemos à história do balé *Le spectre de la rose*. Nijinsky distinguia-se naquele papel. No fim, quando o Espectro precisa pular a janela, Nijinsky alçava um voo "tão alto e tão distante que o imaginávamos não voltando nunca ao chão", segundo avaliação de uma admiradora. Quando alguém indagava sobre sua elevação excepcional, Nijinsky respondia: "A gente se eleva, depois faz uma pequena pausa lá em cima". Aí está uma receita aparentemente simples para nossos rapazes de hoje! Falando sério, o que esperamos dos intérpretes atuais é dança, não circo. Na verdade, os intérpretes que vi nesse papel pulavam a janela da melhor maneira possível, sem nenhum excesso espetacular. Com uma única exceção: o francês Jean Babilée (1923-

-2014), que pude ver só uma vez dançando o Espectro, mas com um salto que nunca esqueci e que foi saudado por intermináveis aplausos. Babilée era um dançarino com técnica perfeita, dotado de grande fascínio físico e estilo quase felino – tudo o que era preciso para um Espectro memorável. Com a esposa, Nathalie Philippart, dançou em 1946 a estreia do balé *Le jeune homme et la mort*, de Roland Petit (1924-2011). No papel do Espectro, Nijinsky conquistou considerável fama. Seu trabalho de coreógrafo, antes tímido, teve efeito terrivelmente não conformista com *L'après-midi d'un faune* (1913), outro balé essencialmente masculino, quase um solo: radicaliza a tal ponto a masculinidade que alguns espectadores ficaram indignados ante aquele "fauno inconveniente, com seus vis movimentos de bestialidade erótica e seus gestos de pesada impudicícia". O bailarino não se importou; ao contrário, sua popularidade ganhou com isso. Alguns meses depois, viajou em turnê com a companhia para a América do Sul. Uma jovem condessa húngara que abraçara o projeto de seduzir o astro embarcou no mesmo navio. Conseguiu concretizar seus objetivos. Os dois ficaram noivos no Rio de Janeiro e casaram-se em Buenos Aires. Furiosos ciúmes de Diaghilev, que ficara em Paris, ao receber a notícia. O empresário logo mandou comunicar ao bailarino sua demissão da companhia. Que importava isso a Nijinsky, se seu nome tão famoso só podia descortinar-lhe sucessos sem fim? Contudo a sequência de sua carreira nunca atingiria o brilho anterior, e os cinco anos de Nijinsky no Ballets Russes foram seu período de maior glória.

Como ressaltamos, *Le spectre de la rose* é o momento essencial que marca o fim da supremacia da bailarina. Até 1950 mais ou menos, as pequenas companhias ainda tinham uma "bailarina solista travestida" para interpretar príncipes e outros papéis masculinos, ao passo que algumas mulheres do corpo de baile simplesmente vestiam traje masculino para representar a presença masculina nas cenas de conjunto. Economizava-se assim a contratação de bailarinos, com pouca utilidade nos balés brancos que estavam em voga; as mulheres que se vestiam de homem continuavam usando *tutu*. Estávamos longe da época de Matthew Bourne, que, em nossos dias, substitui as bailarinas de *O lago dos cisnes* por homens-cisnes! O que se pode chamar de liberação masculina em coreografia já tivera a veleidade de se impor em tempos anteriores. Falávamos acima de Bournonville, que ornou de *entrechats* a parte do bailarino em *La Sylphide*. Pouco depois, no Teatro Mariinsky (São Petersburgo), Marius Petipa continuou nesse sentido, encarregando os rapazes de brilhantes variações nos *pas de deux*. Essa evolução, em que o papel do homem se expandiu muito, se amplificaria cada vez mais, como se vê hoje em balés em que – cabe ressaltar – a mulher, abandonando as delicadezas de outrora, acompanhou a evolução masculina. Agora ela participa com energia de coreografias que dão proeminência à robustez viril, como demonstram bravamente as bailarinas da São Paulo Companhia de Dança no repertório contemporâneo. Mas o espírito da SPCD é realmente o de um grupo neoclássico, que mantém a elegância e a flexibilidade como qualidades fundamentais. O brio com que a SPCD supera as dificuldades de execução demonstraria, se necessário fosse, que ela está atingindo o nível das mais importantes companhias, daquelas às quais os grandes coreógrafos não hesitam em entregar suas obras. As melhores companhias atuais são aquelas que, como a SPCD, se abrem para os programas contemporâneos, sem recusar apaixonantes experiências de coreógrafos iniciantes, mas mantêm firmemente o nível técnico dos artistas com regulares incursões no repertório clássico. *Torniamo all'antico* – dizia Verdi –, *sarà un progresso*.[35] Sempre.

---

35. "Voltemos ao antigo, será um progresso."

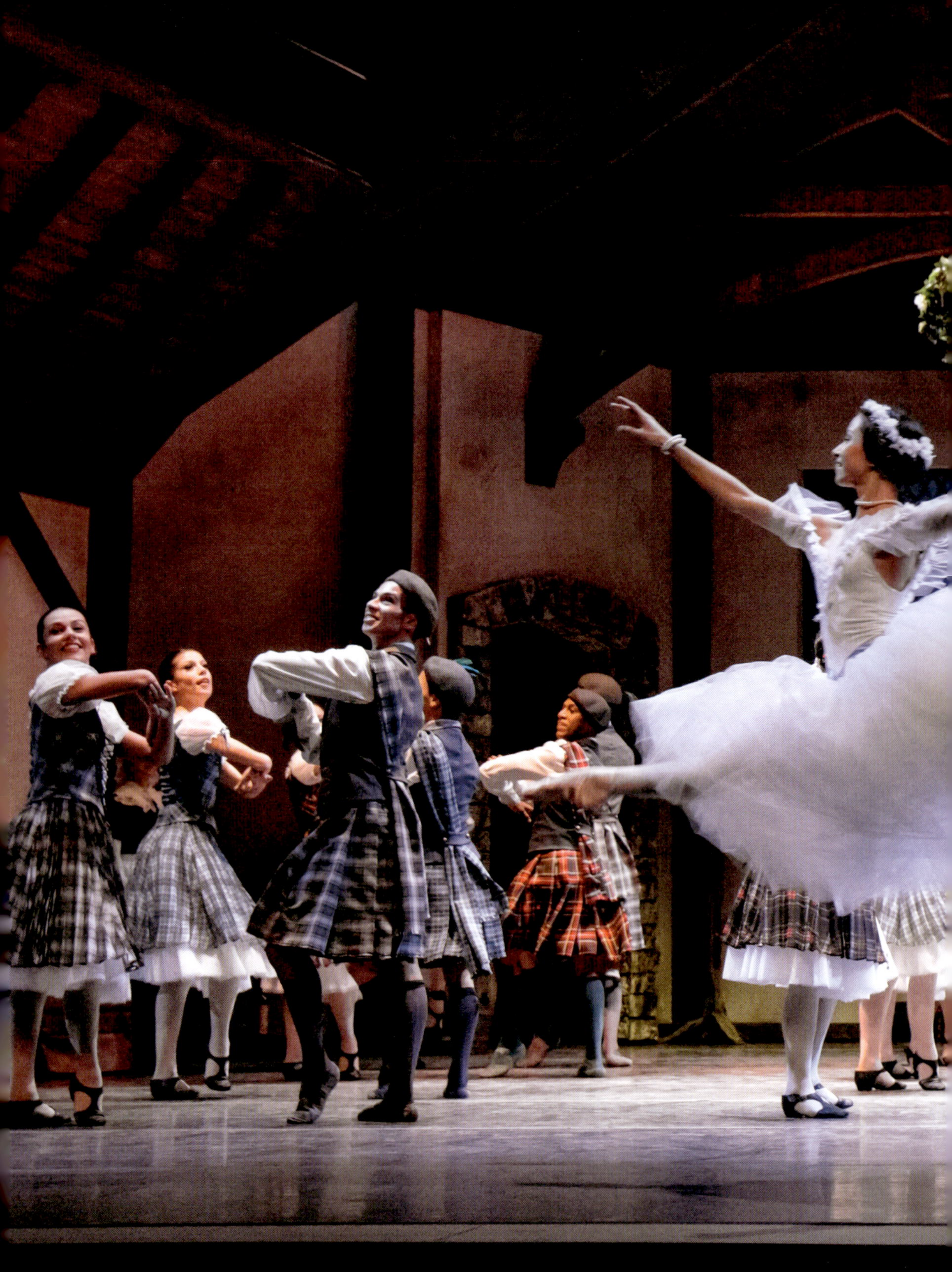

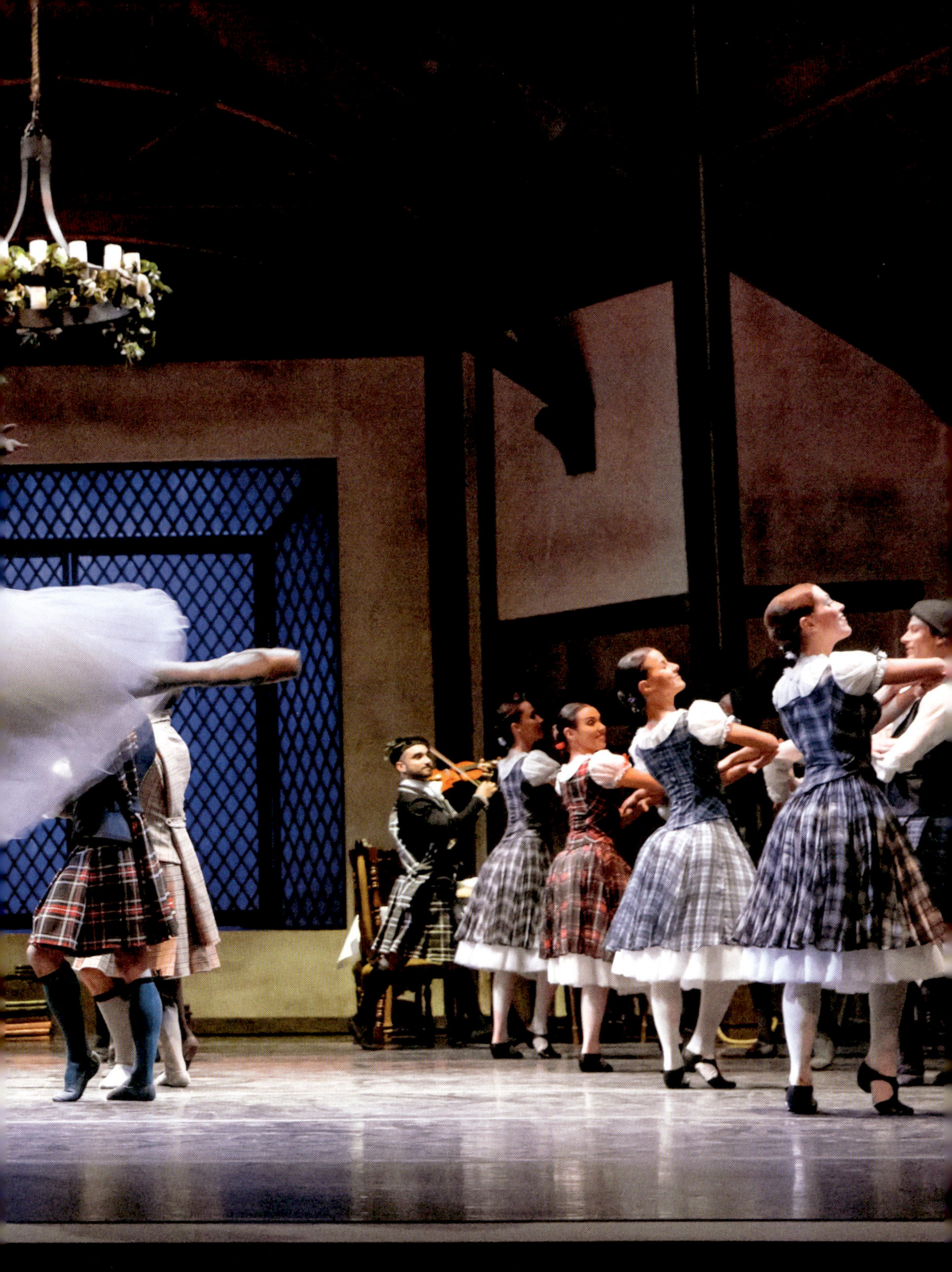

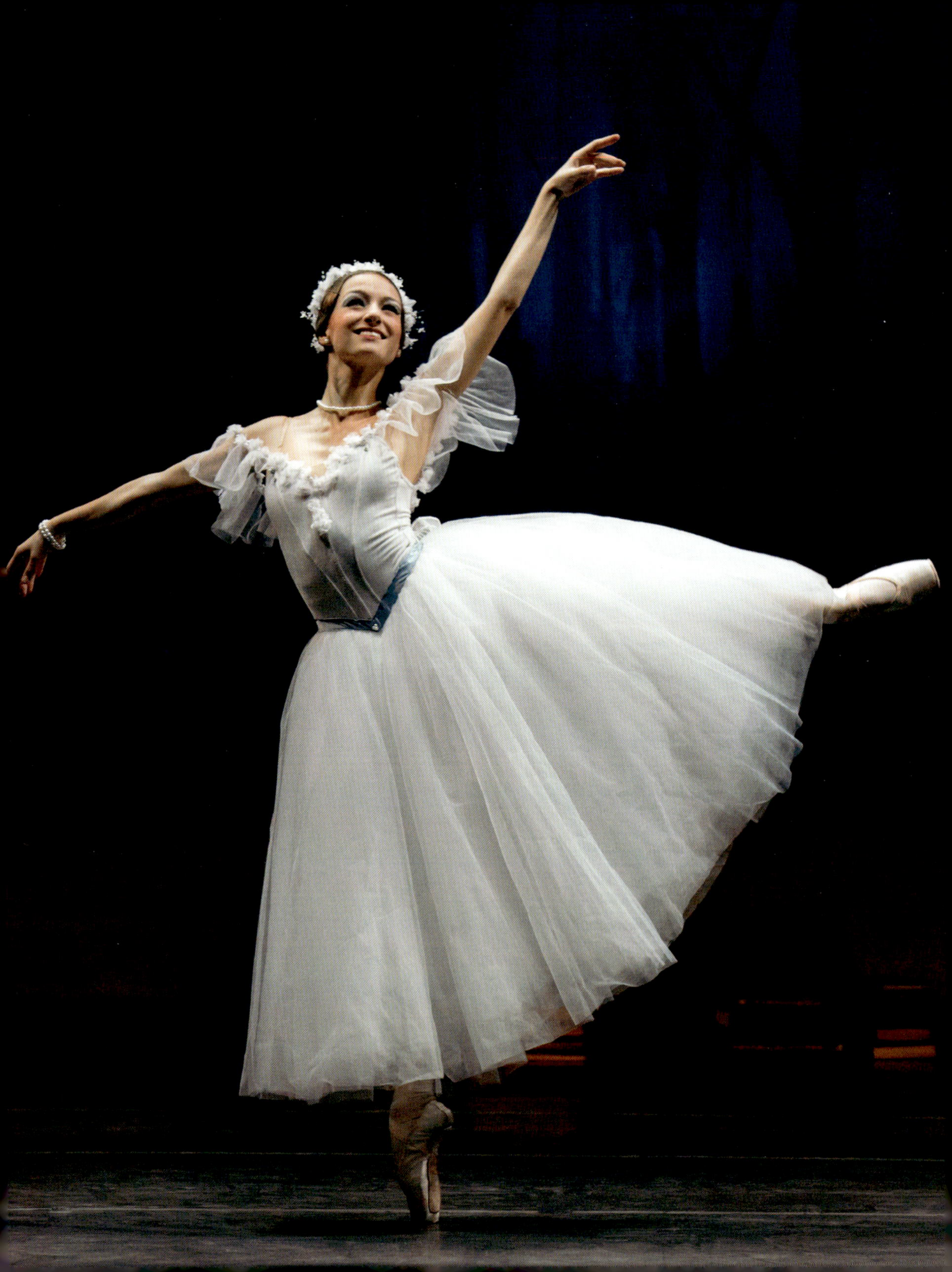

Os dedos inconscientes
Felipe Chaimovich

O balé clássico preserva uma gestualidade ancestral. A posição dos dedos de bailarinos atuais baseia-se na posição cotidiana dos dedos da nobreza francesa, tal como era no período em que o bailado de corte deu origem à primeira notação acadêmica de dança. Desde então, selecionou-se uma configuração canônica, à qual a mão dos bailarinos deve se conformar: segundo essa geometria precisa, o polegar se aproxima do dedo médio, elevando o indicador. Mesmo métodos de dança derivados da Escola Imperial de Balé da Rússia ao longo do século XX partiram dessa mesma configuração de dedos para propor variações resultantes nas práticas atuais.

  O contraste entre a posição dos dedos no balé clássico e as variantes da mão na dança contemporânea foi visível no trabalho da São Paulo Companhia de Dança desde o início de 2014. O corpo de baile ensaiava *La Sylphide* (coreografia criada originariamente na Academia Real de Música da França, em 1832), preparando-se também para a estreia mundial de *The seasons*, de Édouard Lock. Foi possível, assim, assistir o trabalho de bailarinos submetidos alternadamente à disciplina do clássico e à do contemporâneo e conversar com eles, no primeiro trimestre do ano. O grupo tem aulas constantes de balé como parte da rotina profissional, independentemente do repertório de espetáculos. O trânsito entre o gestual clássico e o contemporâneo é, portanto, habitual para todos.

Entretanto, se alguns integrantes do corpo de baile tiveram uma formação rigidamente clássica desde a infância, outros passaram pela formação em balé a partir da adolescência e logo se identificaram com o contemporâneo. Assim, a posição dos dedos e das mãos no balé torna-se mais espontânea para quem teve de se conformar a esse gestual ainda criança. A facilidade em posicionar as mãos era evidente nos ensaios de Luiza Lopes como primeira-bailarina de um dos elencos de *La Sylphide*: ao concentrar-se num movimento de pernas que demandava mais cuidado, ela cerrava os punhos, como se as mãos sempre fossem parar no lugar certo, na hora necessária, e não demandassem maior atenção prévia; e, de fato, ao dançar novamente a passagem aprendida, suas mãos acompanhavam de imediato o movimento completo do corpo. Luiza, ao lhe perguntarmos como havia aprendido a manter a posição dos dedos, relatou que, a partir dos oito anos, seu polegar era amarrado com esparadrapo para dentro; tal disciplina não é universalmente adotada por escolas de balé, mas não é rara.

O condicionamento corporal que leva à facilidade no posicionamento das mãos, como no caso de Luiza Lopes, tem origem na sociedade criadora do balé. O balé clássico começa com a codificação da dança de corte francesa no reinado de Luís XIV (1638-1715), que durou de 1654 a 1715. Seus cortesãos tinham aulas constantes de dança, sendo preparados desde a infância para assumir os hábitos corporais esperados na corte. O corpo do cortesão era disciplinado desde cedo para evidenciar tônus constante de suas partes, evitando a *molesse*, considerada inconveniente.[36] As crianças da nobreza francesa eram submetidas ao uso de um rígido corpete,

---

36. LEFERME-FALGUIÈRES, Frédérique. "Corps modelé, corps constraint: les courtisans et les normes du paraître à Versailles". In: LANOË, Catherine et al. (eds.). *Cultures de cour, cultures du corps XIVe-XVIIe siècle*. Paris: Pups, 2011; p. 142.

prefigurando a silhueta que deveria ser mantida para portar a indumentária adulta.[37] Assim, o constrangimento do corpo infantil de bailarinos de hoje com esparadrapo, por exemplo, condiz com a disciplina imposta à criança treinada para conviver na corte de Luís XIV.

A dança era habitual entre os cortesãos franceses, fosse como parte da sociabilidade de salão, fosse como parte de encenações chamadas *ballet de cour*. A Academia Real de Dança, criada em 1661, passou a reunir e codificar o repertório coreográfico da corte, de onde se origina o balé clássico. A monarquia francesa admitira o nexo entre a dança e os estudos acadêmicos desde o século precedente. As primeiras academias da França surgiram sob o impacto das academias florentinas, caracterizadas como grupos de eruditos que, a partir de 1400, se dedicavam predominantemente ao estudo dos *Diálogos de Platão* e de seus herdeiros filosóficos. Com o casamento de Catarina de Medici (1519-1589) com o rei francês Henrique II (1519-1559), a Coroa francesa passou a proteger os primeiros grupos que se autodenominavam academias, na metade do século XVI, em Paris. As academias parisienses dedicavam-se então à metrificação da língua francesa, paralelamente à metrificação da música francesa; os acadêmicos consideravam que os antigos gregos eram capazes de impor uma métrica matemática à língua e à música, no que concordariam com a importância dada à geometria na concepção de mundo que Platão apresentou no *Mênon* e no *Timeu*. Foi no âmbito do círculo de acadêmicos parisienses que o italiano Baldassarino da Belgioioso coreografou o primeiro *ballet de cour*, intitulado *Le ballet comique de la reine* (na grafia da época, *Le balet comique de la royne*), que foi apresentado na corte, em 15 de outubro de 1581, como um dos 17 entretenimentos incluídos na celebração do casamento da irmã da rainha com o duque de Joyeuse (1560 ou 1561-1587); nessa peça, os grupos de bailarinos

---

37. LEFERME-FALGUIÈRES, op. ibid., p. 129-131.

formavam diversas figuras geométricas, como triângulos e círculos.[38] A coreografia de Baldassarino foi registrada em prosa, seguindo o gênero literário de um livro que estava de posse da família real: uma cópia do tratado de dança *De pratica seu arte tripudii*, do também italiano Guglielmo Ebreo da Pesaro (c. 1420-c. 1484). Luís XII trouxera esse tratado da biblioteca dos Visconti-Sforza, em Milão, para a biblioteca real de Blois, em 1499, e o livro passou depois para a biblioteca real de Fontainebleau; escrito em 1463, foi o terceiro tratado de dança jamais escrito, seguindo-se aos dois primeiros, escritos igualmente para a corte dos Sforza, na década de 1450.[39] Obedecendo a tal precedente, as coreografias de corte francesa seriam descritas em prosa até 1700.

Pierre Beauchamp (1631-1705) e seu discípulo Raoul-Auger Feuillet (1659 ou 1660-1710) inventaram a primeira notação específica para as danças da corte francesa, publicada por Feuillet, em 1700, com o título *Coreografia, ou a arte de descrever a dança por caracteres, figuras e sinais demonstrativos*. Nessa codificação da Academia de Dança, encontram-se precedentes para as posições atuais de pés, pernas, braços e punhos do balé clássico. A notação de Feuillet, porém, não aponta a posição relativa dos dedos da mão entre si. No signo da mão, indica-se a presença do polegar e do indicador, além de serem simbolizadas as seguintes posições digitais: "apontar o dedo [indicador] uma vez ameaçadoramente", "apontar o dedo [indicador] três vezes ameaçadoramente", "apontar o dedo [indicador] uma vez como para fazer que venham para si" e "apontar o dedo [indicador] três vezes como para fazer que venham para si".[40] Os braços são tratados

---

38. YATES, Frances. *Les académies en France au XVIe siècle*. Paris: PUF, 1996; p. 342-343.
39. SPARTI, Barbara. "Introduction". In: GUGLIELMO EBREO DA PESARO. *On the practice or art of dancing*. Oxford: Clarendon Press, 1995; p. 3-7.
40. FEUILLET, Raoul-Auger. *Recueil des contredances mises em chorégraphie*. Paris: Feuillet, 1706; s/p.

de maneira sucinta; diferentemente da atenção dada às demais partes do corpo do bailarino, Feuillet aconselha que os braços repitam posições habituais, cabendo a cada bailarino decidir conforme seu gosto: "Embora o porte dos braços dependa mais do gosto do bailarino do que de regras que lhes possam dar, eu não deixo aqui de apresentar alguns exemplos".[41] O apelo ao gosto como critério de posicionamento de braços deve ser estendido à posição dos dedos, pois não há nenhum signo específico para a posição relativa entre eles.

Após a adoção da notação de Feuillet, Pierre Rameau (1674-1748) publicou o primeiro tratado ilustrado de dança, com desenhos das posições das danças de corte, intitulado *Le maître à danser*, em 1725. Rameau dedicou diferentes ilustrações às posições do corpo e aos giros de punho, mas novamente os dedos são ignorados em sua especificidade. As ilustrações mostram mãos com o polegar distante do indicador e os demais dedos alinhados, exceto nas posições de figura inclinada, de reverência, de apresentação da mão para dançar, de atitude após salto, de contratempo e de *chassé*, nas quais o médio, o anular e o mínimo aparecem abaixo do indicador. Por outro lado, Rameau desaconselha a junção do polegar com os demais dedos: "Se o polegar se juntasse a um dos dedos, isso causaria um retardo nas outras articulações que lhes tiraria essa facilidade".[42]

Perante essa precariedade de indicações sobre a posição relativa dos dedos nos textos fundadores da dança acadêmica francesa, é possível seguir a consideração de Feuillet: os dedos, sendo extremidades do braço, exprimem o gosto de quem dança. O uso do termo "gosto" por Feuillet indica uma possível origem da posição canônica dos dedos no balé: os gestos de comer.

---

41. FEUILLET, Raoul-Auger. *Chorégraphie ou l'art de décrire la danse*. Paris: Brunet, 1700; p. 97.
42. RAMEAU, Pierre. *Le maître à danser*. Paris: Villette, 1725; p. 199.

A noção francesa de "gosto", durante o reinado de Luís XIV, expandiu-se do vocabulário gastronômico para o debate filosófico.[43] O rei transformou todos os seus jantares em cerimônias oficiais celebradas em público, porque podiam ser assistidos por qualquer pessoa que estivesse apropriadamente trajada e tivesse sido revistada e desarmada pela guarda da residência real. A mesa de Luís XIV era um tema público, assim como as transformações dos hábitos de sua corte nas refeições. Coincidentemente, é no repertório de posições dos dedos durante a refeição da corte francesa que se encontra codificada a posição dos três dedos adotada no balé clássico. Se essa for a origem da posição atual dos dedos no balé, poder-se-á entender que a indicação de Feuillet tenha permitido adotar na dança o gosto cortesão pela posição dos dedos à mesa, posição que viria a se tornar canônica.

A educação dos dedos preparava a criança para as refeições da sociedade de corte. A literatura destinada à pedagogia da nobreza francesa incluía instruções sobre a contenção do próprio corpo à mesa, especificamente das mãos. No tempo de Henrique IV (1553-1610), avô de Luís XIV e primeiro rei Bourbon da França, usavam-se três dedos como uma pinça para levar a comida à boca, conforme prescreve o tratado pedagógico *La civilité puérile et honnête*, de Claude Hours de Calviac, em 1559:

> Quando se quiser servir de sal, deve pegá-lo com a ponta da faca e não com três dedos. A criança [...] deve sempre [...] pegar o pão e a carne decentemente com apenas três dedos. [...] cada nação apresenta alguma coisa própria, diferente das demais. A criança, em vista disso, deve proceder de acordo com os costumes do lugar onde está. Além disso, os alemães usam colheres quando tomam sopa, ou tudo o que é líquido, e os italianos, garfos. Os franceses

---

43. FLANDRIN, Jean-Louis. "A distinção pelo gosto". In: CHARTIER, Roger (org.). *História da vida privada*. São Paulo: Companhia das Letras, 1991; v. 3.

usam um ou outro, conforme lhes parece apropriado e mais conveniente. Os italianos preferem em geral que haja uma faca para cada pessoa.[44]

Nesse seu tratado de educação infantil, Calviac compara o uso dos três dedos ao uso de talheres. Se o uso de talheres diverge regionalmente, o uso de três dedos para levar carne e pão à boca é regra constante da decência à mesa, servindo como parâmetro independentemente do local onde esteja a criança. O uso dos três dedos como pinça para alimentos privilegia a articulação de polegar, indicador e médio, que permitem segurar o alimento e equilibrá-lo de forma estável. Além de funcional, essa posição é ornada, sendo agradável por evidenciar a multiplicidade dos dedos ao variar as alturas relativas deles, efeito que pode ser enfatizado pela projeção do anular e do mínimo a posições mais elevadas que a do médio.

Entretanto, o reinado de Luís XIV foi marcado por rígido controle sobre a nobreza cortesã, em reação à ameaça política que o monarca sofrera da parte dela durante a minoridade. O rei impôs uma série de restrições físicas aos cortesãos, por vezes diretamente ligadas ao controle da violência, como a proibição definitiva dos duelos impetuosos na corte. Os modos à mesa foram igualmente afetados pela imposição de instrumentos, tal como talheres e prato individuais, que isolavam os comensais do contato físico entre si. Em 1680, o marquês de Coulanges (1633-1716) assim descreve as mudanças que ele testemunhou durante sua vida na corte: "No passado, as pessoas comiam em uma travessa comum e enfiavam o pão e os dedos no molho. Hoje todos comem com colher e garfo em seu próprio prato".[45]

O contato dos dedos com a comida fora restringido na corte pela predominância do uso de garfo e colher. A faca não é mencionada por Coulanges,

---

44. ELIAS, Norbert. *O processo civilizador*. Rio de Janeiro: Zahar, 1990; v. 1, p. 102.
45. Id., ibid., p. 102.

Pinça Christofle

donde se pressupor que garfo e colher sejam substitutos dos dedos em pinça e dos pães embebidos em líquidos, igualmente manipulados com os três dedos. Assim, ocorreu uma substituição crescente do uso dos dedos em pinça por garfos e colheres, fato expresso pelo desenvolvimento da produção francesa de faqueiros coletivos nos séculos XVIII e XIX: o avanço do uso de faqueiros grupais exige controle adicional da mão para manejar um instrumento obrigatório de mediação do corpo com o alimento.

A aristocracia francesa, porém, resistiu a abandonar a manipulação imediata de algumas comidas habituais, como os aspargos. Esses eram segurados com os três dedos em pinça, não sendo comidos com garfo, faca nem colher. Mas, a partir de 1860, modelos de pinça individual para aspargos estenderam a contenção do contato direto dos dedos também a essa comida. A sobrevivência do uso dos três dedos até então, tal como prescrito por Calviac 300 antes, é atestada pela criação, em 1882, do modelo de pinça de aspargos da Maison Christofle, que tem anéis específicos para o polegar, o indicador e o médio exatamente na posição de pinça: os três dedos em pinça seguram uma pinça de metal; tal modelo foi fabricado pela marca francesa até 1994.[46]

46. ALLAN, David. *Le couvert & la coutellerie de table française du XIXe siècle*. Dijon: Faton, 2007; p. 147.

A posição dos dedos da empunhadura da pinça Christofle é idêntica à posição dos dedos dos bailarinos da São Paulo Companhia de Dança durante as aulas e os ensaios de *La Sylphide*. Esse fato corrobora a hipótese de que o balé preservou a posição dos dedos definida pelos hábitos de comensalidade de cortesãos franceses, por mais variações que a dança tenha sofrido desde então. Mas como a formação atual desse corpo de baile se relaciona com o balé vindo da Academia Francesa?

Quatro dos principais métodos de ensino de balé criados ao longo do século XX basearam-se na prática da Escola Imperial de Balé da Rússia, fundada nos preceitos da Academia Real de Dança da França. Agrippina Vaganova (1879-1951), Enrico Cecchetti (1850-1928) e George Balanchine (1904-1983) dançaram em São Petersburgo, aprendendo as técnicas canônicas de balé clássico; ao desenvolverem seus próprios métodos de balé, propuseram variações da posição canônica dos dedos em pinça. Para Vaganova, o polegar deve ser mantido próximo ao dedo médio e ao dedo indicador, enquanto o anular fica ligeiramente levantado; o método da Royal Academy of Dance, da Grã-Bretanha, adota a posição dos dedos de Vaganova, mas se diferencia dela ao optar por uma longa linha dos ombros até os dedos, sem o pulso "quebrado". Para Cecchetti, os dedos ficam curvados como se estivessem segurando a borda do *tutu*; a referência ao gesto de segurar remete à função de pinça. O método de Balanchine é o mais divergente dentre os quatro: os dedos devem estar posicionados de modo a mostrar cada dedo separadamente, e o polegar fica mais elevado. Apesar dessas variantes metodológicas, os bailarinos da São Paulo Companhia de Dança mantinham de fato a posição canônica dos dedos durante as aulas regulares com a professora Ilara Ferreira Lopes. A correspondência entre as posições dos dedos na dança e na empunhadura da pinça Christofle ficava evidente nos movimentos de Vinícius Vieira, pois nem ao trocar de posição de mãos seus dedos hesitavam em manter-se identicamente posicionados. Vieira foi educado na Escola do Teatro Bolshoi no Brasil, tendo adquirido formação no balé clássico vindo da Rússia. Ele desenha com precisão os movimentos. Ao conversarmos sobre sua compreensão das próprias posições de mão, Vieira pôde testar o encaixe de seus dedos em posição de dança na pinça Christofle. Sem nenhum esforço, o polegar, o indicador e o médio pegaram com firmeza a pinça para manipulá-la. A posição de seus dedos ao bailar correspondia exatamente à posição guardada pelo talher de aspargos.

Entretanto, a posição dos dedos em pinça deixou de ser habitual no repertório do gestual cotidiano do comer, mesmo tendo permanecido na dança. Desde o século XVII, o uso de talheres expandiu-se por meio da indústria, levando a diversas posições dos dedos no manejo desses instrumentos mediadores do toque dos dedos na comida.[47] Assim, a posição dos dedos do bailarino diferenciou-se de seu repertório de hábitos cotidianos. Para o bailarino de hoje, a posição de dedos em pinça torna-se habitual pelo treino do corpo no balé clássico, mas ela não é mais identificada com ações funcionais do cotidiano; é apenas mais uma posição no repertório amplo da dança atual. A bailarina Roberta Bussoni transitava com facilidade entre os ensaios de *La Sylphide* e as coreografias contemporâneas da São Paulo Companhia de Dança. Ela foi educada no balé clássico durante a adolescência, tendo consciência de que a disciplina da dança tornou fácil para ela a posição canônica dos dedos. Ao conversarmos, Roberta não identificou a posição canônica dos dedos com gestos cotidianos, embora a disciplina de exercícios da profissão faça com que ela mantenha essa posição normalmente.

A posição canônica dos dedos tornou-se uma regra imposta a bailarinos pela disciplina dos exercícios. Repete-se um gestual que era parte do

---

47. VON DRACHENFELS, Suzanne. "The design of table tools and the effect of form on the etiquette and table setting". In: COFFIN, Sarah et al. (eds.). *Feeding desire: design and the tools of table 1500-2005*. New York: Assouline, 2006 (exhibition catalogue, Cooper Hewitt, Smithsonian Design Museum).

cotidiano dos bailarinos antepassados do bailarino atual, mas que agora está desprovido de função específica, como pegar a comida com os três dedos. O contraste entre essa regra do balé clássico, aparentemente injustificada, e a multiplicidade de posições de mãos e dedos na dança contemporânea produz a sensação de liberdade para o bailarino que transita entre ambos, como reflete Joca Antunes: "O balé contemporâneo é uma mão normal. A mão do contemporâneo é aquele filho rebelde: uma coisa é porque é, e a outra coisa poderá ser o que ela quiser. A mão do contemporâneo abre toda uma gama de possibilidades".

A posição canônica dos dedos no balé clássico preserva a memória corporal de uma etapa histórica de transição social entre o toque direto da comida e sua repressão por meio do uso de talheres mediadores. Ao reforçar a posição de pinça no corpo do bailarino atual, mesmo no caso de suas derivações em métodos do século XX, o balé clássico, por reação a si mesmo como o cânone da disciplina de formação, leva ao aparecimento de um repertório crescente de posições digitais e manuais na dança contemporânea. Esse alargamento de posições é percebido como a resultante de uma força repressora ancestral contraposta a uma gestualidade cotidiana desprovida de posições sociais canônicas, conduzindo assim à livre individuação pelo movimento.

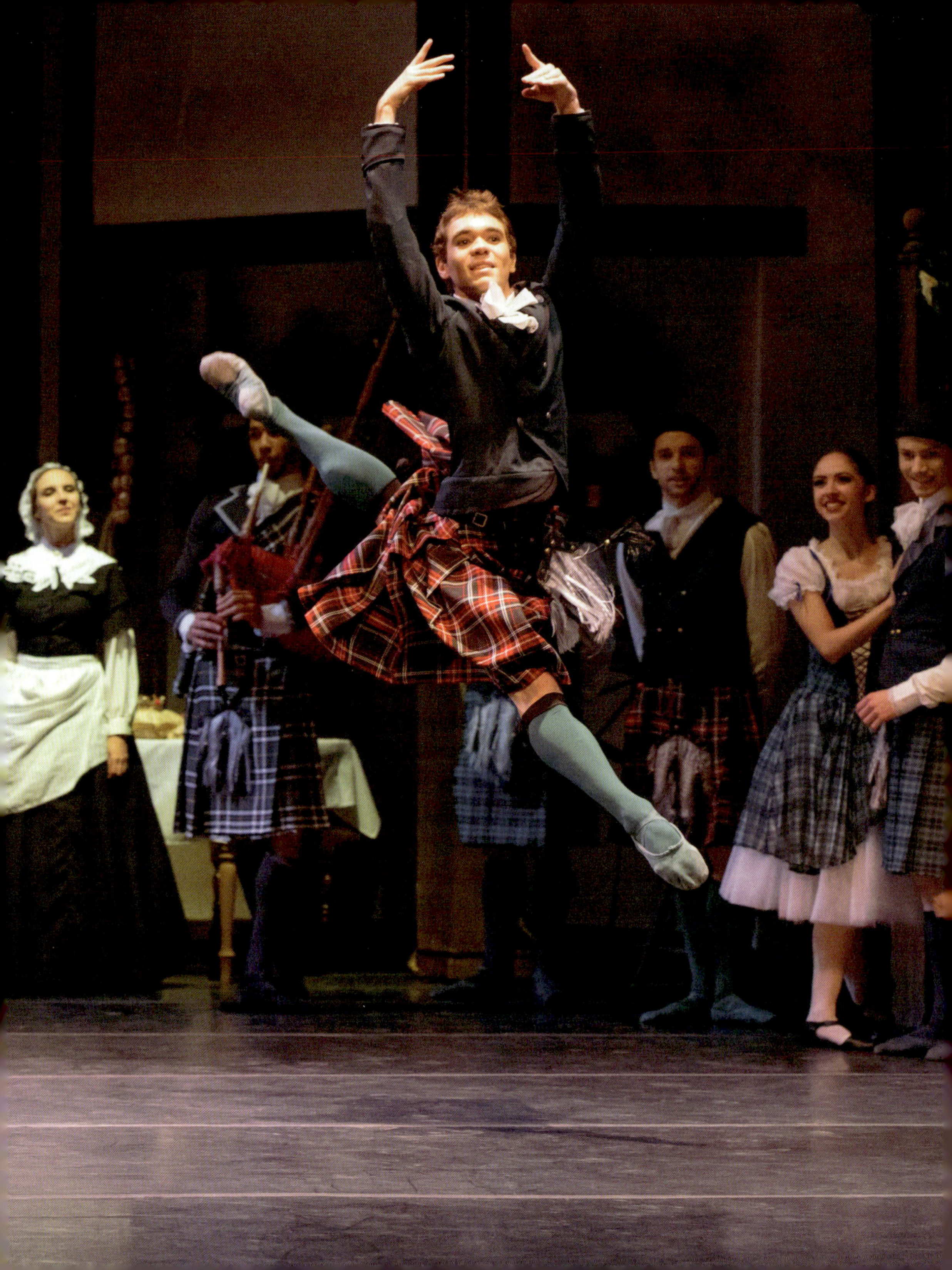

Dança, ritmo e silêncio – um som não tem pernas para ficar de pé[48]
Cacá Machado

Não sei se por algum fenômeno acústico ou distorção da minha percepção, eu só consegui ouvir os sons dos corpos dos bailarinos e os ruídos do palco do Teatro Sérgio Cardoso na estreia do balé *La Sylphide*, pela São Paulo Companhia de Dança, em junho de 2014. Minha primeira reação foi checar minha companheira ao lado. Ela, desde os primeiros minutos, estava visivelmente imantada pelo impacto da beleza plástica geral do espetáculo – talvez pelo realismo e magia dos cenários do primeiro e segundo ato ou pelo enredo claro e direto do drama amoroso do jovem enfeitiçado que abandona a noiva por uma sílfide, sem falar da envolvente música romântica do compositor norueguês Herman von Lovenskjold, ou sabe-se lá pelo quê, pois tudo o que estava em cena fazia com que a grande caixa preta do teatro parecesse uma delicada caixinha de música. Notei que seus olhos vibravam, acima de tudo, com a graciosidade das bailarinas flutuando na ponta dos pés com seus esvoaçantes tutus.

Eu não; eu me prendia aos sons secos do impacto dos corpos depois de saltos e rodopios, aos sons ásperos das sapatilhas quando raspavam o chão para frear o movimento ou aos sons das trepidações provocadas pelo

---

48. Agradeço a Guilherme Wisnik e Vadim Nikitin as prazerosas conversas e sugestões sobre o tema.

atrito dos pés contra o chão para impulsionar saltos ágeis e precisos. Um certo desconforto se apoderou em mim. Sentia-me obrigado a embarcar na beleza clássica que o balé proporcionava. Mas, ao mesmo tempo, comecei a descobrir prazer nas sensações provocadas por esses sons que, para mim, insistiam em ocupar o primeiro plano no lugar da música. Aos poucos, eles foram ganhando forma e desenvolvimento. Figuras rítmicas tornaram-se recorrentes; alturas melódicas, identificáveis; dinâmicas de intensidade, claramente definidas; e pude até ouvir o contraste entre delicadas texturas de ruídos. Criei, assim, uma trilha sonora paralela em minha cabeça delirante. A estrutura musical que resultou era livre e abstrata de qualquer enredo, mesmo que construída a partir de *La Sylphide*. Ora, não fora a narrativa do espetáculo (cenário, figurino, música etc.) o que sugeriu a criação da "minha" trilha sonora; fora justamente o distanciamento que estabeleci em relação ao balé o que me permitiu ouvir outra dança. Saí do espetáculo carregando essa sensação.

Em outro contexto, o poeta João Cabral de Melo Neto relatou uma experiência similar:

> No Rio, fui ver um balé e me sentei numa das primeiras filas, e tive a maior decepção da minha vida! Porque, se você fica muito perto do palco, quando a bailarina dá aquele salto, quando ela cai, você ouve aquele barulho: "Tum!" De repente, o encantamento desaparece por completo! Você vê que a gravidade é muito mais forte que aquele fingimento. Balé é uma coisa que só devia aparecer em cinema.[49]

49."João Cabral de Melo Neto". Entrevista a Luiz Costa Lima, Sebastião Uchoa Leite, Carlito Carvalhosa e Lana Lage. In: *34 Letras,* Rio de Janeiro, março de 1989; p. 29. Agradeço a Nuno Ramos a lembrança dessa passagem de João Cabral sobre o balé.

O balé clássico é sugerido aqui como ilusão, por isso sua associação com o cinema – o "elemento de composição" gramatical *cine-* vem do grego *kínesis*, isto é, movimento, ação de mover ou de mover-se, mudança, agitação da alma, movimento da dança; o (*cine-*)matógrafo foi o equipamento inventado no final do século XIX para projetar instantâneos fotográficos criando a ilusão do movimento. Em tempo: no sentido figurado, cinema quer dizer fita, fingimento, simulação.[50] Sabemos que, de um ponto de vista amplo, a sensibilidade de João Cabral foi sempre maior para a plasticidade do que para a musicalidade das coisas – era notório seu desinteresse pela música, tanto que Caetano Veloso fez disso um mote para sua canção "Outro retrato" ("Minha música vem da/ Música da poesia de um poeta João que/ Não gosta de música").

Em suma, é o "tum" da queda, isto é, o corte seco do ruído sonoro antimusical, o que denuncia plasticamente a ilusão de uma dança que desafia a gravidade. Para os olhos do poeta, não há graciosidade que supere a realidade decepcionante do fingimento. Em contraponto, ele enxergava no sapateado do flamenco um gesto plástico construtivo da própria dança, portanto real, sem simulação: "No flamenco é exatamente o contrário. É uma dança de pateada no chão. O dançarino dá patadas no chão".[51] Para o poeta-diplomata pernambucano que adotou a cidade de Sevilha como sua casa ("Tenho Sevilha em minha casa./ Não sou eu que está chez Sevilha./ É Sevilha em mim, minha sala./ Sevilha e tudo o que ela afia")[52] e fez da contenção de certo lirismo, em favor da rigidez e da

---

50. Verbetes "Cine-" e "Cinema". In: HOUAISS, Antônio. *Grande dicionário Houaiss da língua portuguesa*. Rio de Janeiro: Objetiva, 2009.
51. "João Cabral de Melo Neto", p. 30.
52. "Sevilha em casa". In: MELO NETO, João Cabral de. *Sevilha andando*. Rio de Janeiro: Nova Fronteira, 1989.

simetria, um dos aspectos fundamentais de sua poética, é compreensível a preferência entre as danças.

Embora disparada pela mesma situação, a experiência de João Cabral resultou oposta à minha. Todavia, diante de uma obra clássica, o encantamento, a recusa ou o distanciamento – até como estímulo, no meu caso, de recriação "delirante" metalinguística – são percepções recorrentes do olhar contemporâneo sobre o passado cristalizado como linguagem canônica. Um topos, na realidade, amplamente visitado pelo pensamento crítico na tradição da cultura ocidental. Aqui, procurarei puxar um fio específico da relação entre a dança, o ritmo e o silêncio na modernidade.

Um pássaro voa

O artigo "Grace and clarity" *(Graça e clareza)* do compositor John Cage (1912-1992), publicado na revista *Dance Observer* em 1944, é surpreendente para quem esperaria do consagrado músico de vanguarda, e intenso colaborador de Merce Cunningham (1919-2009) desde a década posterior ao texto até o fim da vida, uma defesa inequívoca da dança moderna. Seu diagnóstico inicial é direto:

> A força que se origina de práticas artísticas profundamente arraigadas não está presente hoje na dança moderna. Inseguro, sem nenhuma orientação clara, o bailarino moderno deseja transigir e aceitar influências de outras formas de arte mais arraigadas, possibilitando que se diga que alguns bailarinos estão tomando emprestado ou se vendendo para a Broadway; outros aprendem com as artes folclóricas e orientais, e muitos introduzem elementos do balé no seu trabalho ou, num esforço máximo, dedicam-se a ele. Em confronto com a história, seu poder anterior e sua insegurança presente, é inevitável concluir que o poder que a dança moderna já teve não era impessoal, mas estava intimamente ligado e, em última análise, dependia

das personalidades e até mesmo dos corpos físicos reais das pessoas que o transmitiam.[53]

Cage estava dialogando, sobretudo, com Martha Graham (1894-1991) e seu método, é claro. Mas de um ponto de vista interno, não combativo; afinal, ele diz em outro trecho: "A personalidade é algo delicado sobre o qual uma arte é construída (isso não significa que ela não possa ser parte integrante de uma arte; afinal, é isso que a palavra *estilo* realmente denota)". A fragilidade da dança moderna era, naquele momento, a falta daquilo que sobrava no balé clássico: graça e clareza. Mas, apesar disso, aquele espetáculo criado pela cultura do século XIX era anacrônico (empoeirado) para a sensibilidade contemporânea de meados do século XX, tanto em sua narrativa como em sua concepção cênica:

> Balés como *La Sylphide*, *O lago dos cisnes*, quase todos os *pas de deux* ou *pas de quatre* e, atualmente, o excepcional *Danses concertantes* têm força e validade muito além e à parte dos movimentos envolvidos, independentemente de serem realizados com estilo ou não (personalidade expressa), da ornamentação do palco, da qualidade do guarda-roupa, do som da música ou de quaisquer outras particularidades, aí incluídas as de conteúdo.[54]

No entanto, o xis do problema identificado por John Cage era o ritmo. O que dava clareza e graça à estrutura da dança clássica era o ritmo como elemento organizador do discurso. Isso era o que existia de melhor e mais universal, portanto deveria servir de modelo para as experiências modernas:

---

53. "Grace and clarity". In: CAGE, John. *Silence*. Hanover, N.H.: Wesleyan University Press, 1961; p. 89.
54. Id., ibid., p. 90.

Bom ou ruim, com ou sem significado, bem-vestido ou não, o balé é sempre claro em sua estrutura rítmica. As frases começam e terminam de tal forma que qualquer pessoa da plateia sabe quando começam e terminam, e as pessoas respiram de acordo. À primeira vista, pode parecer que a estrutura rítmica não tem importância crítica. Contudo uma dança, um poema, uma peça musical (qualquer das artes temporais) ocupam uma dimensão de tempo, e a maneira pela qual essa dimensão é dividida – primeiro em grandes partes e depois em frases (ou construída a partir de frases para no final formar partes maiores) – é a própria estrutura da vida da obra. O balé possui uma tradição de clareza de sua estrutura rítmica. Os dispositivos essenciais para sua existência foram transmitidos de uma geração a outra. Esses dispositivos particulares, repito, não devem ser tomados emprestados do balé: são particulares dele. Mas a função que desempenham não é privada; ao contrário, é universal.[55]

Ao longo do artigo, a clareza rítmica é identificada como organizadora do discurso em diferentes expressões artísticas:

> A dança oriental, por exemplo, é clara em sua fraseologia. Tem seus próprios recursos para chegar lá. O *hot jazz* nunca é pouco claro em termos rítmicos. Ao se afastarem da tradição, os poemas de Gerard Manley Hopkins [1844-1889] possibilitam ao leitor respirar com eles. A dança moderna, por outro lado, raramente é clara.
> [...] A música e a dança hindus são cheias de graça. Isso é possível porque a estrutura rítmica nas artes temporais hindus é extremamente sistematizada, vem sendo assim por muito tempo e todo hindu que gosta de ouvir música ou assistir à dança está familiarizado com as leis da *tala*.[56]

55. Id., ibid., p. 91.
56. Id., ibid., p. 91.

No final, o texto assume ares de manifesto:

A opinião expressa aqui é que a clareza e a graça da estrutura rítmica são aspectos essenciais para as artes do tempo que, juntas, constituem uma estética (ou seja, estão sob e debaixo, acima e além das particularidades físicas e pessoais) e raramente ocorrem na dança moderna; que essa última não tem estética (sua força foi e continua sendo propriedade pessoal de seus criadores e maiores expoentes); que, para se tornar forte e útil na sociedade, madura em si, a dança moderna deve esclarecer sua estrutura rítmica e então avivá-la com graça, desenvolvendo assim uma teoria, ou seja, um conceito comum e universal sobre o que é belo numa arte de época.[57]

John Cage entendia a questão por dentro. No final da década de 1930, depois de viagens com a família, o jovem compositor, ex-aluno de Henry Cowell (1897-1965) e Arnold Schoenberg (1874-1951), voltou para a sua cidade natal, Los Angeles, onde, entre vários trabalhos, exerceu principalmente a atividade de músico acompanhador de dança no *campus* local da Universidade da Califórnia (Ucla). Ali, ele produziu música para coreografias e lecionou a disciplina "Acompanhamentos musicais para expressão rítmica".[58] Suas primeiras experiências com instrumentos não convencionais, como utensílios domésticos ou folhas de metal, são dessa época. Até chegar em 1942 a Nova York, onde ampliaria suas relações no mundo das artes plásticas com artistas como Max Ernst (1891-1976), Peggy Guggenheim (1898-1979), Piet Mondrian (1872-1944), André Breton (1896-1966), Jackson Pollock (1912-1956) e Marcel Duchamp (1887-1968), Cage passou

---

57. Id., ibid., p. 92-93.
58. MILLER, Leta E. "Cage's collaborations". In: NICHOLLS, David (ed.). *The Cambridge companion to John Cage*. Cambridge: Cambridge University Press, 2002; p. 154.

por Chicago, San Francisco e Seattle, sempre em torno de centros universitários, atraído por convites que lhe permitissem desenvolver o que mais lhe interessava: o experimentalismo sonoro motivado, naquele momento, pelo ritmo.

Bacchanale (1940) é uma peça exemplar do período. Enquanto Cage trabalhava na Cornish School of Allied Arts, em Seattle, a bailarina negra Sylvilla Fort (1917-1975) lhe pediu que compusesse uma peça para seu novo trabalho. Segundo o musicólogo David W. Bernstein, o compositor partiu da ideia de que um "acompanhamento africano" seria apropriado para a dança de Sylvilla.[59] Como não havia sala disponível com espaço físico para abrigar um grupo de percussão, Cage decidiu escrever uma peça para piano baseado numa série dodecafônica de inspiração também "africana". Mas logo se frustrou com a limitação da tessitura sonora do instrumento para o seu projeto. Cage estava familiarizado com as peças de *string* piano de Henry Cowel, em que a técnica de se debruçar sobre o piano era usada pelo intérprete para pulsar ou correr os dedos diretamente sobre as cordas. Em *Bacchanale*, Cage expandiu essa ideia colocando pequenos parafusos, porcas, arruelas e tiras fibrosas (cortiça ou tecidos duros) entre as cordas e martelos ou até mesmo nos abafadores do piano. O resultado foi uma coleção de 12 "preparações", que o compositor chamou de *gamut* (escala musical), fazendo com que o som do piano parecesse um pequeno grupo de percussão. Surgiu, assim, o seu piano preparado.

Como sabemos, John Cage, depois da década de 1940, caminhou sob influência do zen-budismo numa perspectiva de incorporação do acaso na criação artística. Sua peça *4'33"* (1952), em que o intérprete senta-se ao piano e permanece em silêncio pelos quatro minutos e 33 segundos

---

59. BERNSTEIN. David W. "Music I: to the late 1940s". In: NICHOLLS, op. cit., p. 78.

do título, deixando que os sons aleatórios do momento virem música, tornou-se emblemática, nos anos posteriores, de uma arte norte-americana de forte influência duchampiana que ganhou certa tendência racionalista, hermética e fria.[60]

Contudo os argumentos de Cage no artigo "Grace and clarity" indicam o contrário: que, por falta de graça e de clareza, a dança moderna era, na década de 1940, uma arte frágil. Pela envergadura que ganhou a figura de John Cage como "uma das maiores influências" da modernidade, considero o seu artigo um importante documento, uma espécie de "elo perdido", para o entendimento da criação artística a partir dos anos 1950 nos Estados Unidos, período genericamente denominado "expressionismo abstrato". O que Cage criou nas décadas de 1960 e 1970 a partir de

---

60. Sobre o tema, cf. WISNIK, Guilherme. "Dentro do nevoeiro". In: NOVAES, Adauto. *Mutações – o futuro não é mais o que era.* São Paulo: Sesc Editora, 2013; p. 247-268. Do ponto de vista musical, esse tema foi trabalhado pelo crítico Julio Ramos numa chave original e reveladora, a partir do famoso concerto de percussão dirigido por John Cage no Museu de Arte Moderna de Nova York (MoMA), em 1943, quando se executaram peças para percussão de compositores das Américas, como o cubano Amadeo Roldán. Para Ramos, "El concierto de Cage en el MoMA fue un punto de enlace o de intersección transcultural que incita a repensar la relación entre estética e inscripción racial en las divergentes poéticas de la modernidad. Sin llegar nunca a anular las tensiones ni a soslayar sus desencuentros, estas poéticas divergentes interactúan en su rumbo por los caminos desiguales, accidentados, de la mundialización de la música cubana a partir de la década del 1920. [...] Sin embargo, no hay que ignorar las relaciones de poder que atraviesan los mapas de las apropiaciones 'interculturales' en las relaciones entre Norte y Sur para reconocer en estos materiales ciertos aspectos que complican el significado de Cage para la historia de la música contemporánea. Porque la aproximación de Cage al afrocubanismo explicita una elaboración de materiales sonoros históricamente racializados que complica la identificación muy reducida de Cage como la figura emblemática de un *white-coded experimentalism*, de una 'experimentación blanca', al decir del compositor y musicólogo afroamericano George Lewis". RAMOS, Julio. "Disonancia afrocubana: John Cage y las *Rítmicas V y VI* de Amadeo Roldán". In: *Revolución e Cultura*, 1, La Habana, enero/febrero/marzo 2014, época V; p. 53.

sua parceria artística e afetiva com o coreógrafo Merce Cunningham em espetáculos como *Solo suite in space and time* (1953), sem esquecermos as colaborações interdisciplinares com os artistas plásticos Jasper Johns e Robert Rauschenberg (1925-2008), foi um caminho que ganhou radicalidade com a geração posterior, nos anos 1970 e 1980, de um lado com a *Pop Art*, de Andy Warhol (1928-1987), e de outro com o minimalismo,[61] de Donald Judd (1928-1994) e Carl Andre – esses últimos, sim, racionais, herméticos e frios.

Para Augusto de Campos, Humberto Eco tem uma definição precisa de John Cage: "A figura mais paradoxal de toda a música contemporânea".[62] Exato. Paradoxal é a palavra aqui. Pois, no caso do balé clássico, Cage está falando da graça e da clareza não como um modelo para a dança moderna, mas como um extrato, ou melhor, uma essência. A ideia da vanguarda artística como rompimento radical com o passado clássico encontra aqui uma dissonância. É isso que me interessa. Em geral, os processos históricos se revelam mais ricos e mais paradoxais quando vistos a contrapelo. Alguns dirão que John Cage criou uma obra contrária às ideias expressas no artigo. Será?

Ouvidos?

Retorno à minha percepção inicial sobre o balé *La Sylphide* apresentado pela São Paulo Companhia de Dança. Penso agora no ritmo e no silêncio. Como arte do tempo, a música desaparece no mesmo instante em que ganha forma. Mas deixa rastros. A trilha sonora que compus na minha

---

61. Cf. KRAUSS, Rosalind. "O duplo negativo: uma nova sintaxe para a escultura". In: *Caminhos da escultura moderna*. São Paulo: Martins Fontes, 1998; p. 306-311.

62. CAMPOS, Augusto de. "Cage: chance: change"(prefácio). In: CAGE, John. *De segunda a um ano*. Rio de Janeiro: Cobogó, 2013.

cabeça sobre a cadência dos ruídos dos corpos em movimento do balé clássico sumiu no exato momento em que deixei o teatro. Sobrou a clareza da força rítmica dos sons. Sobrou a graciosidade do silêncio da ponta dos pés das bailarinas. Sobraram fragmentos do poema *2 pages, 122 words on music and dance*, de John Cage: "[...] Um som não tem pernas para ficar de pé. [...] Um pássaro voa. [...] ouvidos?"[63]

---

63. CAGE, John. In: *Silence*, op. cit., p. 96-97. "[...] A sound has no legs to stand on. [...] A bird flies. [...] ears?"

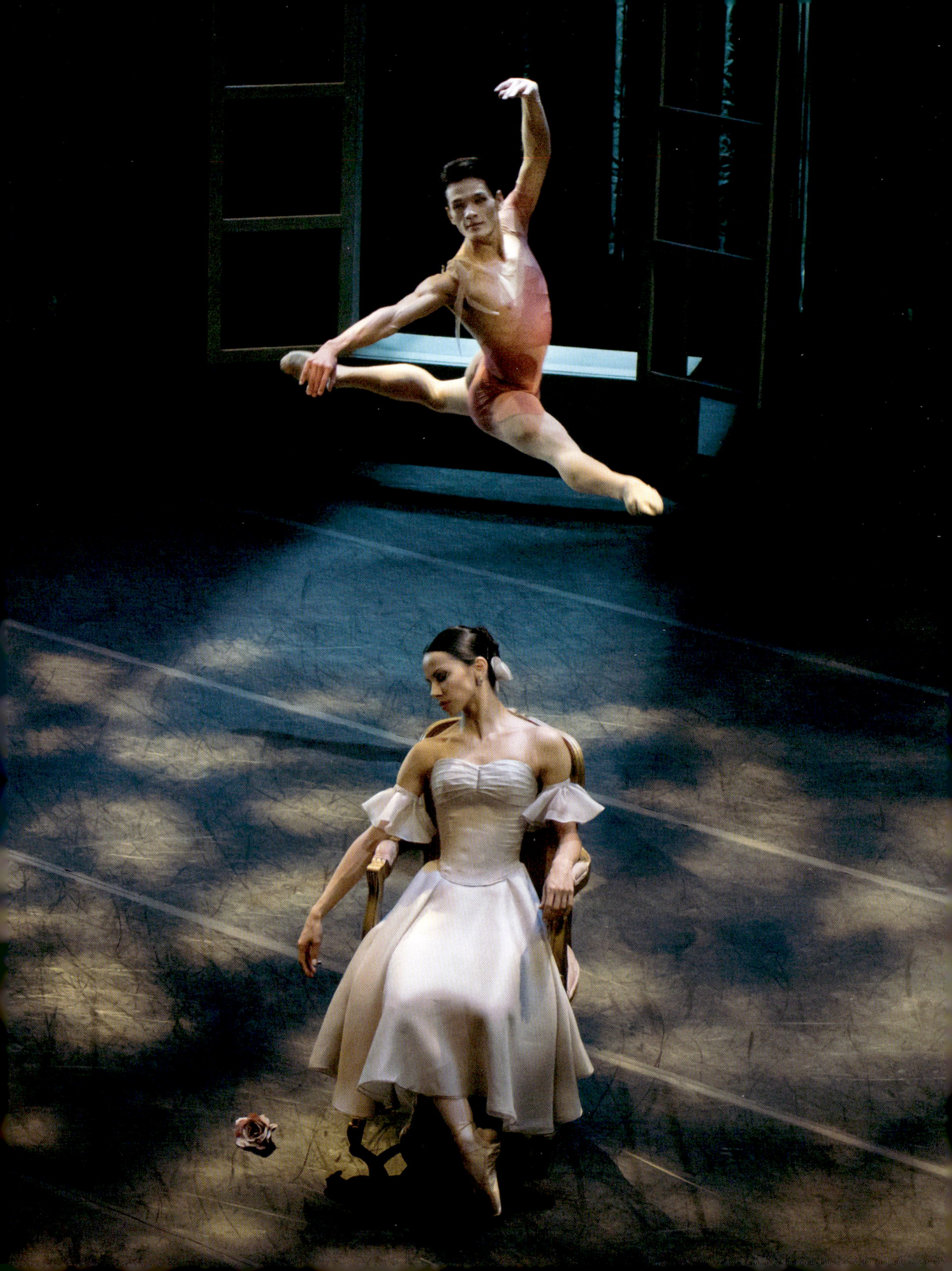

SPCD – expandindo o público da dança no Brasil
Peter J. Rosenwald

A dança corre nas veias dos brasileiros.

Nas ruas, nas praias e mesmo na selva, ouve-se um pulsar constante e sente-se a energia que permeia nosso corpo e nos convida a dançar. É tão natural quanto o calor do sol ou um sorriso amigo.

A tradução e a interpretação dessa energia para o que chamamos de "espetáculo de dança" – percebendo uma estrutura formal e conferindo-a ao movimento natural que permite a repetição consistente e a construção de uma obra de arte exclusiva e criativa sobre tais alicerces – estão no cerne do espetáculo de dança. Na São Paulo Companhia de Dança (SPCD), fundada há seis anos, o Brasil tem a felicidade de contar com a concretização viva do que Inês Bogéa, ex-bailarina, crítica de dança, autora e diretora artística da companhia, chama sua "paixão e sonho": uma trupe treinada tanto nas técnicas da dança clássica como nas da moderna, com repertório eclético de obras clássicas e contemporâneas, mas totalmente livre para demonstrar daquele dinamismo exclusivamente brasileiro.

No país, a dança está se afastando da condição de entretenimento da "elite" para chegar a uma forma mais popular, em parte graças a festivais que apresentam importantes companhias estrangeiras e dão às plateias brasileiras a oportunidade de vivenciar ampla gama de estilos de dança. Essas chances acrescentam sabor internacional ao que observamos naquelas companhias brasileiras mais conhecidas: o Grupo Corpo (que faz 40 anos em 2015), a Companhia de Dança Deborah Colker (que tem 20 anos) e o Balé da Cidade de São Paulo (46 anos). Foi apenas em temporadas mais recentes que São Paulo, Rio de Janeiro e algumas poucas outras cidades brasileiras puderam desfrutar a vibrante Alvin Ailey American Dance Theater, companhia moderna, ainda que inspirada na cultura negra; a Sankai Juku, grupo japonês de Ushio Amagatsu; a eclética trupe multimídia francesa Compagnie DCA – Philippe Decouflé; e o emocionante jovem grupo israelense Batsheva Ensemble, entre outros.

Hoje no Brasil, as versões completas dos grandes clássicos do século XIX, como *Giselle* e *La Sylphide*, ou ainda as obras-primas um pouco mais recentes de Marius Petipa – *O quebra-nozes*, *A Bela Adormecida* e *O lago dos cisnes* –, são apresentadas com menos frequência do que as obras contemporâneas. Com exceção do Corpo de Baile do Theatro Municipal do Rio de Janeiro – que está em atividade desde 1936 e apresenta regularmente grande parte do repertório clássico – e de visitas periódicas de trupes itinerantes do Ballet Kirov, de São Petersburgo, e do Ballet Bolshoi, de Moscou, nada é visto por uma plateia maior.

Lincoln Kirstein (1907-1996), o fundador da School of American Ballet, o qual trouxe George Balanchine (1904-1983) para os Estados Unidos e depois permaneceu ao seu lado por toda a vida no New York City Ballet, disse esta frase célebre: "A função da arte é perpetuar a ordem e a tradição, o profissional e o artesanal".

Embora Kirstein talvez discordasse de que isso fosse bom, o purismo refletido em sua afirmação de que toda a dança profissional deve privilegiar apenas as tradições dos séculos XVIII e XIX, conforme representadas nas obras-primas clássicas, vem sendo substituído por uma visão menos rígida, de maior acessibilidade, à medida que peças menos tradicionais são apresentadas a novas plateias.

Já não vemos apenas os "viciados em dança" – os mesmos rostos reconhecíveis em cada espetáculo de dança. Embora não haja dados para confirmar esta suposição, parece que novos entusiastas da dança estão, cada vez mais, lotando os teatros para os espetáculos. Preços populares e assinaturas de temporadas em lugar de apenas ingressos para espetáculos individuais parecem estar alavancando essa crescente popularidade.

Sempre pareceu irônico que "espetáculos" de dança sejam em geral vistos como algo de "outra" elite, quando a dança propriamente dita faz realmente parte da cultura popular e da tradição, sendo componente essencial de todos nós. O que seria do Carnaval sem o samba? Fosse qual fosse a barreira que manteve as plateias afastadas, ela agora parece, felizmente, desmoronar.

Se pode parecer insólita a eventual foto de um espectador que, no saguão do teatro, está ao lado de uma das principais bailarinas de um espetáculo tradicional de balé em traje de cena, a fila de crianças e adultos para tirar fotos em espetáculos recentes da SPCD indica uma plateia nova e menos arrogante. E, se esforços promocionais como esse forem necessários para envolver um espectro cada vez mais amplo de brasileiros e lhes dar a chance de vivenciar coreografias e estilos de dança clássicos e contemporâneos, certamente não haverá nada de mau nisso.

Já o desenvolvimento e a promoção pela SPCD de ampla agenda de apresentações em todo o Brasil e no exterior, mais um programa rico e inovador de vídeos introdutórios para dar contexto essencial e interessante a cada espetáculo de dança, são iniciativas menos extravagantes e mais sérias. Sem atividades como essas que levam a dança para além da ribalta, a dificuldade de criar uma ponte sobre o abismo que historicamente separava da dança o público brasileiro em geral poderia ser bem maior. O fato de a SPCD, durante vários anos, ter produzido grande acervo de materiais para os amantes da dança incrementa o impacto total.

Criar uma ponte entre o passado e o presente e dar a uma gama cada vez mais ampla de brasileiros a chance de vivenciar coreografias e estilos de dança clássicos e contemporâneos é ponto fundamental na missão da SPCD. Isso ocorre também com o desenvolvimento e promoção do extenso programa de espetáculos no país e no exterior e do rico programa de palestras e acervos para contextualizar de modo tão essencial quanto interessante os espetáculos de dança.

A solução da SPCD é misturar continuamente o antigo com o novo, dando oportunidade a novos coreógrafos e apresentando novos desafios aos bailarinos e plateias.

Nesta temporada, a montagem de *La Sylphide* na coreografia de Mario Galizzi, a partir do grande clássico romântico que August Bournonville (1805-1879) encenou pela primeira vez em 1836, é bom exemplo do compromisso da SPCD em revisitar os clássicos. O balé de Bournonville, com suas sílfides flutuantes em etéreas vestes brancas e asas brilhantes, é o sonho de toda menina. Dançado no segundo ato sobretudo nas pontas, o movimento gracioso das bailarinas expressa a magia coreográfica contida na concepção elegante de Bournonville, que estabeleceu o padrão da coreografia romântica. No século XIX, o balé estava ligado à bela forma, e por certo não podemos vivenciar a magia daquela estética mais intensamente do que em *La Sylphide*.

Desde a primeira vez que foi encenado, o balé *La Sylphide* de Bournonville tornou-se marca registrada da técnica clássica e parte integrante do repertório de qualquer companhia cujo objetivo seja mostrar a dança clássica. É uma obra-prima que exige bailarinos do altíssimo padrão de acordo com o qual serão julgados. A apresentação dessa obra exige coragem, mas, quando bem-feita, é um prazer para quem assiste.

Como afirma Inês Bogéa, os "clássicos" são vistos no Brasil com muito pouca frequência; não há dúvida de que atraem grandes plateias, muitas das quais ainda não se tornaram fãs das obras mais contemporâneas.

Com a apresentação do *Grand pas de deux* de *O Cisne Negro*, o esforço da SPCD em oferecer ao público uma amostra de *O lago dos cisnes*, de Marius Petipa (1818-1910), se compara à seleção de uma única joia para representar toda a coroa. *O lago dos cisnes* é, sem dúvida, o balé encenado com mais frequência no repertório clássico (ao lado de *O quebra-nozes*, o eterno favorito das famílias no Natal). O *pas de deux* executado pelo príncipe Siegfried e por Odette confere aos principais bailarinos a oportunidade de demonstrarem plenamente suas habilidades, saltando mais alto e girando mais rápido para deleite da plateia, obtendo o máximo de aplausos. Embora essa joia fulgurante da coreografia costume ser mais atraente no contexto de um grande corpo de baile, a realidade econômica do financiamento para a dança atual inviabiliza por completo a manutenção da trupe necessária, mais o cenário e o guarda-roupa.

Le spectre de la rose é mais conhecido pelos últimos 30 segundos, em que o bailarino, o imbatível Vaslav Nijinsky (1890-1950), que foi o primeiro a interpretar o papel, dá um salto espetacular pela janela ao fundo do palco e parece desaparecer na noite. A curta peça, montada para a temporada de 1911 do Ballets Russes de Sergei Diaghilev (1872-1929), com música de Carl Maria von Weber (1786-1826), coreografia de Michel Fokine (1880-1942) e cenografia de Léon Bakst (1866-1924), vem impactando e encantando plateias desde então.

Ninguém conhece melhor o Ballets Russes de Diaghilev do que Serge Grigoriev (1883-1968), seu diretor de cena de longa data. No livro de memórias "The Diaghilev Ballet, 1909-1929", Grigoriev apresenta esta descrição de *Le spectre de la rose* quando da estreia:

Era tão sublime e tão romântica essa valsa que mal se podia acreditar não ser um sonho. No final, a figura flutua novamente pela janela – o salto era realizado por Nijinsky com tal desenvoltura que criava uma sensação de voo real.[64]

Curiosamente, nenhum dos críticos mencionou à época o salto pela janela, momento inesquecível do balé, lembrado com mais frequência do que a linda obra romântica em si. Trata-se da história de uma moça que, ao voltar de um baile, sonha com a rosa que ali ganhara, agora transformada no espectro da flor, com o qual a jovem dança até o amanhecer.

De muitas formas, encenar grandes obras como essas que ganharam espaço na história artística é menos perigoso do que lançar novas peças. Para cada obra-prima das eras anteriores que sobreviveu ao teste do tempo, há cemitérios cheios de obras que pereceram. Gostos e critérios mudam. As plateias que em 1913 vaiaram a *Sagração da primavera* de Stravinsky (1882-1971) em sua estreia mundial em Paris, quase causando uma revolta popular no teatro, passaram depois a adorá-la. Isso não significa que novas obras devam ser ignoradas e que a SPCD deva transformar-se em museu. Ao contrário, a combinação de técnicas e coreografias "clássicas" e "modernas" está para a dança como a "fusão" está para a culinária. O resultado pode ser surpreendentemente delicioso.

A escolha do repertório de 2014 foi particularmente rica e exigente, incluindo entre as 12 obras clássicos como *La Sylphide*, *Le spectre de la rose* e o *Grand pas de deux* de *O Cisne Negro*; obras contemporâneas como *Petite mort*, de Jirí Kylián, e *In the middle, somewhat elevated* e *workwithinwork*, de William Forsythe; a nova coreografia de Giovanni Di Palma, *Romeu e Julieta*, que a companhia estreou em 2013; *The Seasons*, do coreógrafo Édouard Lock, e

---

64. GRIGORIEV, S.L. *The Diaghilev Ballet*, 1909-1929. London: Constable, 1953; p. 50. Nossa tradução.

acrescentam-se as novas peças de Rafael Gomes e Cassi Abranches, do Ateliê de Coreógrafos Brasileiros, resultando em um prato cheio.

Com um total de 53 bailarinos, representando notável acréscimo de 36 em relação a 2012, e uma equipe de apoio dedicada, fazer jus ao prato cheio é sem dúvida um grande desafio. Entretanto, é exatamente assim que deve ser, se a companhia pretende crescer, amadurecer e satisfazer suas ambições. Os profissionais e os amantes da dança sabem perfeitamente que apenas ao propiciarem excelente ensino, coreografia e ambiente profissional, levando os bailarinos ao limite de suas capacidades, as companhias lograrão cativar, envolver e ampliar as plateias e garantir o futuro.

Se a concepção modernista do *Romeu e Julieta* de Di Palma não envolveu a plateia, talvez tenha sido porque esse balé, com a partitura tão familiar de Sergei Prokofiev (1891-1953), cria expectativas de uma coreografia mais tradicional. O trabalho original de dança para a fascinante história de Shakespeare, coreografada por Leonid Lavrovsky (1905-1967) e apresentada pelo Ballet Kirov em 1940, propiciava a plataforma ideal para o corpo de baile, os solistas e os primeiros-bailarinos. As versões posteriores foram montadas por grandes coreógrafos como Frederick Ashton (1904-1988), John Cranko (1927-1973), Sir Kenneth MacMillan (1929-1992) e Rudolf Nureyev (1938-1993), apenas para mencionarmos os mais conhecidos. Em cada uma das montagens, temos grandes cenas de salões de baile e vigorosas lutas de espada, assim como duetos líricos para os amantes. O fracasso do balé como tema para a dança lírica se deve ao fato de que, após o famoso *pas de deux* apaixonado, tudo desmorona com a morte de Romeu e Julieta. Nas palavras jocosas de um crítico americano, "os mortos não conseguem dançar com emoção".

Já *Petite mort*, de Jirí Kylián, obteve mais sucesso. Kylián, antigo bailarino do Ballet de Stuttgart e protegido do diretor artístico daquela companhia, John Cranko, surgiu como um dos mais importantes coreógrafos contemporâneos. O constante aprimoramento dos bailarinos da SPCD na apresentação da obra pode ser claramente visto nos espetáculos. É isso o que empolga as plateias.

O interesse de Inês Bogéa é muito mais amplo do que apenas dirigir uma companhia de desempenho excepcional que entusiasma o público. Inês tem a convicção apaixonada de que a dança deve ser vista no contexto de todas as artes, e não apenas nos espetáculos. Eu diria que a visão da Associação Pró-Dança, mantenedora da SPCD, se reflete na promoção da arte da dança e, assim, no enriquecimento da vida cultural da comunidade.

A trajetória da SPCD para se tornar uma grande instituição internacional foi bem planejada e reflete a visão de seus dirigentes, segundo a qual, com instalações apropriadas e financiamento plurianual adequado, a companhia poderá alcançar seus ambiciosos objetivos.

As companhias associadas aos grandes teatros municipais de São Paulo e do Rio de Janeiro são instituições governamentais sujeitas à política do momento, e seus bailarinos e outros artistas são funcionários públicos, submetidos às burocracias e hierarquias vigentes nessas companhias de balé. Infelizmente, tais condições impõem quem vai poder dançar e quais papéis vai desempenhar. O incentivo da concorrência para que a pessoa aprimore constantemente sua arte é muitas vezes reduzido quando ela sabe que conta com emprego garantido e pensão estatal vitalícia. Já os bailarinos da SPCD, embora tenham contratos de trabalho em regime de CLT (aí incluída uma série de benefícios), não gozam de estabilidade no emprego nem de pensão vitalícia. A SPCD procurou trilhar o caminho do meio.

Admite-se que os bailarinos e a equipe artística e administrativa cujo talento e foco levam a companhia ao sucesso precisem de um compromisso de longo prazo tanto com a excelência quanto com a expectativa de que tal excelência será sustentada com os recursos necessários. Assim como ocorre em qualquer instituição artística, certo grau de insegurança é essencial: os que são mais talentosos, que trabalham mais e que apresentam desempenho de acordo com padrões cada vez mais elevados ficam com os melhores papéis. No entanto, os que não são tão talentosos nem comprometidos ficam naturalmente de lado. É cruel e talvez injusto. Mas, como diz o ditado, assim é o *show business*.

Em dezembro de 2009, Inês Bogéa e a ex-codiretora da SPCD, Iracity Cardoso (que deixou a companhia em abril de 2012 e assumiu em março de 2013 a direção artística do Balé da Cidade de São Paulo) apresentaram ao Governo do Estado de São Paulo um ambicioso plano quinquenal, que foi aprovado e está sendo concluído este ano. Em setembro, o Governo do Estado renovou o contrato de gestão com a Associação Pró-Dança, e esta renovou o contrato da direção artística garantindo a continuidade de seu trabalho.

Se é verdade que, conforme diz Inês Bogéa, "a dança no Brasil está num momento de transformação", ela e seus colegas não pretendem deixar o momento passar. "Por que a dança não deveria ser tão importante quanto o futebol?", pergunta Inês.

O fato de que, este ano, milhões de brasileiros acompanharam cada momento da Copa do Mundo e o total de plateias de dança foi apenas uma pequena fração daquele público não tira a legitimidade da pergunta. É fundamental administrar mesmo um aumento comparativamente pequeno no número de pessoas que frequentam regularmente espetáculos de dança, aprendem sobre a arte e proporcionam apoio cultural.

Ainda que o momento seja de "transição", as evidências apontam claramente para um horizonte em expansão para a dança clássica e contemporânea no Brasil. O dinamismo e a liderança da SPCD vão permanecer como fatores importantes. Na medida em que cada vez mais brasileiros aprendem a escutar a batida rítmica que é uma parte significativa de sua cultura, tudo leva a crer que os espetáculos de dança continuarão a crescer e proporcionar prazer para todos.

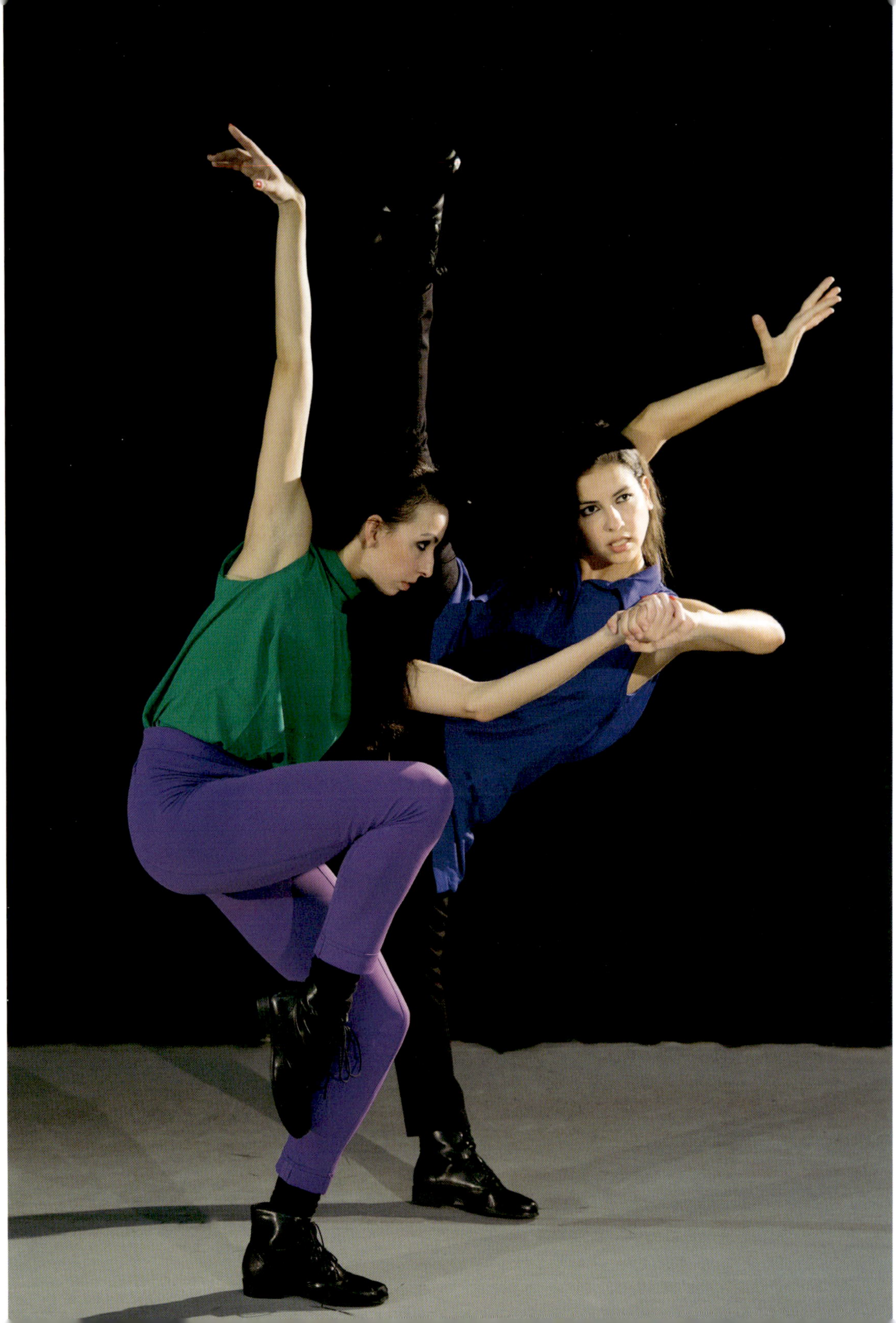

Que país é esse?
Amanda Queirós

A dança esteve presente no Brasil muito antes de ele ter sido batizado assim. Mas dançar o país em cima de um palco – ou seja, organizar pensamentos de nação em forma cênica a partir do movimento – é algo pontuado somente a partir de 1835, quando o mestre do balé romântico Filippo Taglioni (1777-1871) cria para a Ópera de Paris o espetáculo *Brézilia*, primeira coreografia em torno de uma temática brasileira.

Os quase dois séculos passados entre esse marco inicial e o momento atual testemunham uma transição em que o discurso em torno de nós mesmos deixa de ser uma estratégia colonizadora e exclusiva do olhar estrangeiro para se transformar em ferramenta de protagonismo e compreensão de nosso lugar na história. Dançar o Brasil, portanto, é um ato que abandona os contornos de tema para se tornar uma questão capaz de construir lógicas próprias de pensamento, em vez de apenas tentar se encaixar em uma ou outra já existente. Isso implode a ambição moderna de dar conta da totalidade desta nação, abrindo espaço para uma multiplicidade de dizeres e a compreensão de que tal conceito é discutível somente no plural.

Esse é o Brasil presente na vitrine da São Paulo Companhia de Dança desde a criação do grupo, em 2008. Um país continental e, inevitavelmente, múltiplo. Urbano, moderno e globalizado, mas com bases provincianas. Mestiço e, ao mesmo tempo, singular, capaz de processar uma suposta fragilidade – sua vulnerabilidade a todo tipo de contaminação cultural – e revertê-la em força, criatividade e identidade.

Oriundos de diversas partes do país e com históricos diversificados, os 13 coreógrafos brasileiros convidados até agora a montar obras para o conjunto traçam um panorama das infinitas maneiras de a dança responder, no corpo, a provocações muito presentes em nosso dia a dia. O humor leve e a fragmentação dos movimentos provocados por Henrique Rodovalho em *Inquieto* (2011), o olhar cinematográfico e arredondado depositado por Paulo Caldas em *Entreato* (2008), a reflexão sobre a convivência com o outro estabelecida por Maurício de Oliveira em *Os duplos* (2010)...

É uma realidade que não exclui o sublime, como visto no sensível e romântico gingado de *Bachiana n° 1* (2012), de Rodrigo Pederneiras, ou na abstração na qual Daniela Cardim mergulha ao brincar com a técnica do balé clássico em *Passanoite* (2009).

Ao investir em criações inéditas desses nomes, a São Paulo Companhia de Dança vai além da mera tarefa de organizar um pensamento sobre si a partir do outro. Ela reflete também sobre essa linguagem e seus meios de produção no Brasil de hoje. Ao trazer esses criadores para perto, o grupo ressalta seu caráter público de operar ao mesmo tempo como agência de fomento e plataforma de divulgação, transformando os bailarinos em testemunhas e propagadores de saberes específicos que, por se concretizarem apenas no presente, precisam ser atualizados para continuarem existindo.

Com a proposta de intensificar as trocas de seu elenco com nomes que pensam a dança no Brasil contemporâneo, a São Paulo Companhia de Dança cria, em 2012, o Ateliê de Coreógrafos Brasileiros. Com três obras, a primeira edição revela uma dança que se diz de muitas maneiras.

Em *Pormenores*, o carioca Alex Neoral parte de uma referência musical aparentemente distante do Brasil: composições de Johann Sebastian Bach (1685-1750) para violino, executadas ao vivo em meio aos bailarinos.

O trabalho explora um dos elementos mais maduros desenvolvidos pelo coreógrafo desde que abandonou o posto de bailarino da Companhia de Dança Deborah Colker, em 2005, para criar e dirigir a Focus Cia. de Dança: as múltiplas combinações de movimento derivadas das interações entre pares de intérpretes.

No palco, eles se revezam com parceiros diferentes. Logo, precisam praticar uma escuta atenta às especificidades do corpo do outro, ainda mais quando os "pormenores" mencionados no título estão no acabamento refinado dos gestos propostos, talhados delicadamente com base em um diálogo muito íntimo entre os protagonistas dos duos. Estes, por sua vez, depositam uma poética singular sobre a coreografia, transformada a cada troca de par.

Essa difícil e fascinante arte do encontro – uma negociação incessante de modos possíveis de existir em sociedade – é o que também fascina Jomar Mesquita. A linha de acesso do coreógrafo mineiro a esse pensamento, por sua vez, segue uma trilha diferente daquela de Neoral. A vivência de Mesquita desde 1990 à frente da Mimulus Cia. de Dança é calcada em uma pesquisa autoral baseada na dança de salão, tradicionalmente vinculada ao dançar a dois.

A proposta de *Mamihlapinatapai* (2012) não poderia ser mais simples: criar uma peça sobre o desejo entre um homem e uma mulher. Mas o desejo sobre o qual o coreógrafo fala é especial: por mais que queime, alucine e sufoque o ambiente, ele não se concretiza. Essa pulsão de vida domina a cena desde o início, quando o grupo de bailarinos se reúne em duplas, amotinadas ao fundo do palco, em uma penumbra avermelhada. Surge então um movimento contínuo e ritmado, em que as mãos de um não largam a do par, ao som das batidas de um coração. Estilizado, esse organismo vivo é uma imagem potente que estabelece desde o início a alta voltagem emocional do trabalho, reforçada pelo embalo de boleros e *standards* do cancioneiro romântico, carregados de memória afetiva.

Na obra, o jogo de conduzir e deixar-se ser conduzido que é próprio da dança de salão e das danças populares tão presentes na cultura brasileira é desconstruído e reelaborado para formular uma leitura diferente sobre o amor, em duos nos quais os corpos praticamente não se desgarram um do outro, cada qual com a música à flor da pele. A simplicidade do argumento funciona justamente por ater-se ao essencial de um tipo de situação que desperta identificação imediata. O resultado é um encontro feliz entre a ideia do coreógrafo e sua reverberação nos bailarinos. Deu tão certo que, em 2014, *Mamihlapinatapai* ganhou versão revisada e estendida, com novas cenas ao som de "As rosas não falam", de Cartola (1908-1980). A potência poética, no entanto, se manteve inalterada.

A passionalidade latente na obra de Mesquita respinga em *Azougue* (2012). O coreógrafo Rui Moreira, porém, leva essa energia para um lado mais facilmente identificável com o que se espera de uma "dança brasileira" ao se valer, logo de cara, de uma música original composta por ele mesmo, inspirado em Lobi Traoré (1961-2010), baseada em batuques de tambores e outros instrumentos de percussão ligados à influência africana na formação da nossa cultura.

O caminho autoral escolhido por Moreira é, antes de tudo, político. A ele interessa criar uma dança questionadora das identidades e do lugar da cultura negra em um país altamente hibridizado como o Brasil. Esse é o percurso que o paulistano radicado em Belo Horizonte, após ter passado por diversos grupos no Brasil e no exterior, estabeleceu para o grupo que leva seu nome.

Essencialmente masculina, a obra se aproveita do fato de o elenco de bailarinos ser visivelmente mais miscigenado que o feminino. A sinuosidade do torso, o requebrado dos quadris e o corpo frouxo tal qual mamulengo proposto por *Azougue* exigem um tipo de energia diferente da tradicionalmente trabalhada pelas peças clássicas e contemporâneas presentes no repertório da companhia. É uma força que se origina na carne, e não no virtuosismo, com ressonância ainda maior quando o conjunto se põe em uníssono.

O mergulho em dinâmicas com profundas raízes no berço cultural do país preparou os intérpretes para *Vadiando*, de Ana Vitória, presente na segunda temporada do Ateliê de Coreógrafos Brasileiros, em 2013, ao lado de *Utopia ou o lugar que não existe*, de Luiz Fernando Bongiovanni.

Baiana, Ana Vitória buscou inspiração no filme *Vadiação* (1954), no qual seu conterrâneo Alexandre Robatto Filho (1908-1981) registra mestres de capoeira em Salvador. A escolha de um elemento de partida tão identificado com a cultura soteropolitana representa quase uma volta às origens de Ana, que passou por diferentes grupos no Brasil e na França até fincar as bases de sua companhia no Rio de Janeiro, em 1996. Com isso, ela honra um dos aspectos de seu método de trabalho: pinçar particularidades autobiográficas a partir das quais se possam fazer pontes universais.

Os golpes dessa luta ensaiada são reconstituídos coreograficamente. A relação dos bailarinos com o chão ganha atenção especial e assume presença forte na cena. O fato de eles se deslocarem com quatro apoios ou trabalharem sobre as mãos para levar as pernas ao ar transforma as dinâmicas e reverbera também no plano vertical.

O corpo proposto por Ana Vitória, tal como no jogo, está em constante estado de alerta, preparado para responder a qualquer surpresa – um paralelo com a própria postura do bailarino em cena, disponível ao improviso.

Apesar do título, *Vadiando* passa longe de evocar a alegria e a malandragem facilmente associadas ao termo. Pelo contrário. Projetado ao fundo do palco enquanto os bailarinos dançam, o filme apresenta capoeiristas, na maior parte do tempo, compenetrados durante o jogo. Tal seriedade se traduz na música um tanto soturna de Jorge Peña e Célio Barros, valorizando a dimensão ritual dessa manifestação.

Diferentemente de Ana Vitória, Luiz Fernando Bongiovanni volta aos tempos de bailarino em companhias europeias para buscar um movimento contemporâneo com raiz no balé clássico. No caso de *Utopia...*, a técnica é a ponte para a construção de um discurso sobre o belo em um momento de ideias empobrecidas. Os ponteios de Camargo Guarnieri (1907-1993) que embalam o trabalho, executados em um piano em cena, contribuem para aumentar a sensação de melancolia exaltada pelos bailarinos, traduzida também nos figurinos em preto e branco, jogados em um palco onde a cor vem apenas de fora, por meio da iluminação.

O *timing* de Bongiovanni em captar certo desalento presente na sociedade brasileira contemporânea foi certeiro: a obra estreou justamente na semana de junho de 2013 em que manifestações ocuparam as ruas do país, demonstrando o descontentamento da população com os rumos da política. Sua preocupação com o formalismo do balé, no entanto, não abre espaço para uma resposta coreográfica às questões sobre ideologia e ativismo levantadas durante os protestos. O trabalho é o retrato de um momento anterior, pré-ebulição, e aposta na exploração das linhas alongadas e suaves dos bailarinos para criar o "lugar que não existe" ao qual o título se refere. A arte, segundo o coreógrafo, assume portanto o papel de arma fundamental no combate a esse esmorecimento.

Em 2014, dois novíssimos olhares se somam ao Ateliê. Diferentemente dos demais integrantes do projeto, marcados por trajetórias já consolidadas, os nomes escolhidos são de jovens em processo de descoberta criativa e de formação de vocabulário, com um frescor e uma energia muito específicos, em geral encontrados apenas em quem vive esse momento de transição no qual a porção bailarino ainda está muito arraigada à porção coreógrafo.

Um deles é o de Cassi Abranches. Bailarina do Grupo Corpo durante mais de uma década, a paulistana começou a experimentar o outro lado de fazer dança em 2009. Inicialmente um exercício quase despretensioso, o projeto acordou um desejo de criação adormecido em Cassi quando ela investiu na carreira de intérprete. Nascia ali o time criativo que a acompanharia a partir de então, formado do marido, Gabriel Pederneiras, responsável pela iluminação, e da colega bailarina Janaína Castro, a cargo dos figurinos. É a mesma turma por trás de *GEN*, obra inédita da coreógrafa para a São Paulo Companhia de Dança.

Cassi não nega as raízes. Nora de Rodrigo Pederneiras, ela herdou não apenas o gestual reconhecidamente brasileiro construído pelo Grupo Corpo, mas também uma profunda musicalidade entremeada nos movimentos e uma atenção especial à ocupação do espaço cênico.

No trabalho dela, o desejo de criar antecede a necessidade de correr para apresentar um traço autoral consolidado. Experimentar a liberdade dessa escolha a faz tomar emprestadas, sem nenhuma culpa, algumas ferramentas coreográficas impregnadas em seu corpo durante os anos passados no grupo mineiro, do qual se desligou em 2013. Em vez de rejeitar o passado para se afirmar no presente, ela atualiza a memória – e consequentemente a transforma com novas referências – em prol de um projeto pessoal mais duradouro e mais continuado. Sua chave de acesso para o futuro está justamente na compreensão e no reconhecimento de sua origem.

A movimentação de *GEN* é redonda, fluida e molhada, acompanhando o ritmo melódico da trilha original de Marcelo Jeneci e Zé Nigro. Eles estreiam na criação de música para dança atentos às nuances dramatúrgicas exigidas, mas também imprimindo as marcas harmônicas que os projetaram na cena musical, colaborando com a atualidade do projeto.

O casamento entre esses dois elementos, entretanto, não é tão óbvio. "Não gosto quando entendo o que vai acontecer", diz a coreógrafa. Se determinado passo deixa evidente qual será o seguinte, ela vai lá e propõe algo inesperado. A persistência no elemento-surpresa abre portas para o acaso e a descoberta e recompensa a aposentadoria como bailarina. "Esse negócio de criar é muito mais divertido do que dançar", completa.

O histórico de Cassi em uma companhia profissional de grande porte também a fez desenvolver um olhar especial para um tipo de produção coreográfica cada vez mais raro no Brasil, voltado para elencos numerosos. Colocar 14 bailarinos ao mesmo tempo no palco, como ela faz aqui, exige um domínio da cena conquistado somente com a prática. Com orçamentos minguados e oriundos quase exclusivamente de editais públicos, poucos são os grupos com condições e ousadia para apostar nessa qualidade de trabalho. Assim, *GEN* também contribui para a manutenção da diversidade no ecossistema da criação em dança no Brasil.

A doçura e a plasticidade esculpidas na peça contrastam com o peso levemente bem-humorado da criação de Rafael Gomes, primeiro bailarino da companhia a assumir a responsabilidade de colocar-se como coreógrafo diante dos colegas de trabalho.

Bingo! tem sido gestada desde 2012, quando ele integrou o Programa de Desenvolvimento de Habilidades Futuras do Artista da Dança, iniciativa da companhia para ajudar os bailarinos a encontrar lugar no mercado na hora de pendurar as chuteiras. Gomes desenvolveu ali o exercício *Como eu, só*, inspirado no agito da rua Augusta, uma das principais zonas boêmias alternativas de São Paulo. Com mais tempo e mais recursos de pesquisa, o jovem coreógrafo aprofunda agora sua imersão nesse universo, dando vazão a uma obra extremamente urbana e atual, assinada por um carioca que se deixou abraçar – e se apaixonar – pelo caos cinza da metrópole paulista.

Essa atração o fez buscar músicas da cena *underground* dos anos 1960-1980 para indicar o estado de espírito da montagem. Assim, "The end", do grupo The Doors, aparece cantada em versões diferentes, mixadas pelo DJ Hisato: uma do vocalista da banda, Jim Morrison (1943-1971), e outra da cantora alemã Nico (1938-1988). Para Gomes, interessa não apenas o impulso sonoro, mas também a relação de amizade entre Morrison e Nico, a mesma mantida pelo coreógrafo com os demais artistas envolvidos, como o artista plástico Kleber Matheus (responsável pela cenografia baseada nos letreiros de neon típico das casas noturnas da Augusta) e os bailarinos. Parafraseando o próprio Gomes, é como se o encontro com cada um representasse o sorteio de uma pedra cujo número está na cartela de bingo que é a coreografia, um mosaico de referências válido apenas quando todas as peças são encontradas.

A cumplicidade estabelecida nesse processo é determinante para o frescor na qual ela está embebida. Com movimentos duros, crus e quase violentos, *Bingo!* é um produto direto de seu tempo. A forma que esses movimentos se materializam na cena, no entanto, não chega a ser soco no estômago, pois, tal como acontece com Rafael Gomes, o trabalho traduz a atração inexplicável que aquele ambiente exerce em quem o frequenta. "Na dança e na moda, todo mundo quer ficar lindo; saber fazer o feio ficar bonito é o que acho interessante", explica. Tal desejo sintoniza com a escolha dos figurinos: peças de *street wear* da coleção de Alexandre Herchcovitch escolhidas pelo coreógrafo, além de coturnos, botas com salto e tênis de skatista que criam novas relações dos bailarinos com o modo de estar no palco. A energia catalisada por essa mistura passa longe de ser mero artifício da cena. Ela é real e diz muito sobre como a jovem geração dos bailarinos do elenco – a mesma do coreógrafo – se coloca no mundo contemporâneo.

Ao incorporar a peça em seu repertório, a São Paulo Companhia de Dança abre espaço para um jeito particular de problematizar o cotidiano brasileiro, um jeito bastante distinto daquele de Henrique Rodovalho ou de Alex Neoral. Assim é cada trabalho do Ateliê: um registro instantâneo de momentos transitórios reconfigurados todas as vezes em que a cortina se abre. E, para fugir das armadilhas redutoras de se fixar no estereótipo, nada melhor do que a aposta na brasilidade, esse traço tão poroso, plural, mutante e absolutamente nosso.

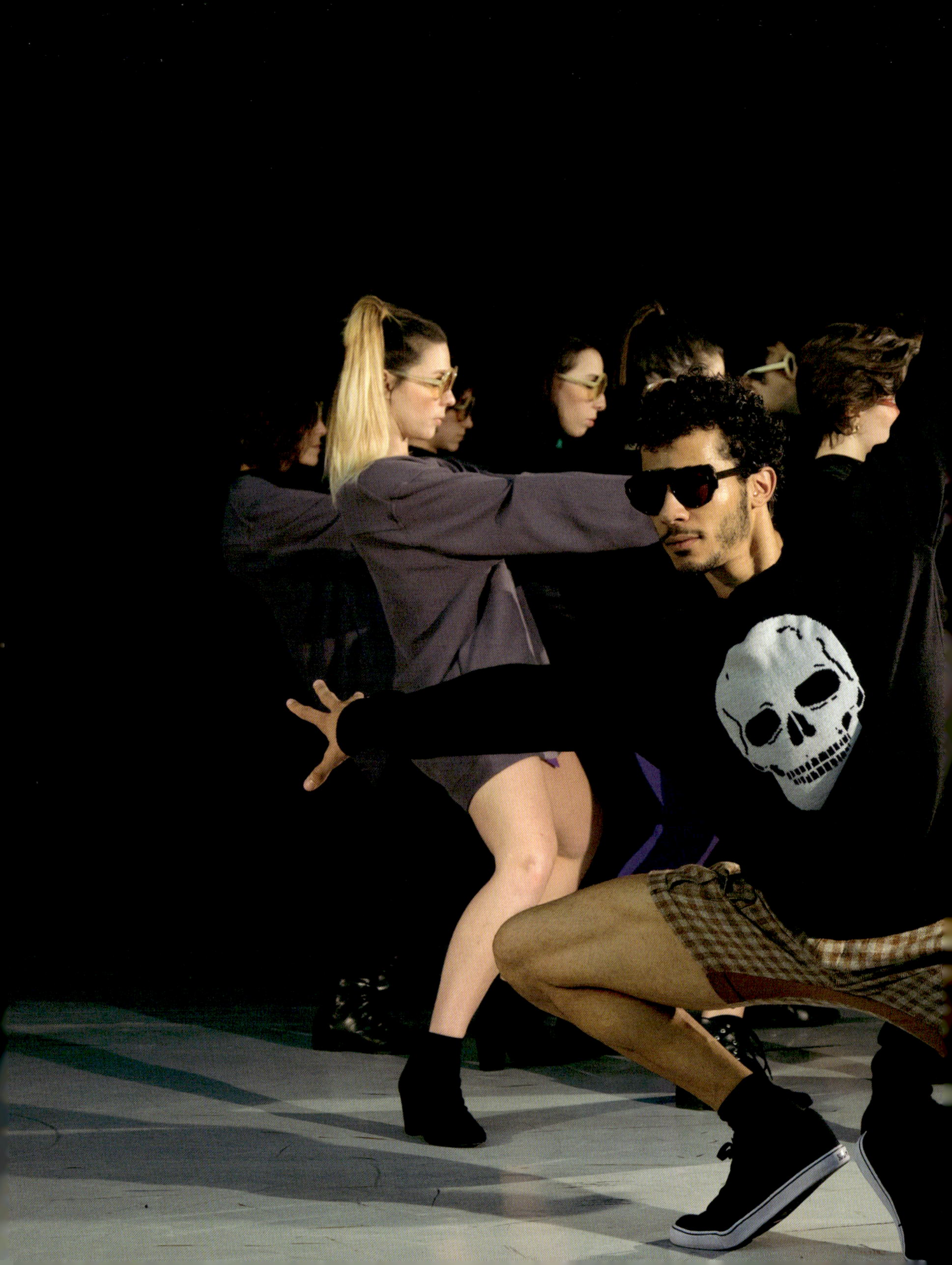

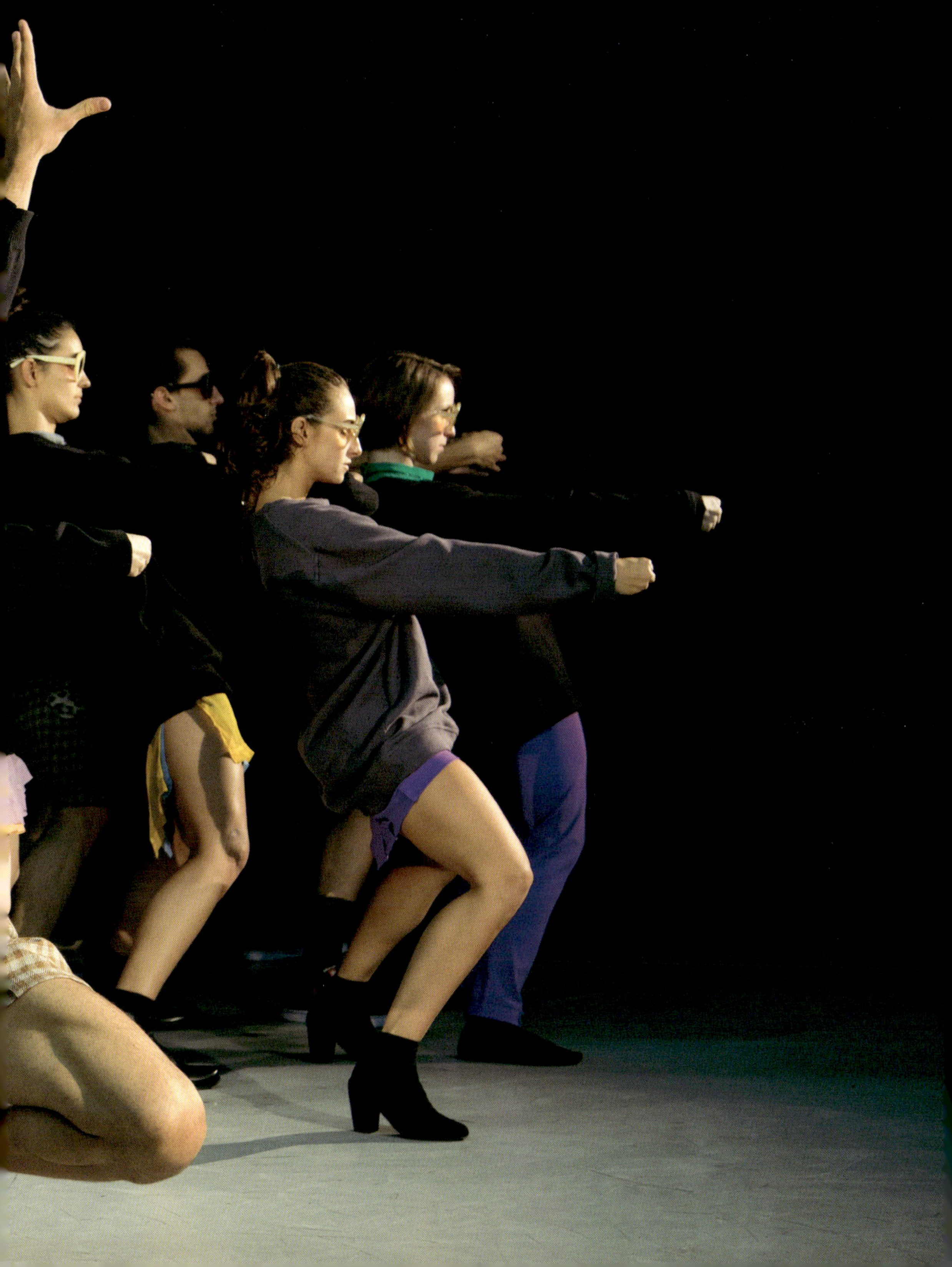

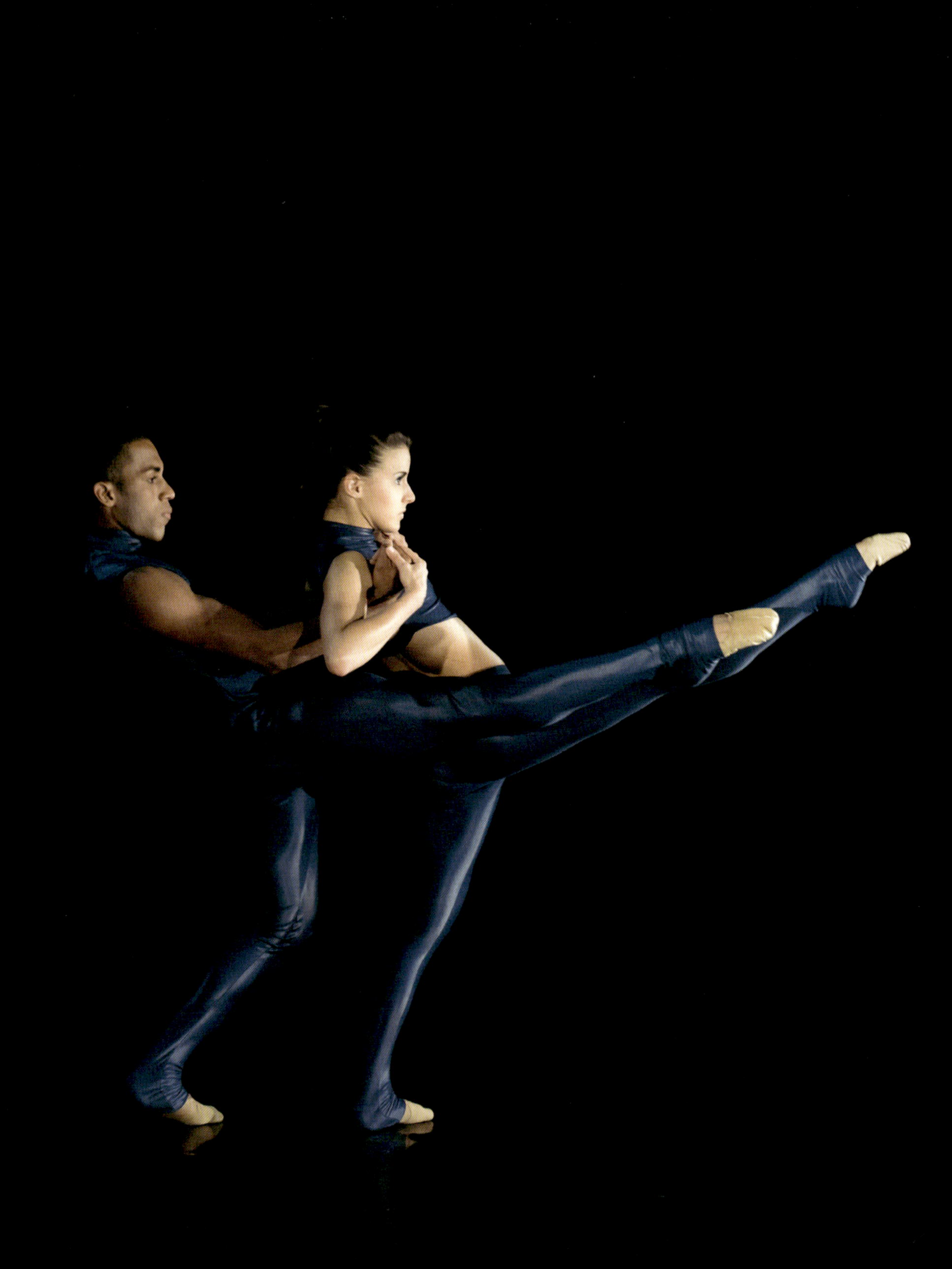

O corpo para fora – trio em 15 movimentos
Rodrigo Lacerda

I

Um corpo construído desde criança tem na coluna sua fonte de estabilidade. Os músculos da região lombar, pequenos mas fortes, o mantêm puxado para cima. Os pés e as pernas *en dehors* tornaram-se uma segunda natureza. Ele aprendeu a viver com o diafragma elevado e as nádegas firmes. Distribuindo bem o peso, está sempre relaxado. Ao entrar no palco, ele destaca o caule flexível do pescoço, e seu rosto se abre para a luz.

O som viaja devagar, os corpos reagem mais rápido. Nas arquibancadas, quando se ouve o estampido, para eles lá embaixo a prova já começou. Mesmo o tempo que o som leva para chegar aos diferentes corpos na pista não é igual. Antigamente, o juiz ficava junto a eles e apertava o gatilho. Hoje centésimos de segundo tornaram-se decisivos, e o corpo na raia mais distante da arma precisa de alguma compensação, ou a corrida começará sempre antes para os outros.

Como num casamento que deu errado mas não pode acabar, ele optou pela tortura cotidiana. Hoje, aos 45 anos de idade, meu corpo não suporta mais a pessoa que eu me tornei.

II

Para o trabalho da ponta, o corpo é forte e flexível ao mesmo tempo. Ele tem o peito dos pés sólido e da altura ideal. O arco é completo. Nenhum dedo é muito maior que o outro, e ele sabe escolher a sapatilha perfeita, que se encaixa sem folga e dá o máximo de confiança e liberdade. Quando os tornozelos saem do chão, o corpo flutua.

Se o corpo do corredor adotasse o treinamento do halterofilista, repetitivamente pondo-se de cócoras e segurando muito peso para fortalecer a panturrilha e as coxas, ele teria uma impulsão muito melhor na hora da largada; por outro lado, músculos bombados demais o atrapalhariam na hora de mexer as pernas o mais rápido possível, que é a essência e todo o restante da prova.

III

Meu corpo é igual ao figurante indiano de *Um convidado bem trapalhão*. Numa batalha no alto da montanha, o corneteiro Hrundhi V. Bakshi deve morrer na primeira cena, no primeiro tiro. Vem o tiro, mas ele não morre. Vem outro tiro, e ele não morre de novo. Vários tiros começam a atingi-lo, o corneteiro permanece de pé, dramatizando gestos e caretas de dor. E tocando a corneta. Em pouco tempo, até seu próprio exército atira nele, para o filme poder avançar. Todo furado, completamente trôpego, ele continua vivo. Até que cai, você pensa que morreu. Mas logo vem, de trás de uma pedra:

"Fuéééé..."

IV

Tudo fará diferença: altitude, pressão atmosférica, umidade, temperatura, equipamento (sapatilhas superleves, roupa elástica, óculos aerodinâmicos), mas é o corpo quem decidirá a prova. Os cem metros rasos procuram o corpo humano ideal para corrê-los.

A verdadeira bailarina nunca pisa no buraco.

V

O uso que faço do meu corpo é utilitário. Só preciso do cérebro para pensar, dos dedos das mãos para digitar o que ele pensou, e dos olhos para ler o que os dedos digitaram. Só essas três partes do meu corpo não podem faltar; o resto, eu dispenso na maior parte do tempo.

Fora isso, me acostumei a submetê-lo completamente. Bebo demais e ainda fumo um pouco. De drogas pesadas, já tive minha cota nesta encarnação, e realmente aprecio McDonald's. Mas não foi nada disso que destruiu nossa convivência.

Enquanto todo mundo dorme, eu mordo meu corpo sem dó. Literalmente, eu mordo a mim mesmo. Destruo minhas cadeias musculares a dentadas. E agora ele deu para reagir.

Eu só uso um pouco mais do meu corpo que o Stephen Hawking, e exigindo bem menos do meu cérebro, de modo que não estou pedindo muito: que o seu resto parasita, se não aceita morrer mastigado pela feroz atividade noturna das minhas mandíbulas, pelo menos pare de tocar a porra da corneta!

VI

O corpo da bailarina realça as expressões melhor que ninguém. A base no tom da pele, o pescoço e o colo da mesma cor. O *blush* nas maçãs do rosto, impregnando sua expressão de leveza. Os lábios pintados e ligeiramente maiores que os verdadeiros. O rímel, o lápis; as sobrancelhas e a sombra maiores que o tamanho natural. O corpo quer seus olhos bem abertos para o público.

Menos de dois segundos após o tiro, os corredores devem ter percorrido dez metros, a 15 km/h. E dois segundos depois, já estão fazendo 40 km/h. É a aceleração das Maseratis mais potentes. Na altura dos 20 metros, eles acionam sua visão periférica, para saber onde estão os outros. Aos poucos vão assumindo uma posição mais ereta, numa coreografia alucinadamente veloz. As cabeça estão raspadas, pois o obstáculo invisível existe, e ele quadruplica de tamanho a cada vez que o corredor dobra a sua velocidade.

VII

Eu sou a professora tirana, severa, castigadora, que humilha as jovens bailarinas na frente das colegas, que corrige rispidamente a postura dos braços, do tronco, das pernas, a posição de cada músculo, de cada dedo das mãos. Eu sou a disciplinadora dos corpos, e me irrito com quem se contenta com pouco.

Eu sou o técnico implacável, que dispara o cronômetro. Eu arranco o couro do meu atleta e depois apalpo seus músculos. Eles me pertencem, e sob minhas ordens atingirão o pico do seu potencial.

Eu sou o juiz tão correto que meu próprio corpo não aguenta mais e me condena de volta. As dores me sentenciam a conduzir de pé o grande julgamento. O objeto do meu processo não diz respeito só a mim, é infinito e inextrincável, o que faz a pressão por um veredito se alimentar de tudo, inclusive das inocências eventuais e das minhas fibras musculares. Minha rigidez se trai, denunciada pela perfeição do próprio disfarce.

VIII

Fico imaginando uma bailarina que tivesse uma cauda articulada e inteligente, como a de um felino. Que coreografias seriam inventadas para ela? Que efeitos poderiam ser tirados dessa curiosa especificidade corporal? Essa cauda seria sua varinha de condão.

Meu corpo, se pudesse, fundiria as periodizações arbitrárias da história da arte no imenso caldeirão da criatividade humana, sem rótulos estéticos e fronteiras cronológicas. Somente o corpo é capaz de dar vida ao passado e ao futuro. Logo ele, o frágil passageiro do tempo. O toque, a pele, os músculos, os órgãos, o sangue, os ossos, as células, tudo é parte da única felicidade possível: a saúde, o presente do corpo.

IX

Agora os corpos estão totalmente eretos e suas pernas precisam se mexer o mais rápido possível. Só que os músculos necessários para fazê-lo são outros. Atingir os 40 km/h na arrancada é relativamente fácil, mas acrescentar uns 3 km/h a essa velocidade é para corpos supertreinados.

Um ônibus espacial voltando do espaço rompe a atmosfera a mais de 24 mil km/h, para 15 minutos depois estar descendo a meros 400 km/h. É a resistência do ar.

X

Nas brincadeiras proféticas da minha infância, os bonecos eram articulados com elásticos escondidos dentro de seus corpos, e era triste o momento em que um desses elásticos arrebentava lá dentro, de velho ou por superexigência. De repente saía um braço, uma perna, na minha mão.

E no entanto, quando você me abraça, seus braços são relaxantes, suas pernas são músculos generosos e seu beijo é um caleidoscópio. Você é o truque da natureza para me fazer gostar da fruta.

XI

Meu corpo me odeia. Mas não por superexigi-lo, na cobiça pela alta *performance*, e sim por anulá-lo. É isso que ele não perdoa. O medo da morte me fez renegá-lo antecipadamente. Renegar o corpo é meu passaporte para a eternidade.

Será que Beethoven, Mozart, Bach, Shakespeare, Homero e Michelangelo, se vivessem hoje, fariam acupuntura ou Pilates? Será que Nijinsky teria problemas na cadeia craniossacral? Beethoven ficou surdo, é verdade, mas isso não é a tortura constante que uma inflamação do ciático pode provocar. Tampouco a cegueira de Homero.

É na altura dos 50 metros que o corpo atinge o pico de sua velocidade. A partir daí, o melhor que pode fazer, se ainda tem potência sobrando, é alargar a passada. Normalmente ele precisa de 43 ou 44 passos para alcançar a linha de chegada. Para bater o recorde, precisa de 41. Sua velocidade é medida em *splits*, a cada 10 metros percorridos. Dar o máximo no *split* dos 40 ou 50 metros é normal. Mantê-lo por dois ou três *splits* é que faz a diferença. Ficar no máximo da velocidade, pelo máximo tempo.

XII

O corpo fala o tempo todo. Eu nunca dei ouvidos a ele, ou não ia fazer outra coisa. O corpo é cheio de vontades. Tem mil exigências alimentares, posturais, comportamentais, fisiológicas, sexuais, aeróbicas, anaeróbicas etc.

Aos 40 anos, minha fisioterapeuta disse que eu andava errado, sentava errado e, pasmem, respirava errado. Como se chega tão longe fazendo tudo errado? O corpo da juventude é pacífico, ausente.

Qual será o tiro de misericórdia do corpo? Tenho um palpite mórbido: eu o encontrarei nos tremores, nos espasmos involuntários. Assim como hoje meus músculos travam, um dia irão disparar. Será o corpo finalmente se rebelando contra o equilíbrio imposto pela metrópole cerebral, numa afirmação de independência e autonomia das colônias.

XIII

O corpo toma anabolizantes, o corpo se enche de hormônio, o corpo vive à base de estimulantes. O corpo arranca de si mesmo. Ele altera o próprio sistema nervoso central, aumenta seu gasto energético, queima gorduras, reduz o apetite, dispara o metabolismo, acelera o ritmo das glândulas, alucina seus hormônios, aumenta a viscosidade do sangue, dificulta a circulação, fabrica a taquicardia, joga nas nuvens a pressão arterial, aferrolha os intestinos e perde o sono.

E, quando o corpo derruba os limites, como bom velocista, produz seu próprio câncer, infarto ou AVC.

XIV

Fenômenos psicossomáticos produzem efeitos reais. Freud me traiu. As vértebras, mais estreitas pela musculatura retesada e mordida, pinçam o nervo, que se inflama na base da coluna. A dor vai descendo e atinge a sola do pé, atravessada por cabos duros debaixo da pele.

Se tais fenômenos resistem a todos os tratamentos – também tentei Marx, Adam Smith, *shiatsu* etc. –, é porque estão à solta. E, se estão à solta, logo virão sob outra forma que não a de uma simples dor na perna.

XV

O roteirista se internou na clínica psiquiátrica para curar uma depressão. Lá conheceu a bailarina, linda e jovem. Por que estaria internada? Traumas com a professora de balé da infância? Ensaios extenuantes? Falta crônica de dinheiro? De reconhecimento?

Um dia, no pátio, quando ele chegou para fumar, ela estava dançando, de *tutu* e tudo. Ao terminar, se aproximou, pediu um cigarro e sentou no banco ao seu lado.

Deu duas tragadas e perguntou, com a brasa do cigarro muito viva entre os dedos:

"Você quer ver o que eu faço com isto?"

Antes que ele respondesse, um pequeno círculo de fogo se alastrou na meia-calça, revelando marcas antigas.

"O que você acha?", ela perguntou.

"Eu acho que você devia parar de fumar."

Estreias 2014

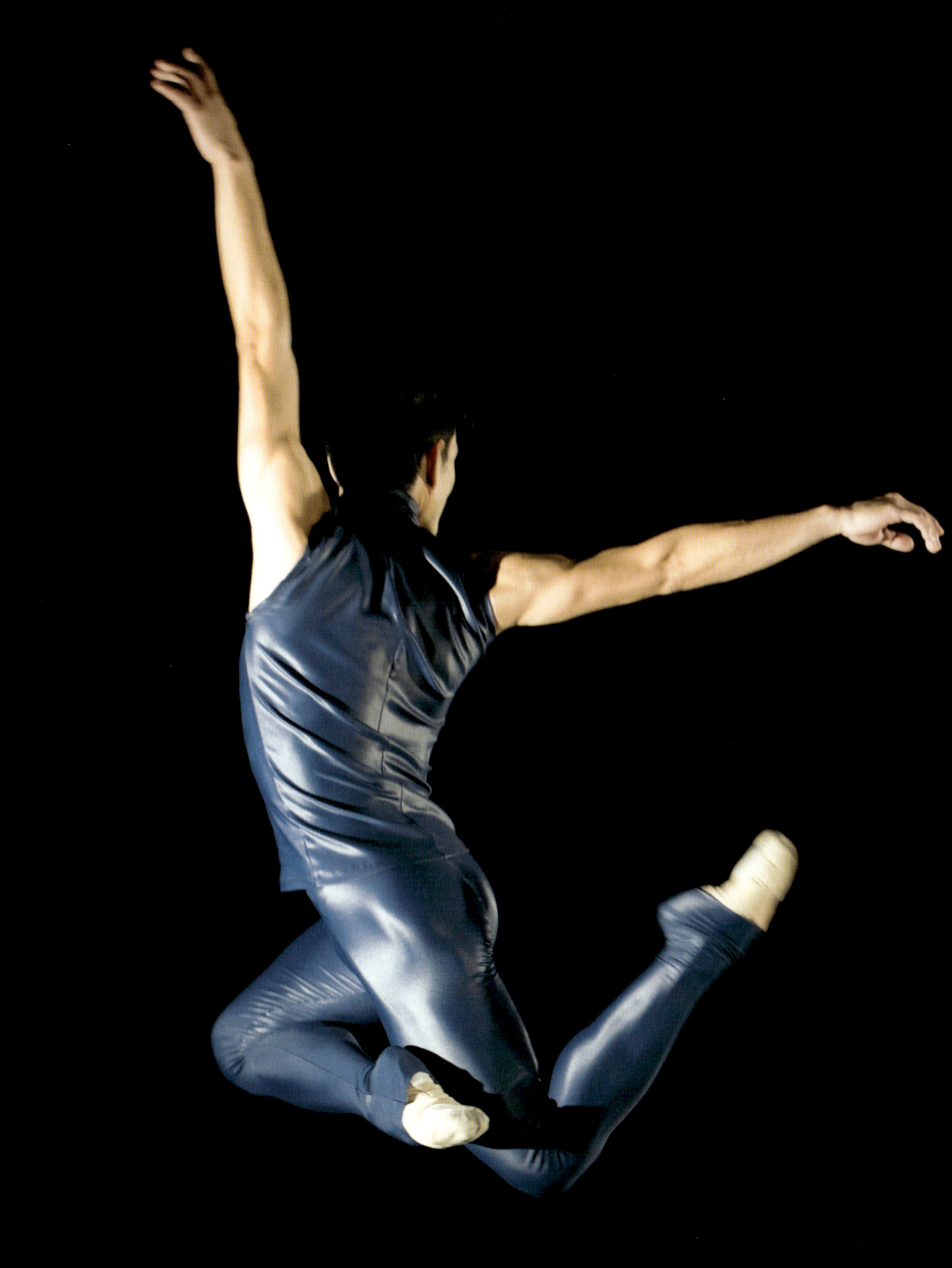

COREOGRAFIA/CHOREOGRAPHY **ÉDOUARD LOCK**
MÚSICA ORIGINAL/ORIGINAL MUSIC **THE SEASONS, GAVIN BRYARS**
CENOGRAFIA/SET DESIGN **ARMAND VAILLANCOURT**
FIGURINOS/COSTUME DESIGN **LIZ VANDAL (MULHERES/FEMALE), ÉDOUARD LOCK (HOMENS/MALE)**
ESTREIA MUNDIAL/WORLD PREMIÈRE **2014, TEATRO JOSÉ DE CASTRO MENDES, CAMPINAS**

The seasons

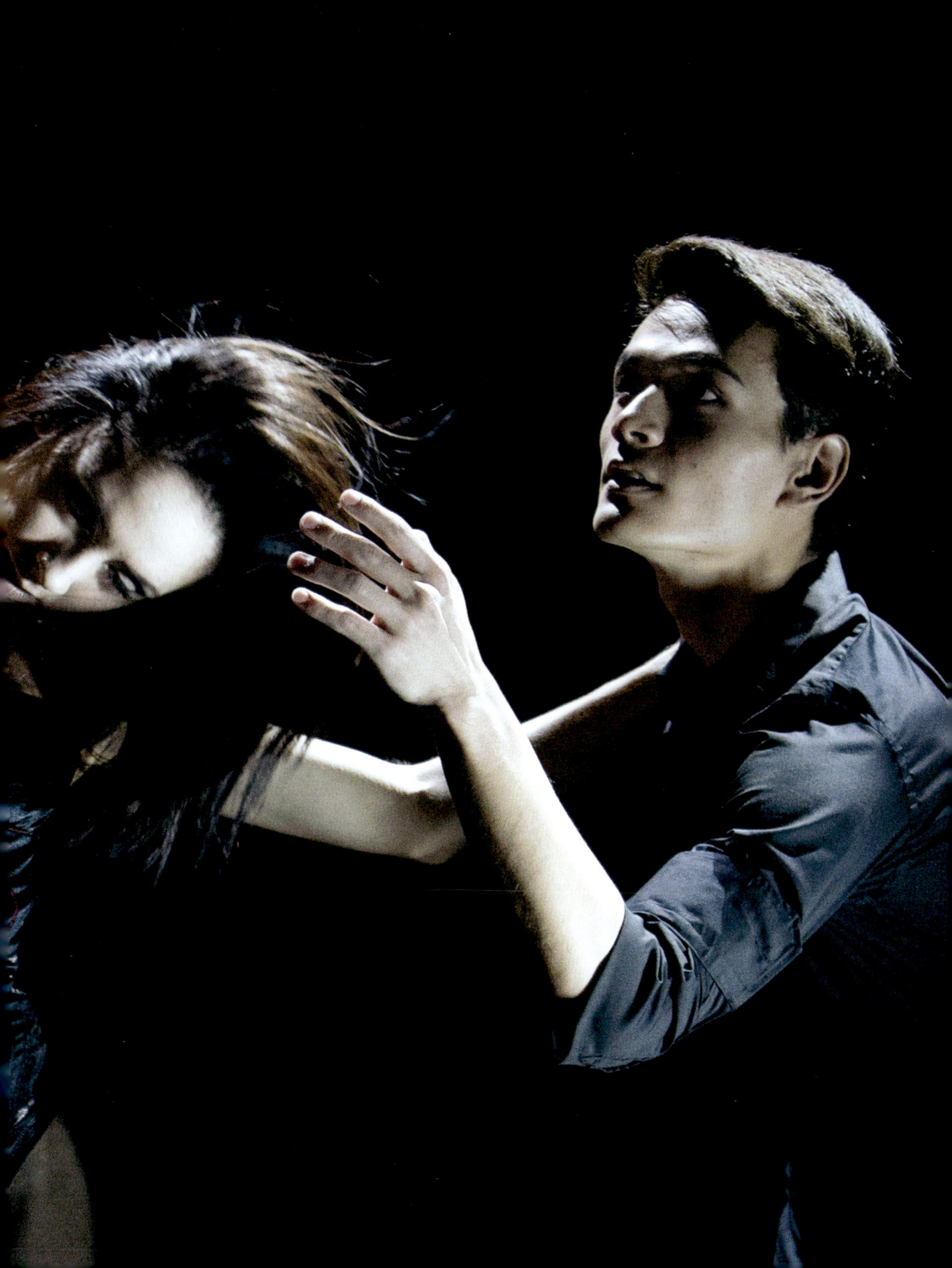

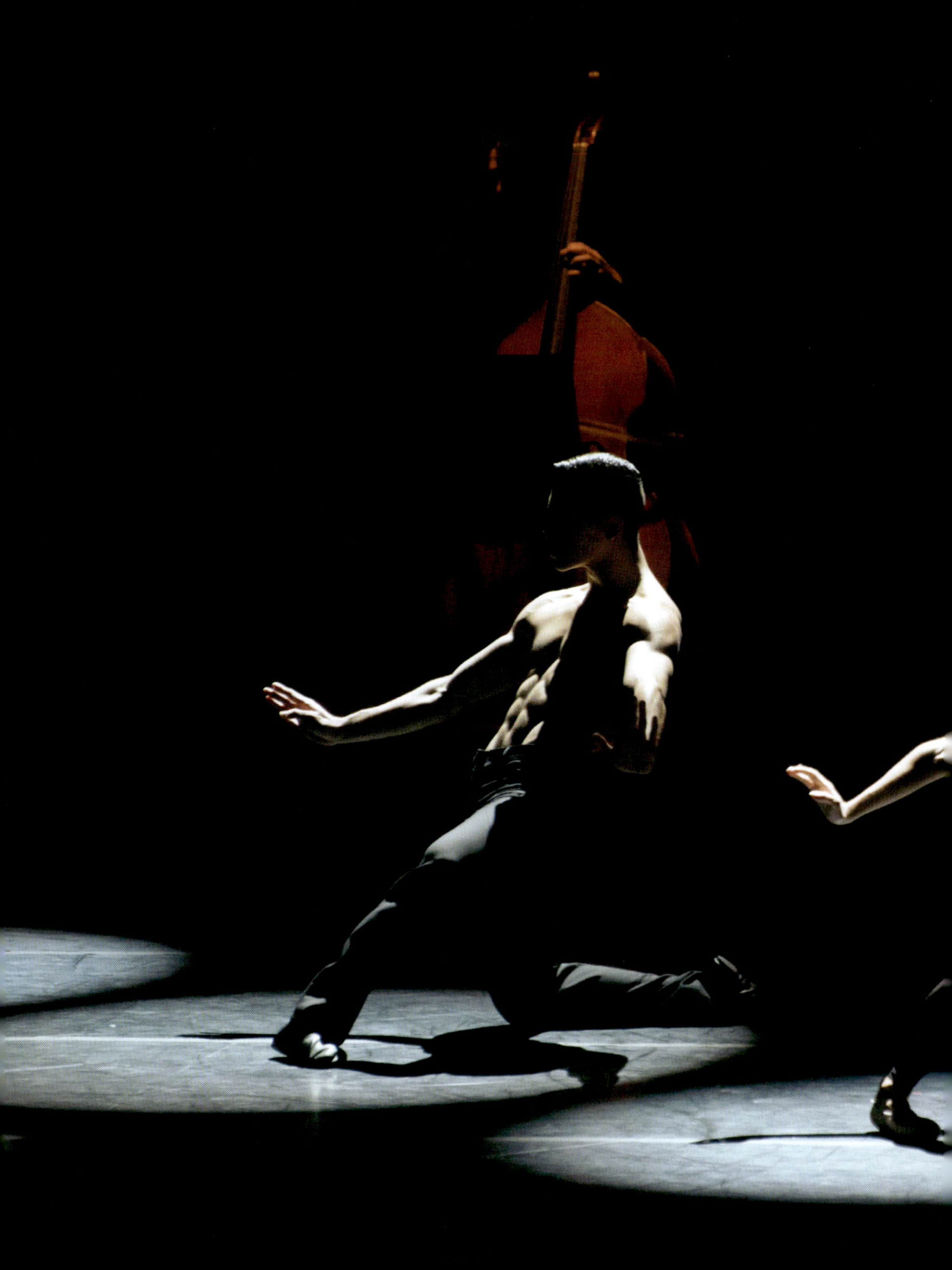

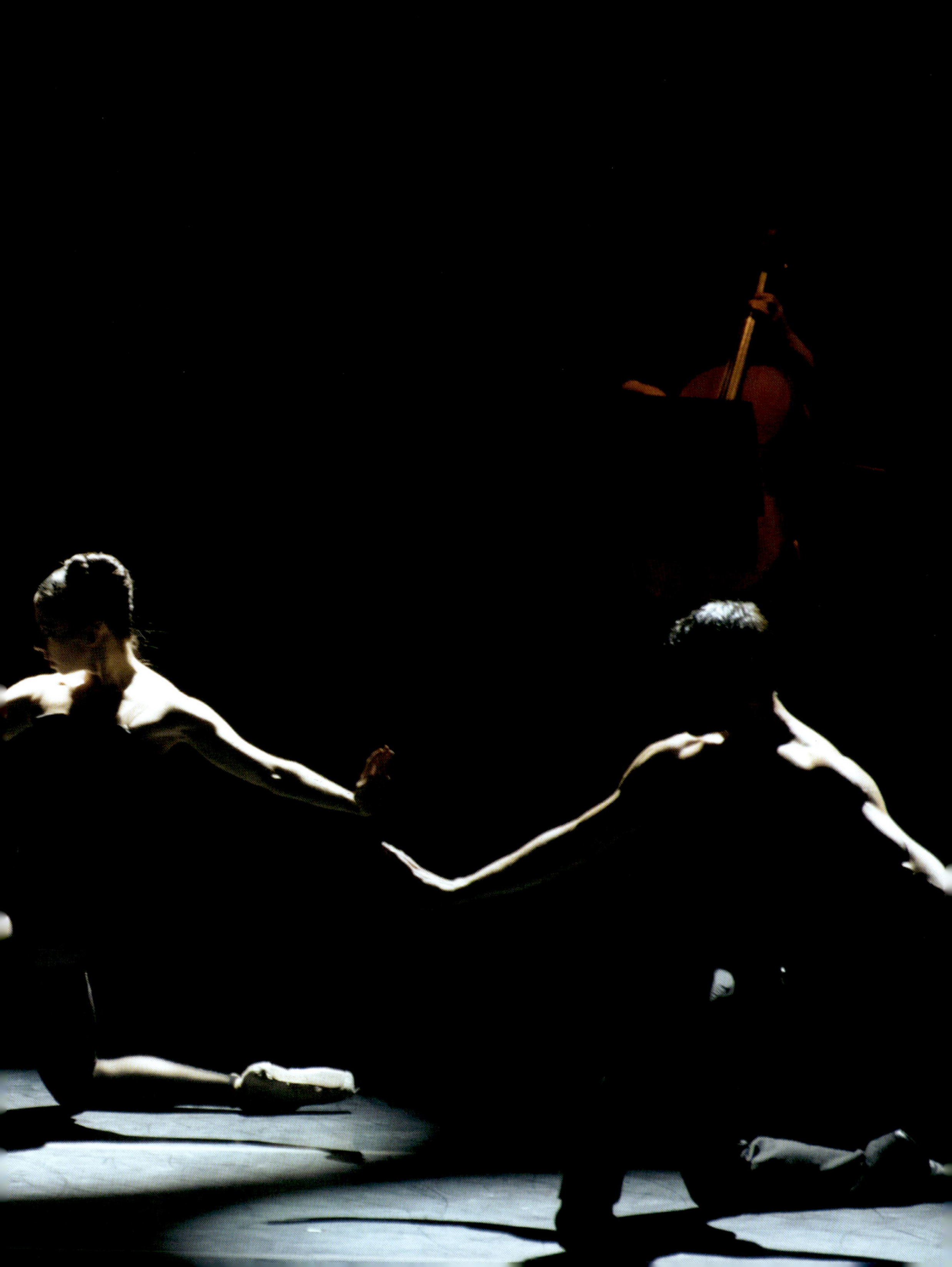

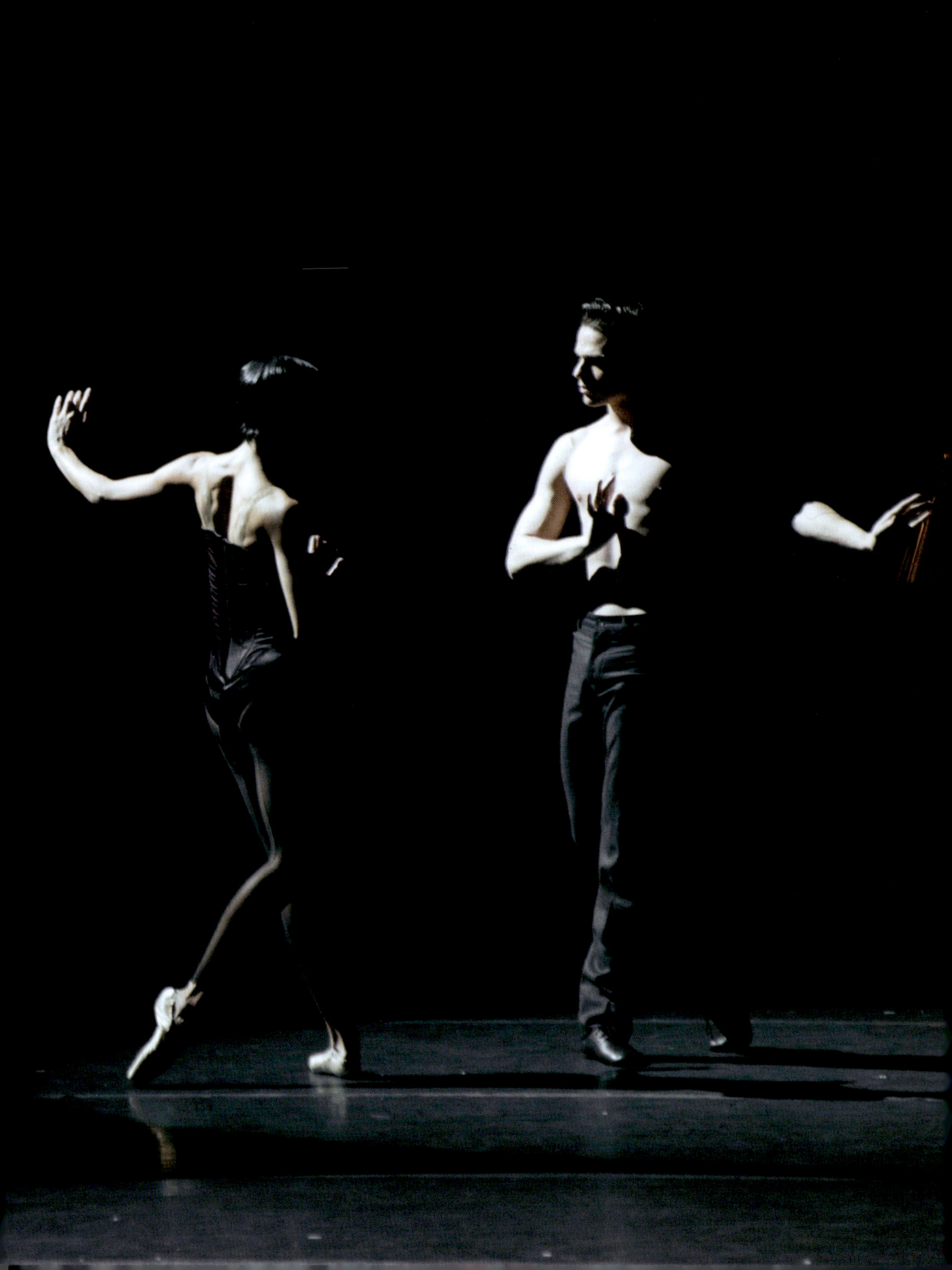

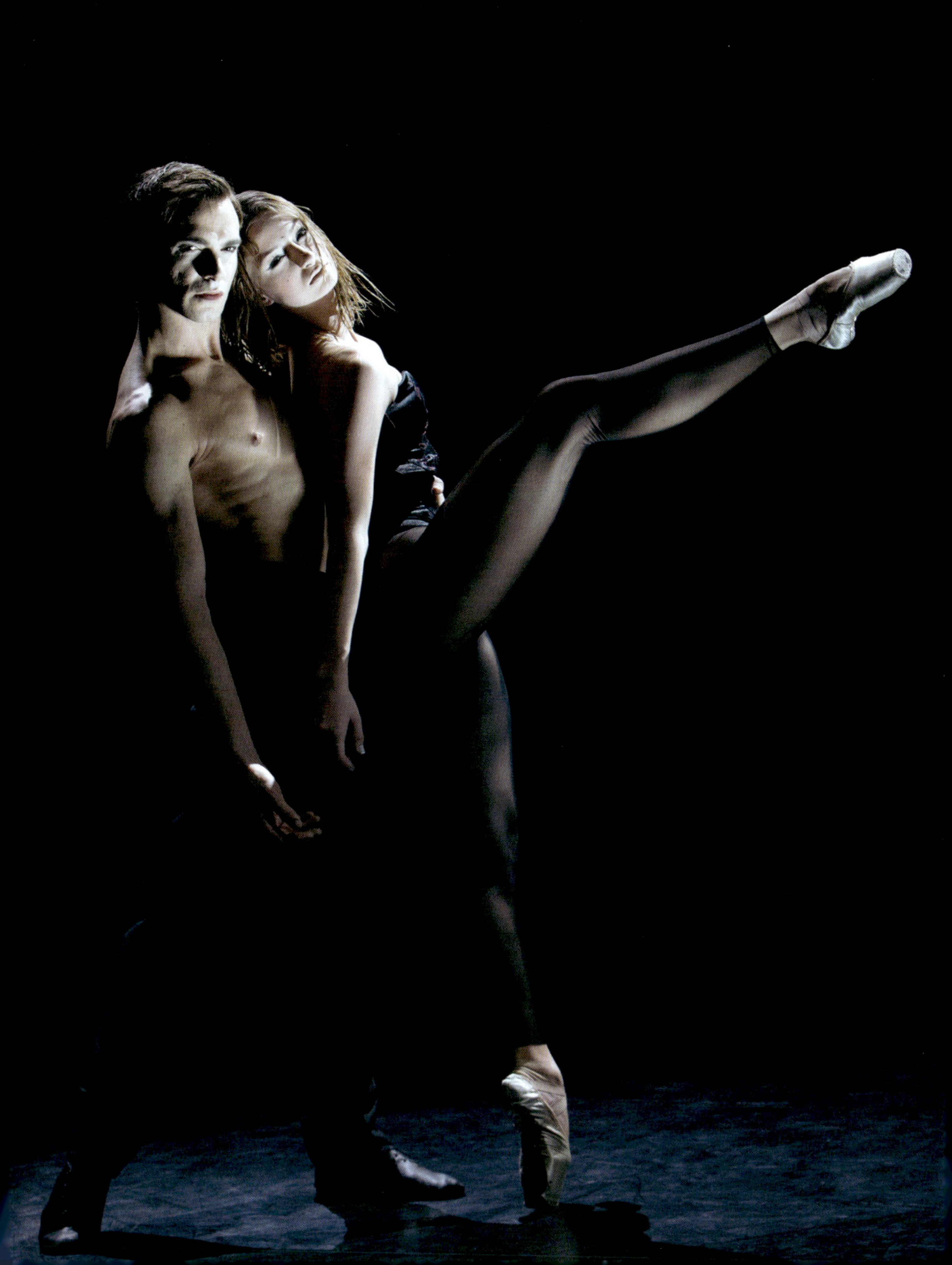

COREOGRAFIA, PALCO, ILUMINAÇÃO/CHOREOGRAPHY, STAGE, LIGHT DESIGN WILLIAM FORSYTHE
MÚSICA/MUSIC LUCIANO BERIO (1925-2003), DUETTI PER DUE VIOLINI, VOL. 1, EXECUTADA AO VIVO, NO VIOLINO POR (LIVE VIOLIN PERFORMANCE AT THE PREMIÈRE) SIMONA CAVUOTO & ANCA GAVRIS (POR ACORDO COM UNIVERSAL EDITION AG, VIENA, WWW.UNIVERSALEDITION.COM)
REMONTAGEM/RESTAGING ALLISSON BROWN & NOAH GELBER
FIGURINOS/COSTUME DESIGN STEPHEN GALLOWAY
ESTREIA MUNDIAL/WORLD PREMIERE 1998, BALLET DE FRANKFURT/FRANKFURT BALLET, FRANKFURT
ESTREIA PELA SPCD /PREMIÈRE BY SPCD 2014, TEATRO ALFA, SÃO PAULO

workwithinwork

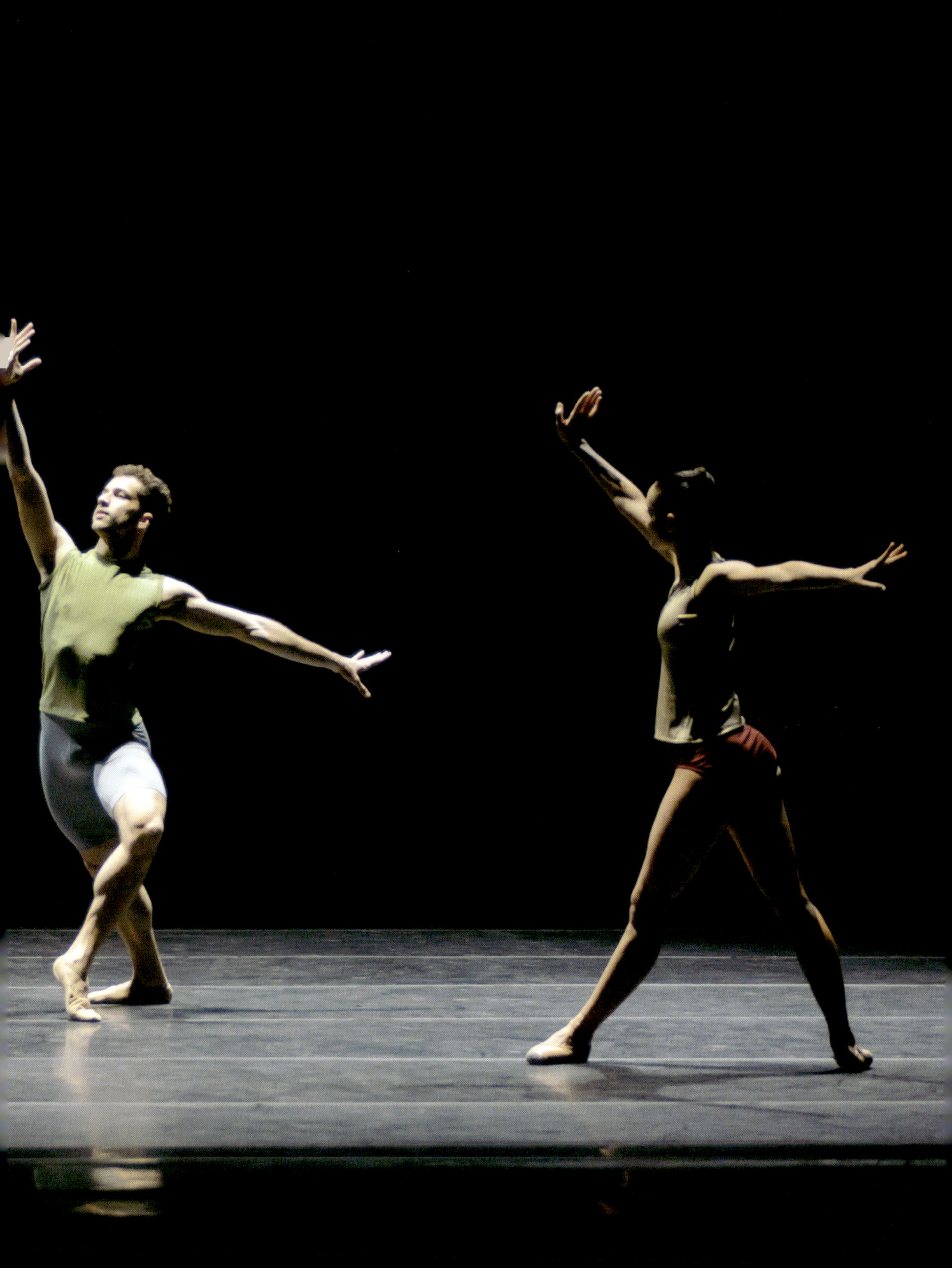

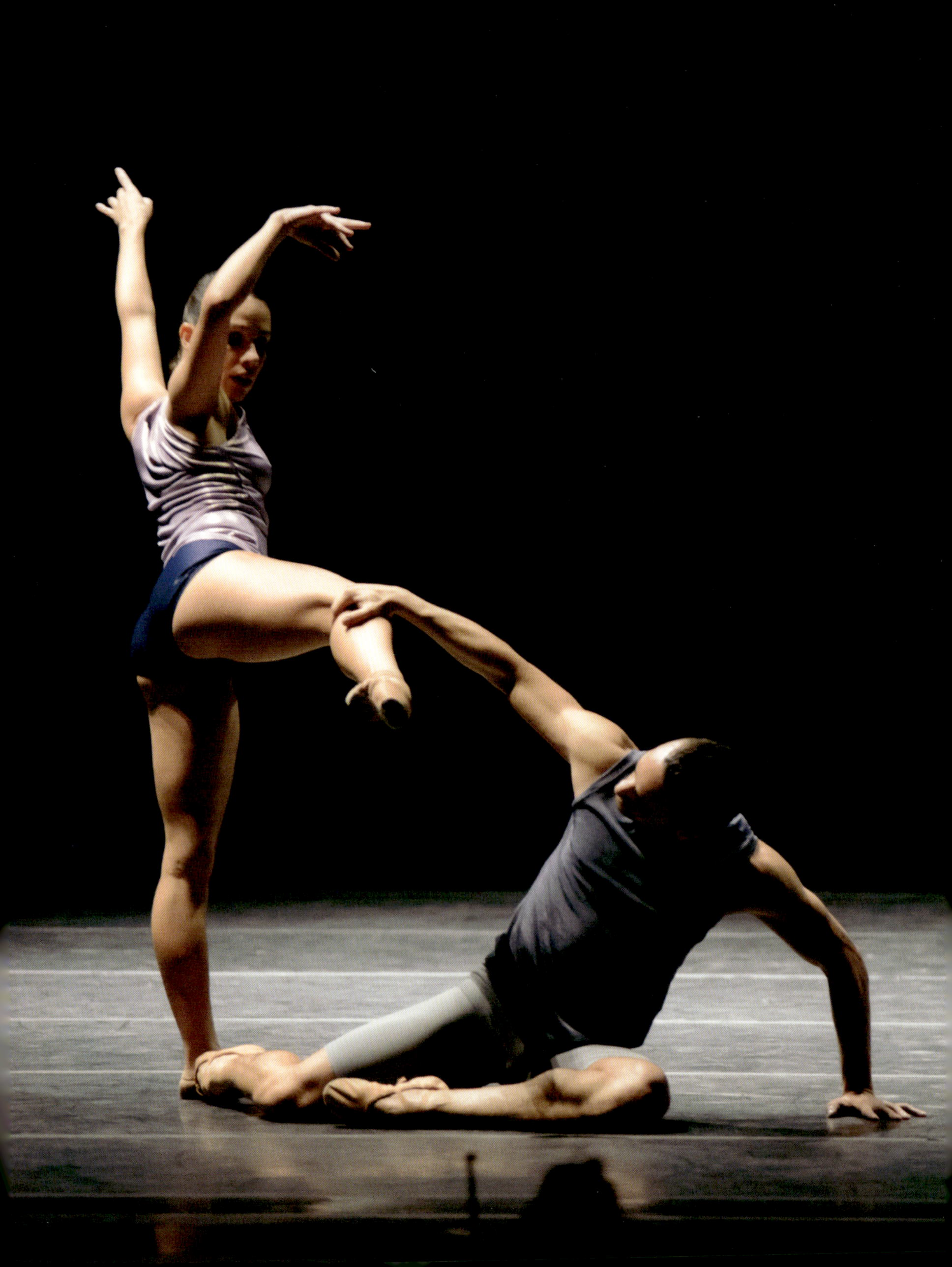

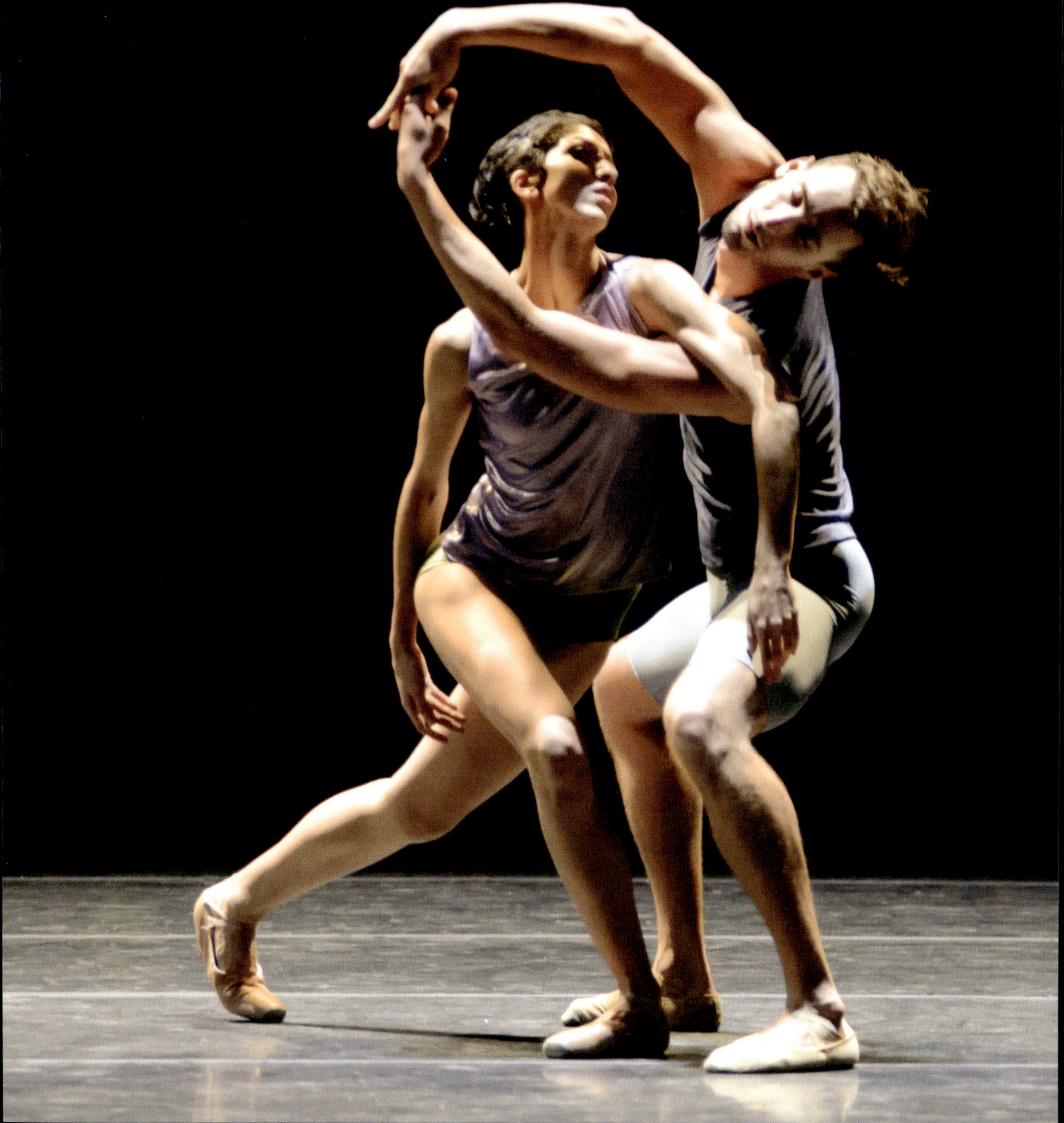

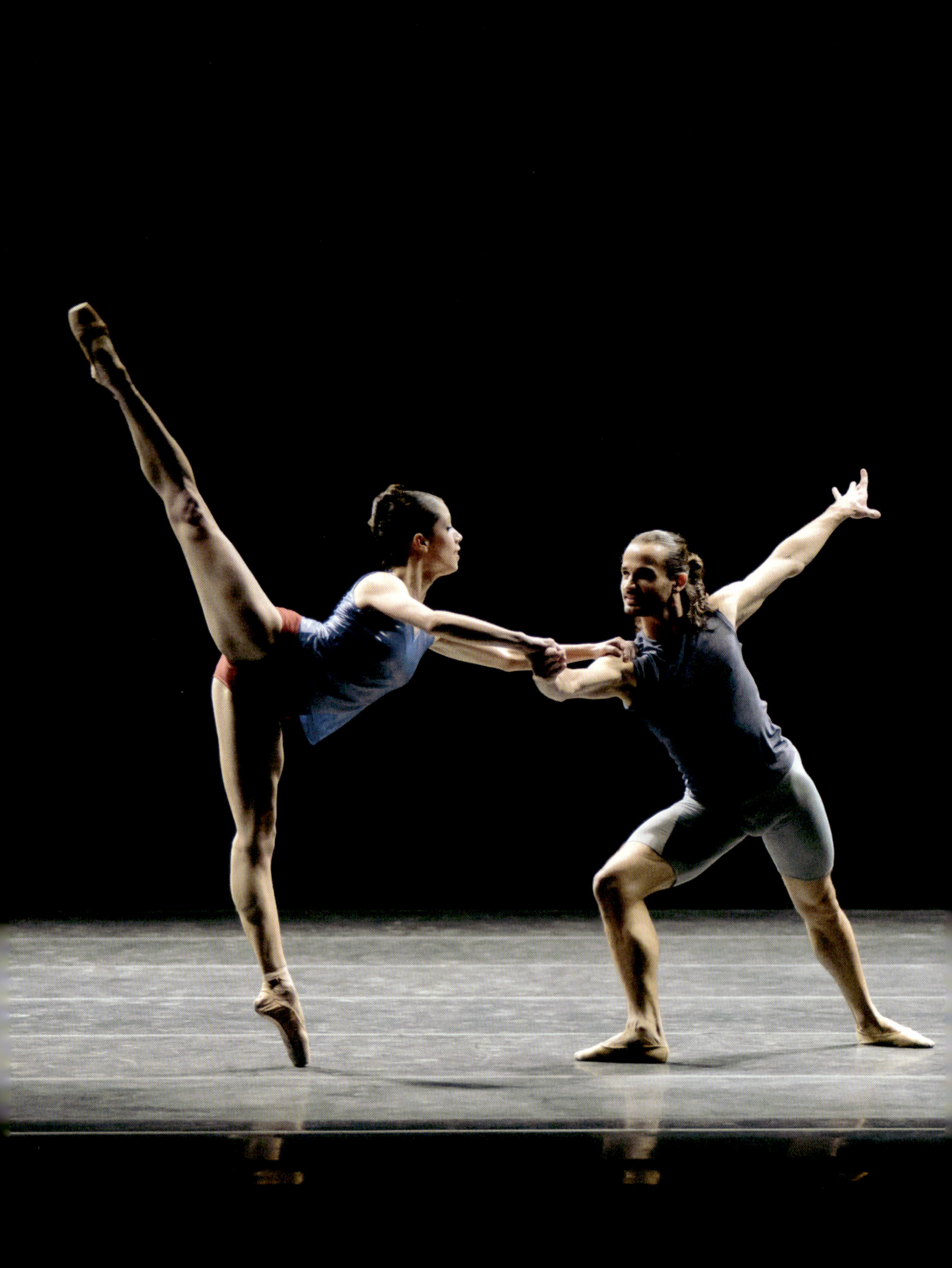

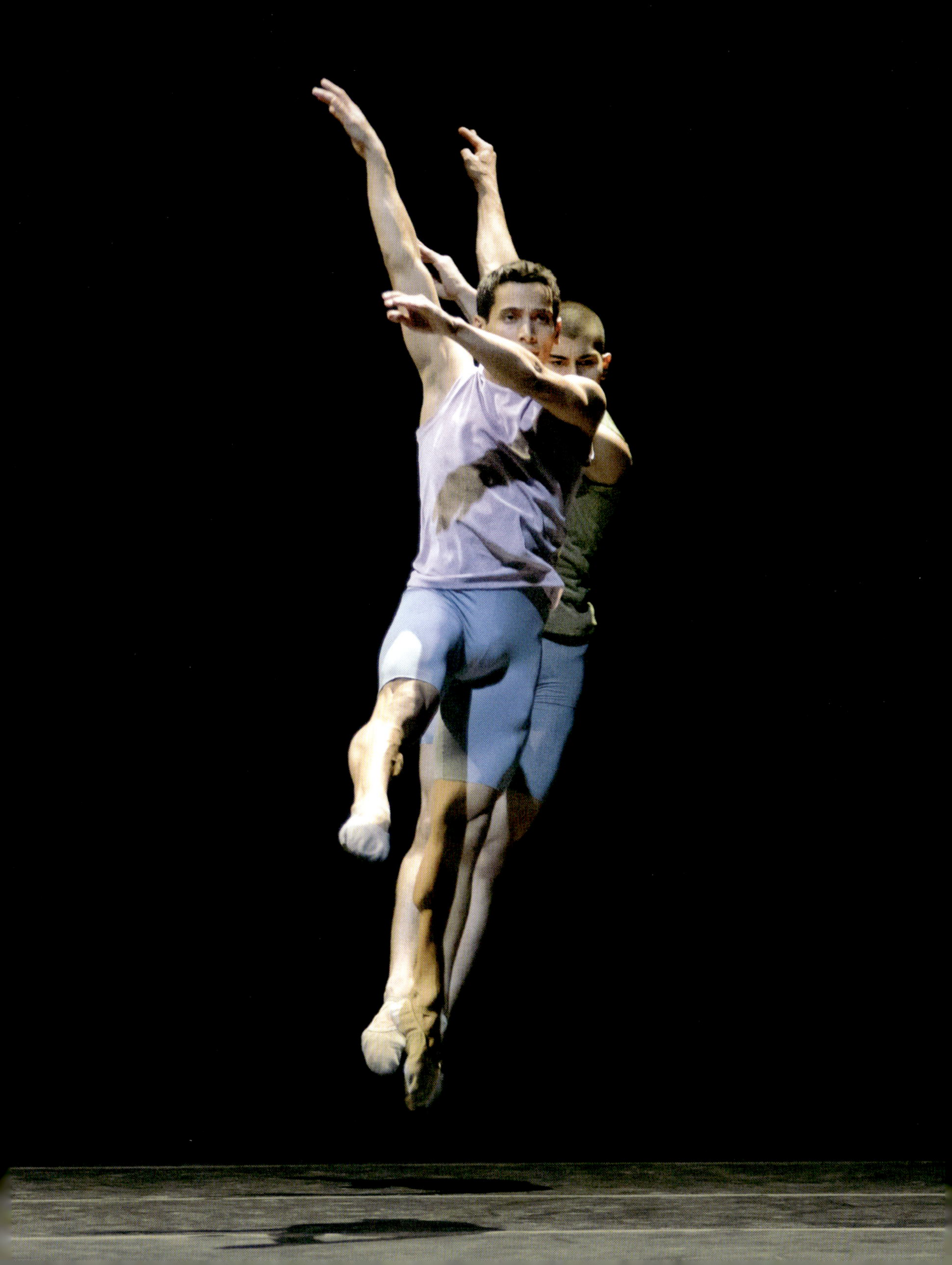

La Sylphide

COREOGRAFIA/CHOREOGRAPHY MARIO GALIZZI A PARTIR DO ORIGINAL DE 1836 DE
(ORIGINAL BY) A. BOURNONVILLE (1805-1879)
MÚSICA/MUSIC HERMAN VON LOVENSKJOLD (1815-1870)
CENÁRIO/SET DESIGN MARCO LIMA
ILUMINAÇÃO/LIGHT DESIGN JOSÉ LUIS FIORRUCCIO
FIGURINO PERSONAGENS/COSTUME CHARACTERS DESIGN BETH FILIPECKI
FIGURINO SÍLFIDES/SYLPHIDES COSTUME DESIGN MARILDA FONTES
ESTREIA DA OBRA DE A.BOURNONVILLE/WORLD PREMIÈRE OF A.BOURNONVILLE'S WORK
1836, BALLET REAL DA DINAMARCA, COPENHAGUE/ROYAL DANISH BALLET, COPENHAGEN
ESTREIA PELA SPCD /PREMIÈRE BY SPCD 2014, TEATRO SÉRGIO CARDOSO, SÃO PAULO

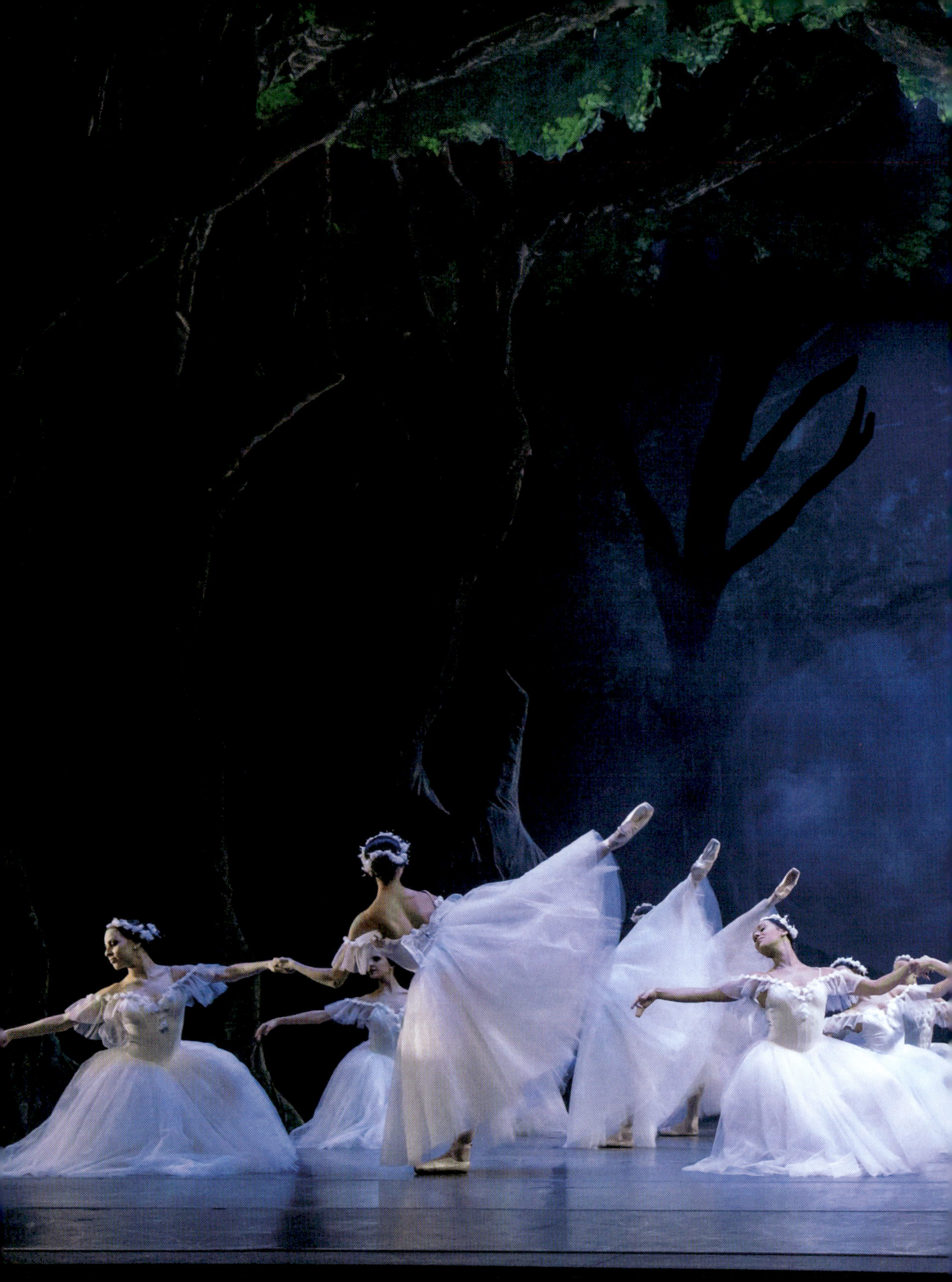

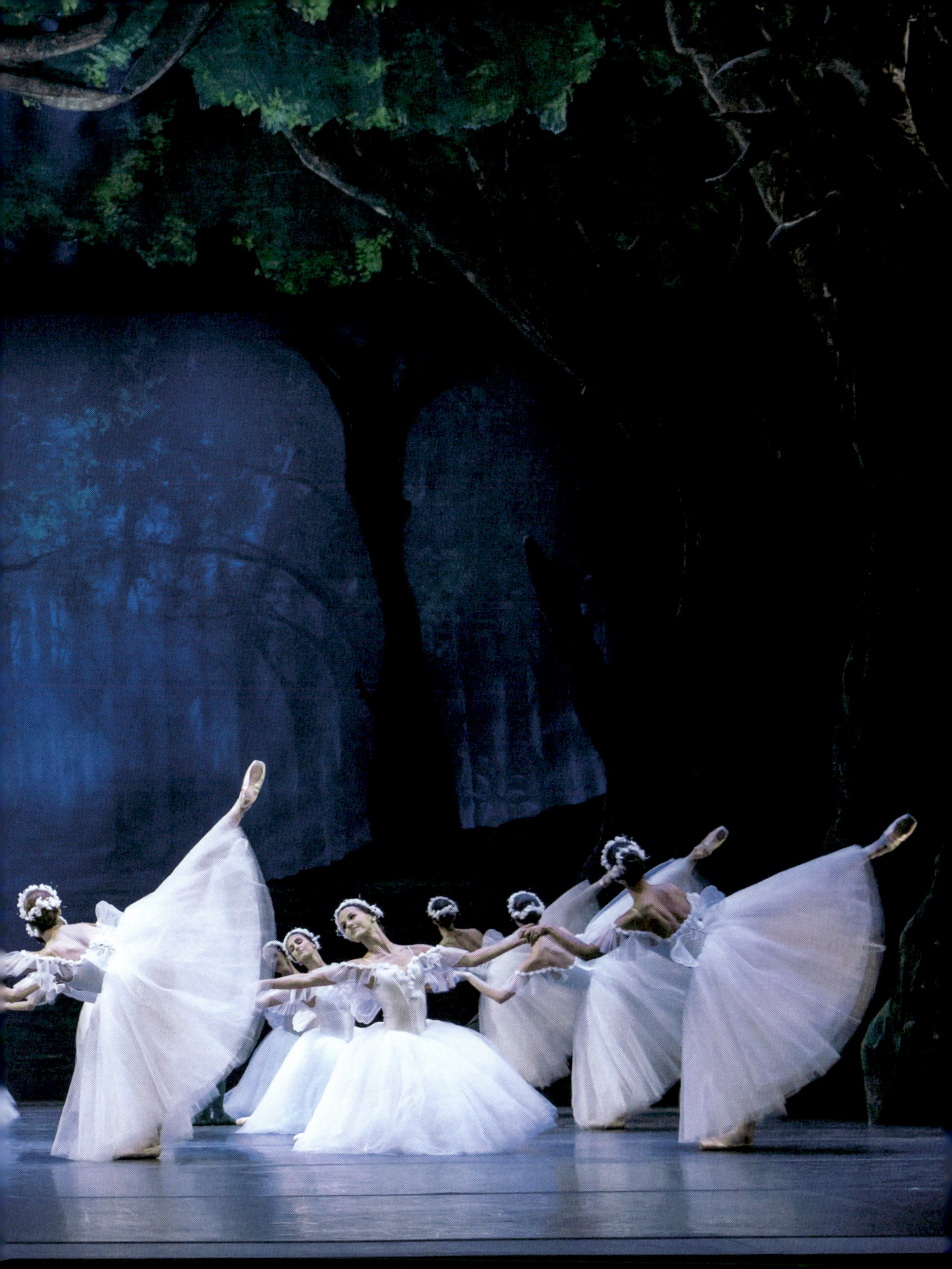

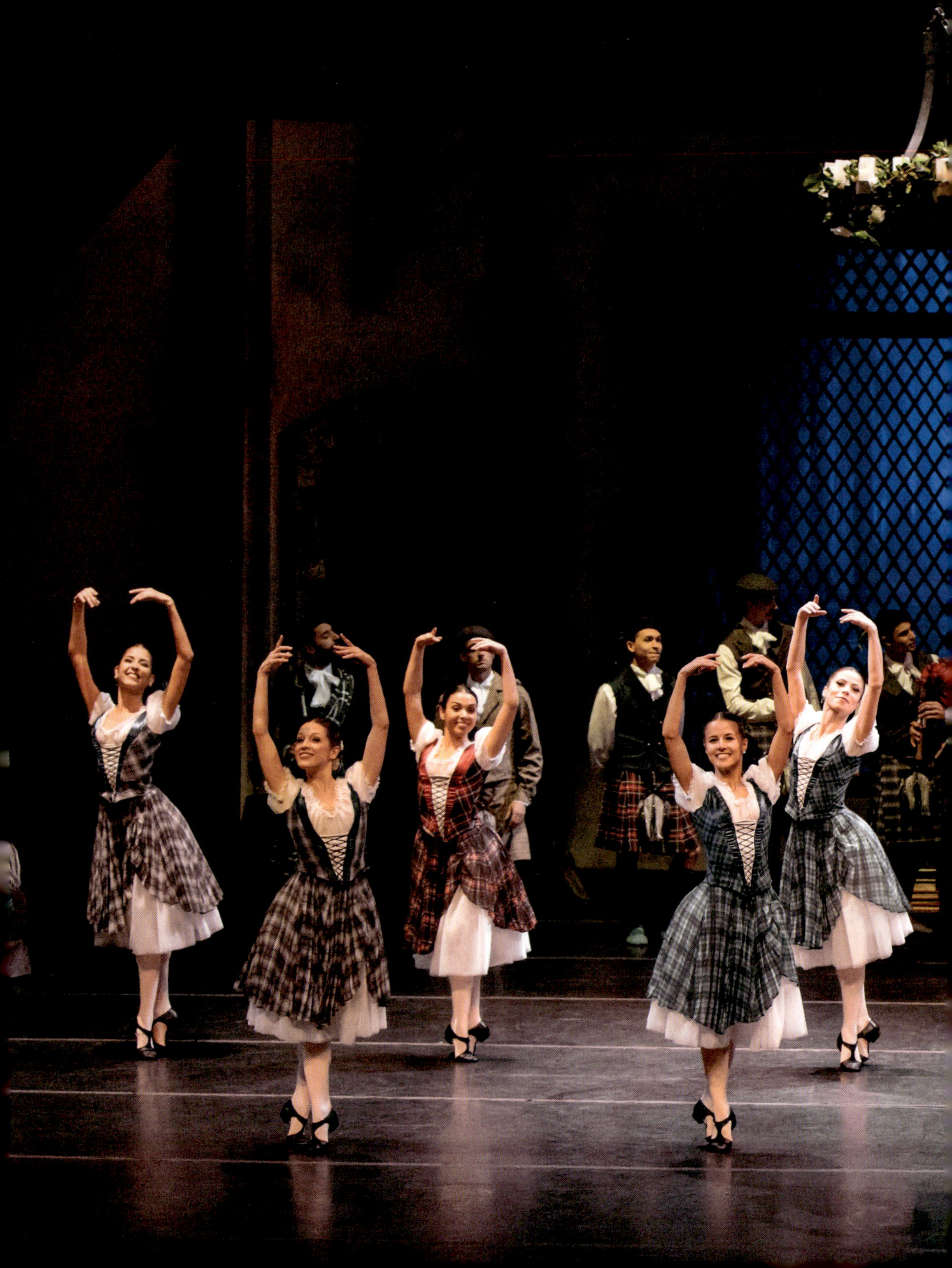

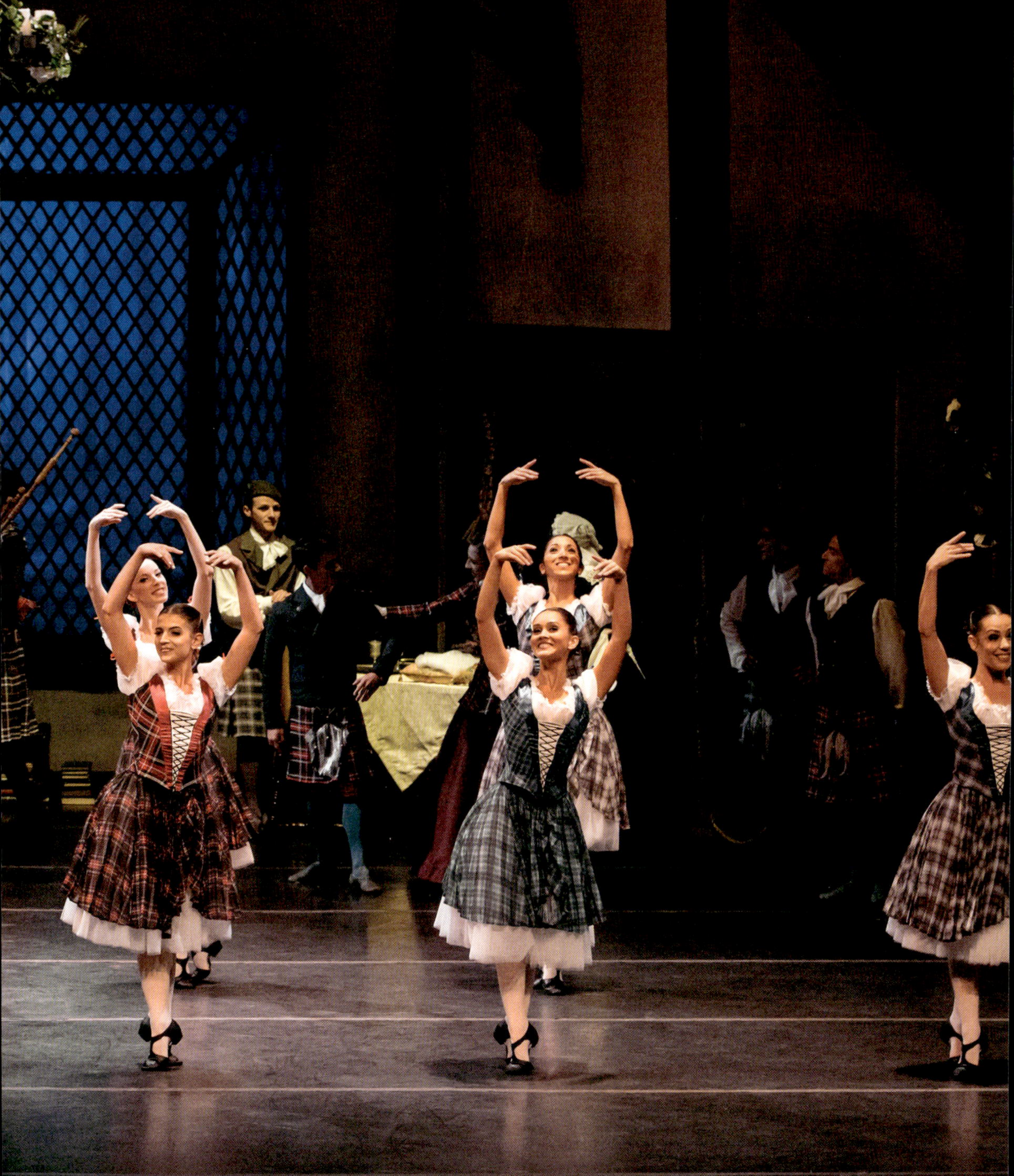

Grand pas de deux de *O Cisne Negro*

COREOGRAFIA/CHOREOGRAPHY MARIO GALIZZI A PARTIR DO ORIGINAL DE (FROM THE ORIGINAL BY) MARIUS PETIPA (1818-1910)
MÚSICA/MUSIC PIOTR ILITCH TCHAIKOVSKY (1840-1983)
FIGURINOS/COSTUME DESIGN TÂNIA AGRA
LUZ/LIGHT DESIGN GUILHERME PATERNO
ESTREIA DA OBRA DE MARIUS PETIPA/WORLD PREMIÈRE OF MARIUS PETIPA'S WORK
1895, BALLET IMPERIAL, SÃO PETERSBURGO/IMPERIAL BALLET, ST. PETERSBURG
ESTREIA PELA SPCD /PREMIÈRE BY SPCD 2014, TEATRO LUIZ MENDONÇA, RECIFE

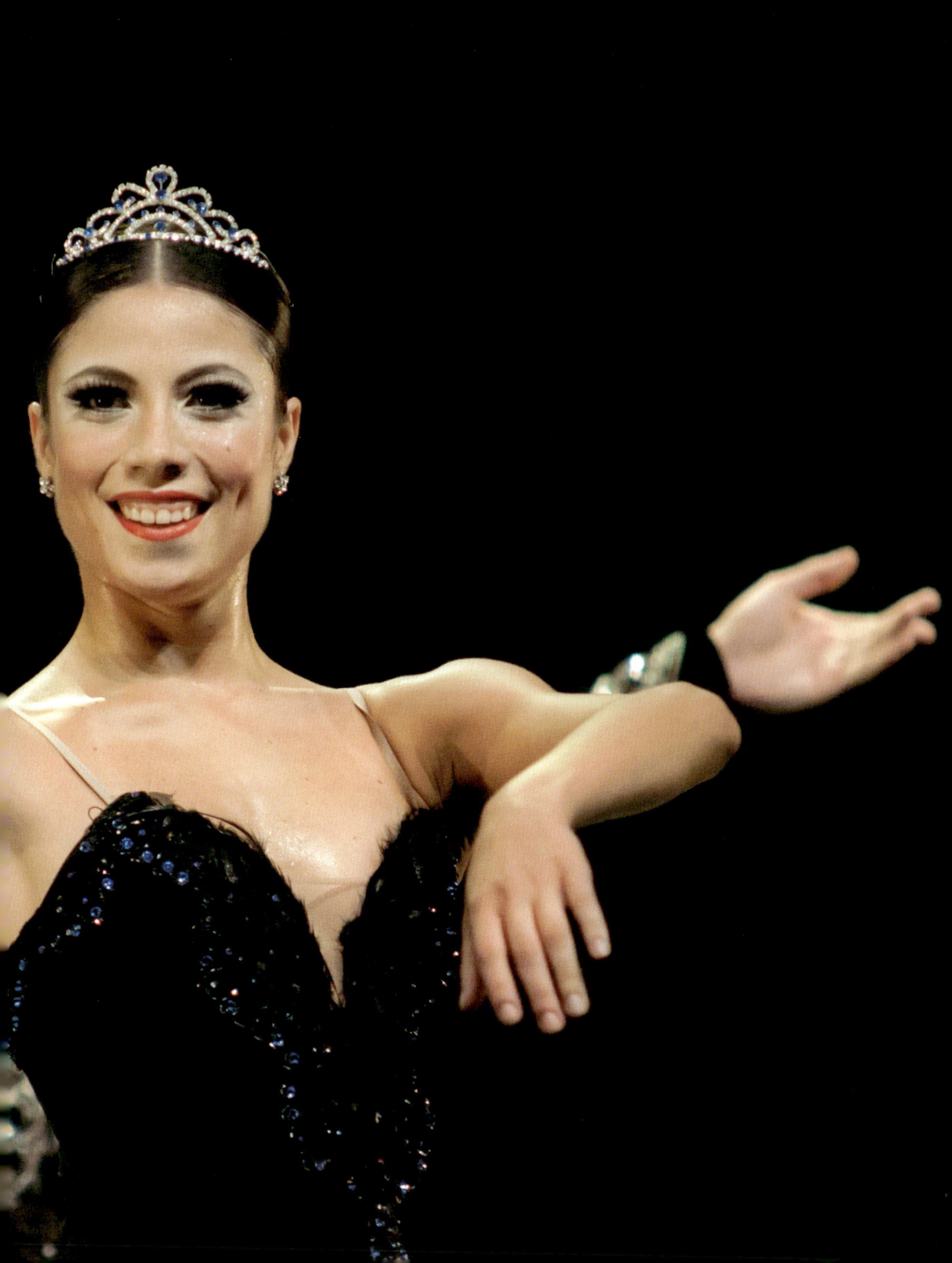

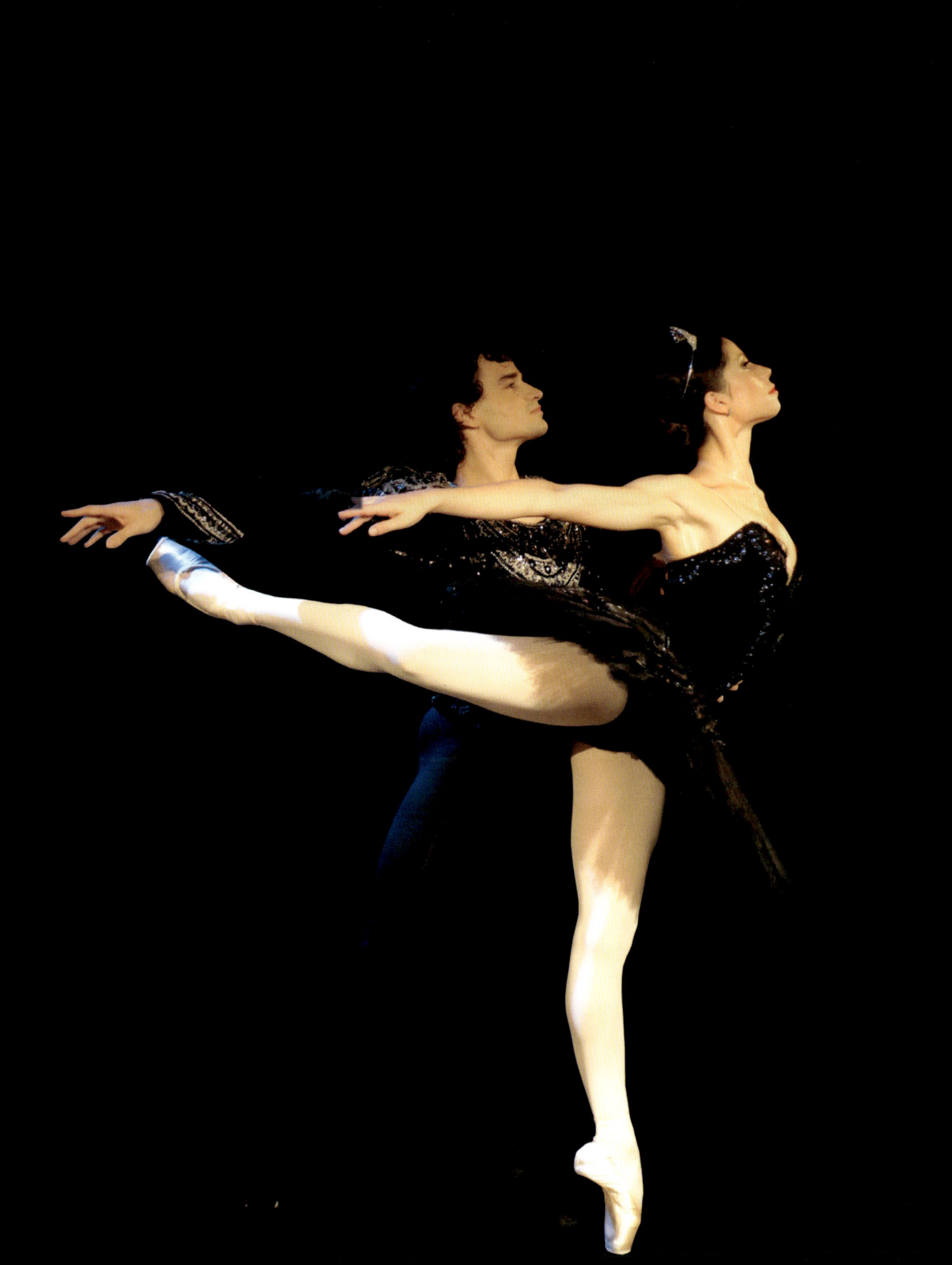

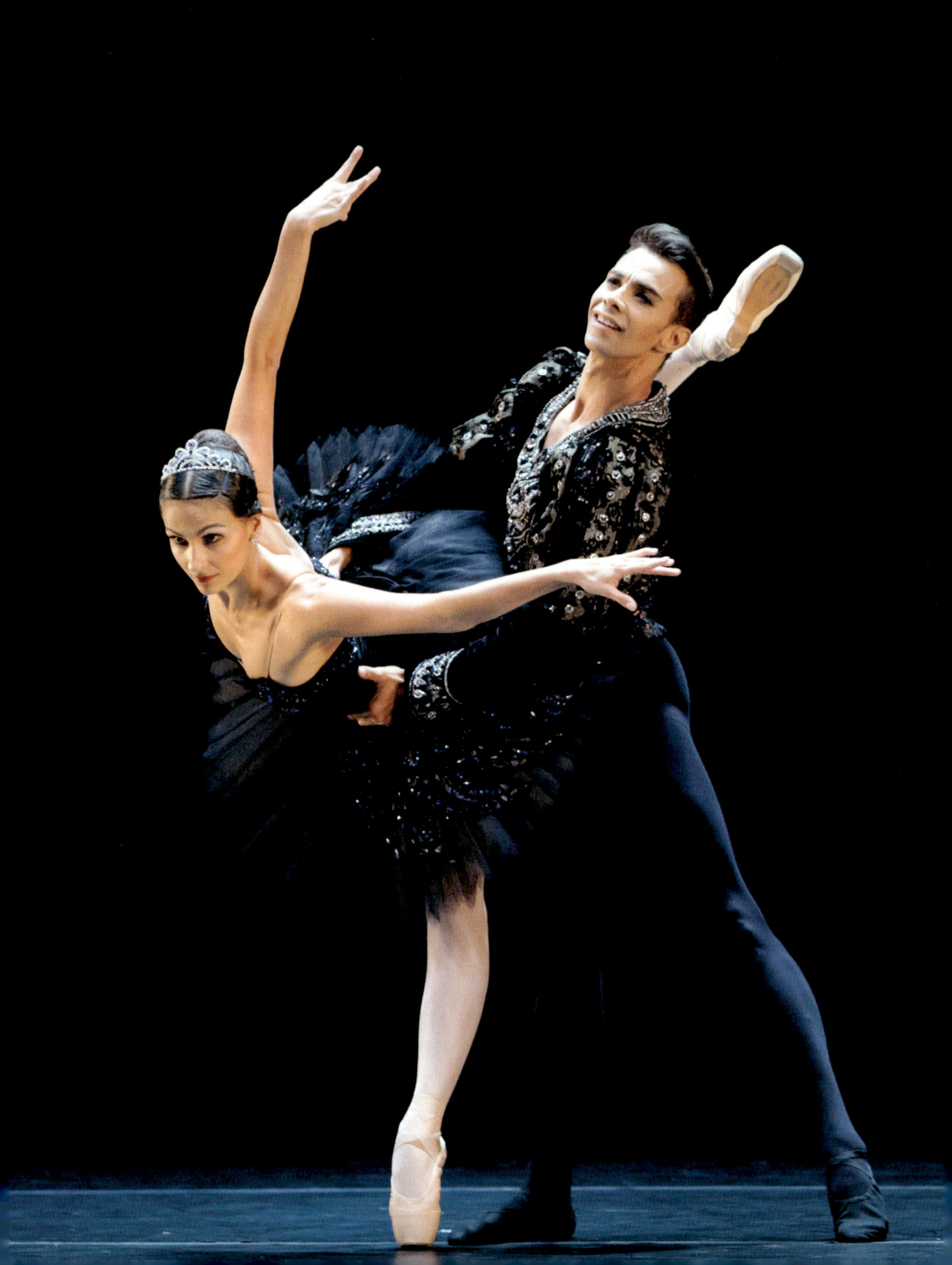

COREOGRAFIA/CHOREOGRAPHY MARIO GALIZZI A PARTIR DO ORIGINAL DE 1911 DE (FROM THE ORIGINAL 1911 BY)
MICHEL FOKINE (1880-1942)
MÚSICA/MUSIC CARL MARIA VON WEBER (1786-1826) EXECUTADA AO VIVO, NA ESTREIA, NO PIANO POR (LIVE PIANO PERFORMANCE AT THE PREMIERE BY) CRISTIAN BUDU
CENÁRIO E FIGURINOS/SET AND COSTUME DESIGN FABIO NAMATAME
ILUMINAÇÃO/LIGHT DESIGN WAGNER FREIRE
ESTREIA DA OBRA DE MICHEL FOKINE/WORLD PREMIÈRE OF MICHEL FOKINE'S WORK 1911, BALLETS RUSSES, MONTE CARLO
ESTREIA PELA SPCD / PREMIÈRE BY SPCD 2014, TEATRO ALFA, SÃO PAULO

Le spectre de la rose

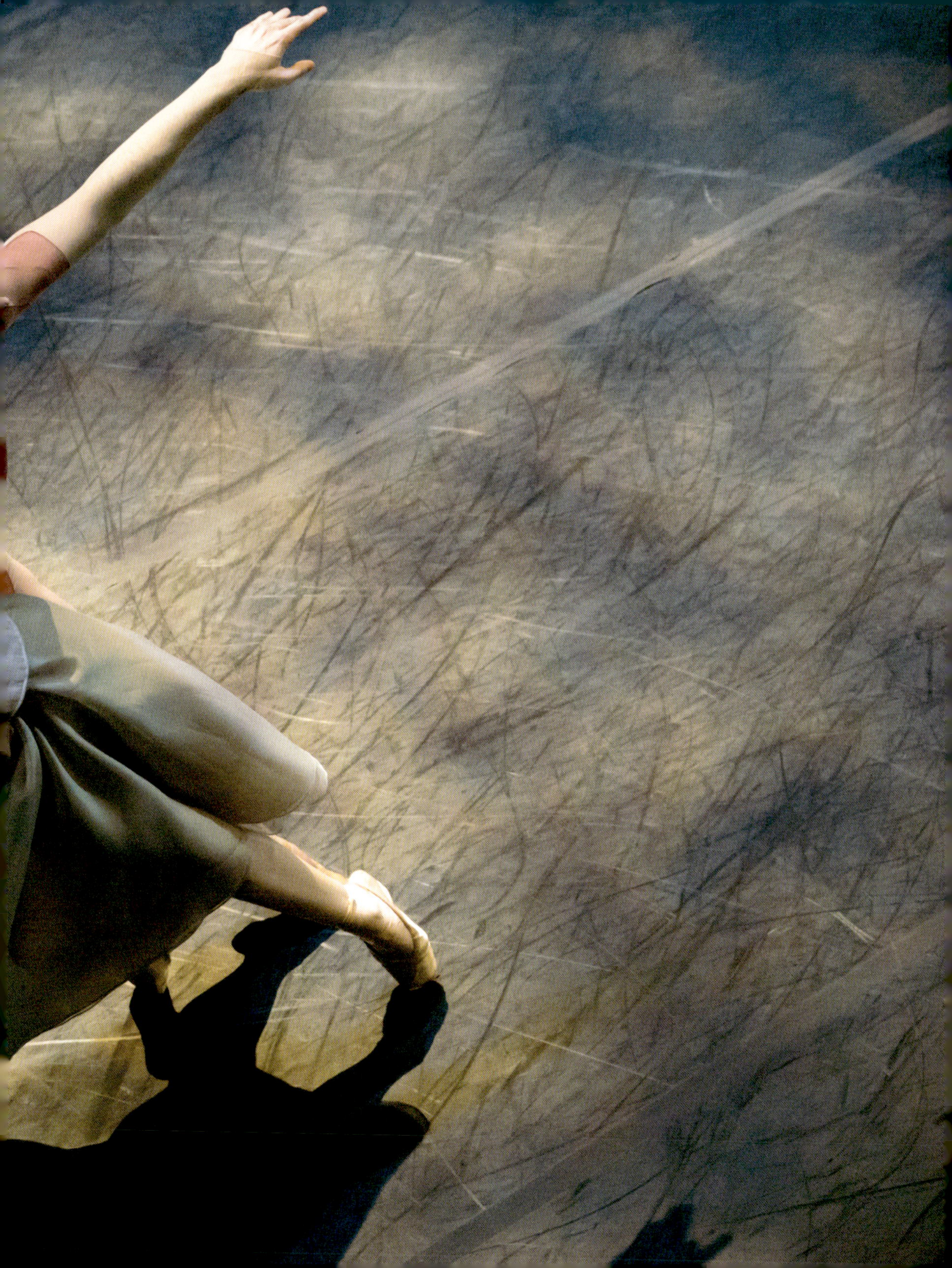

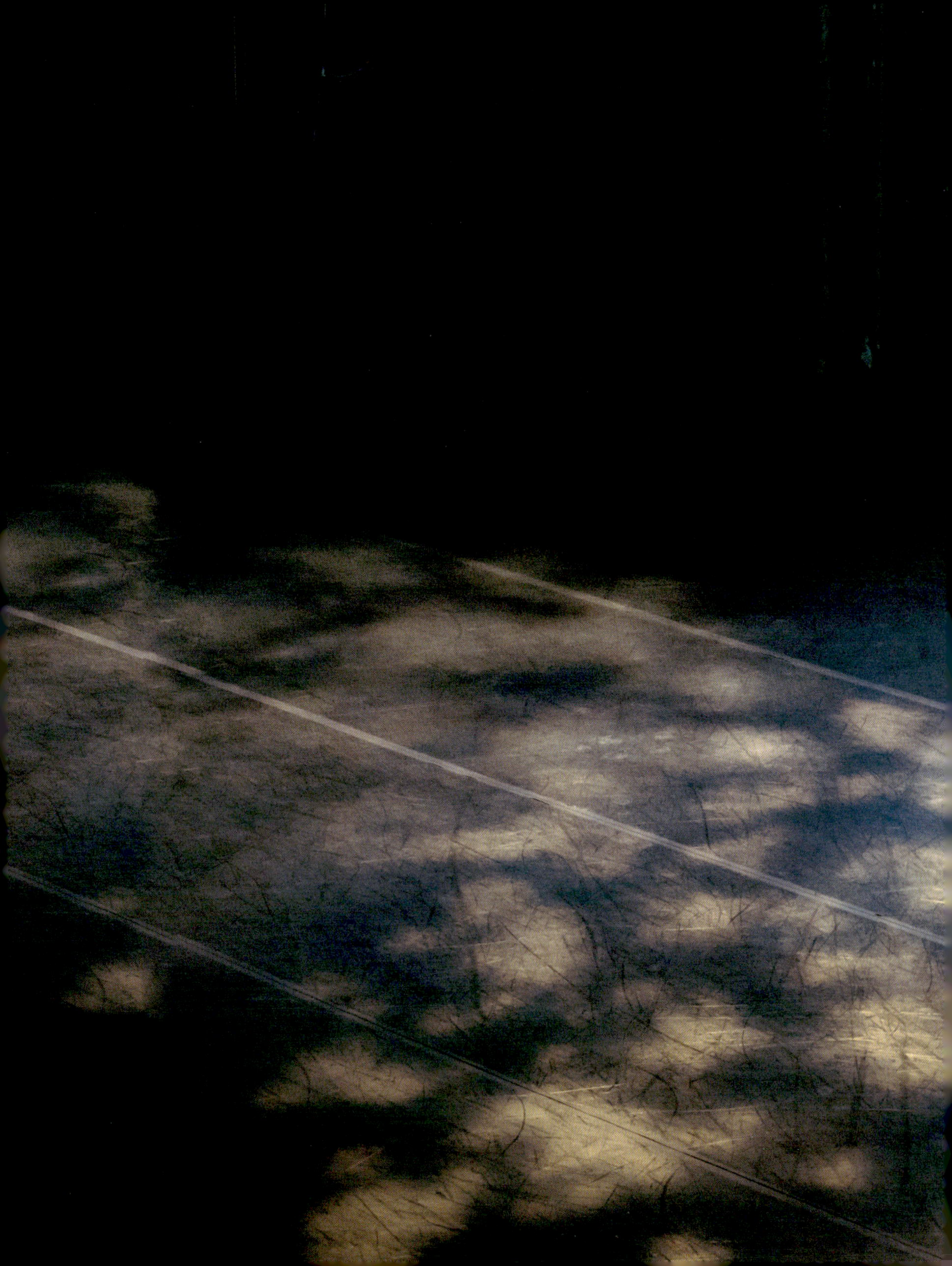

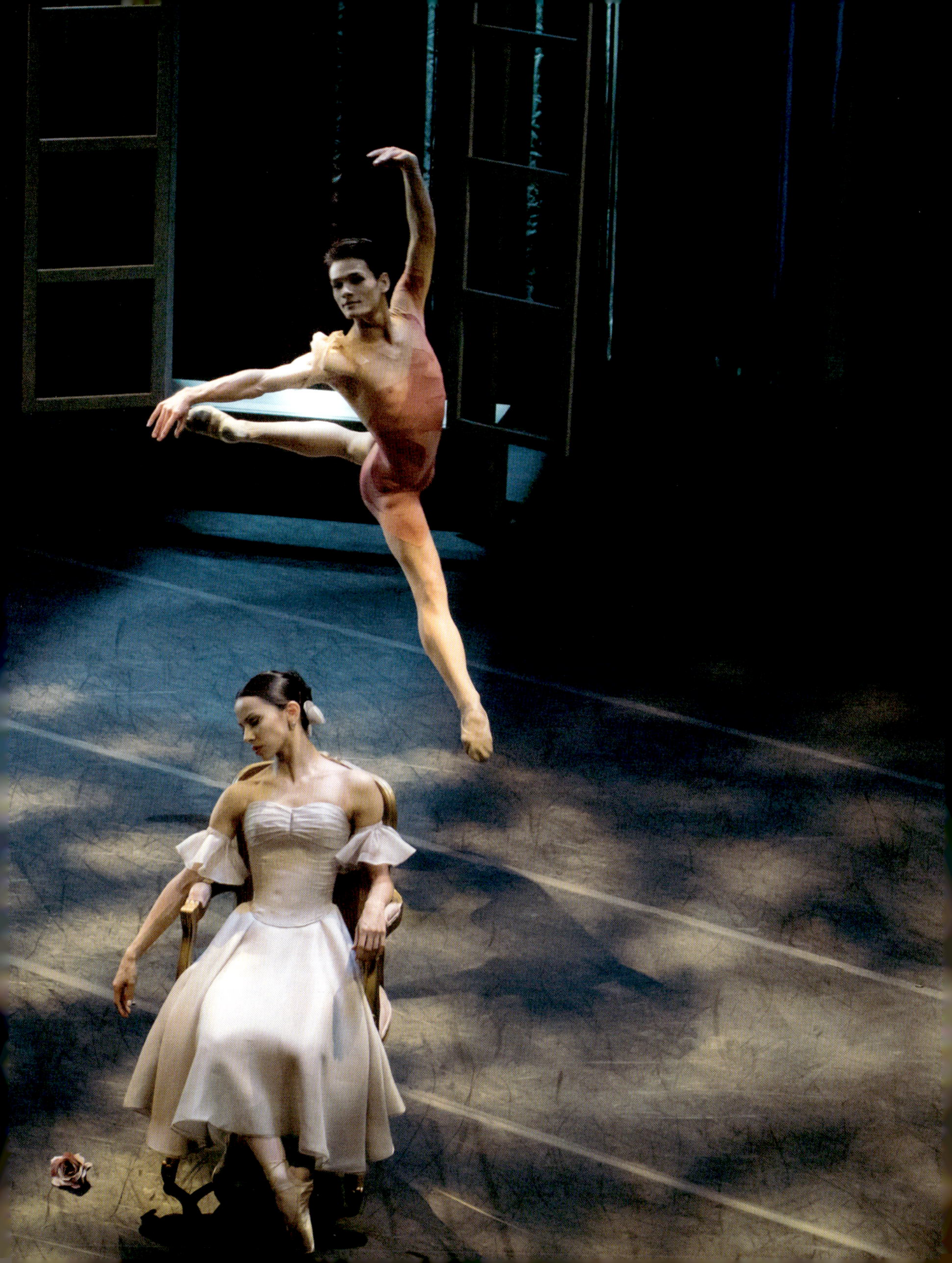

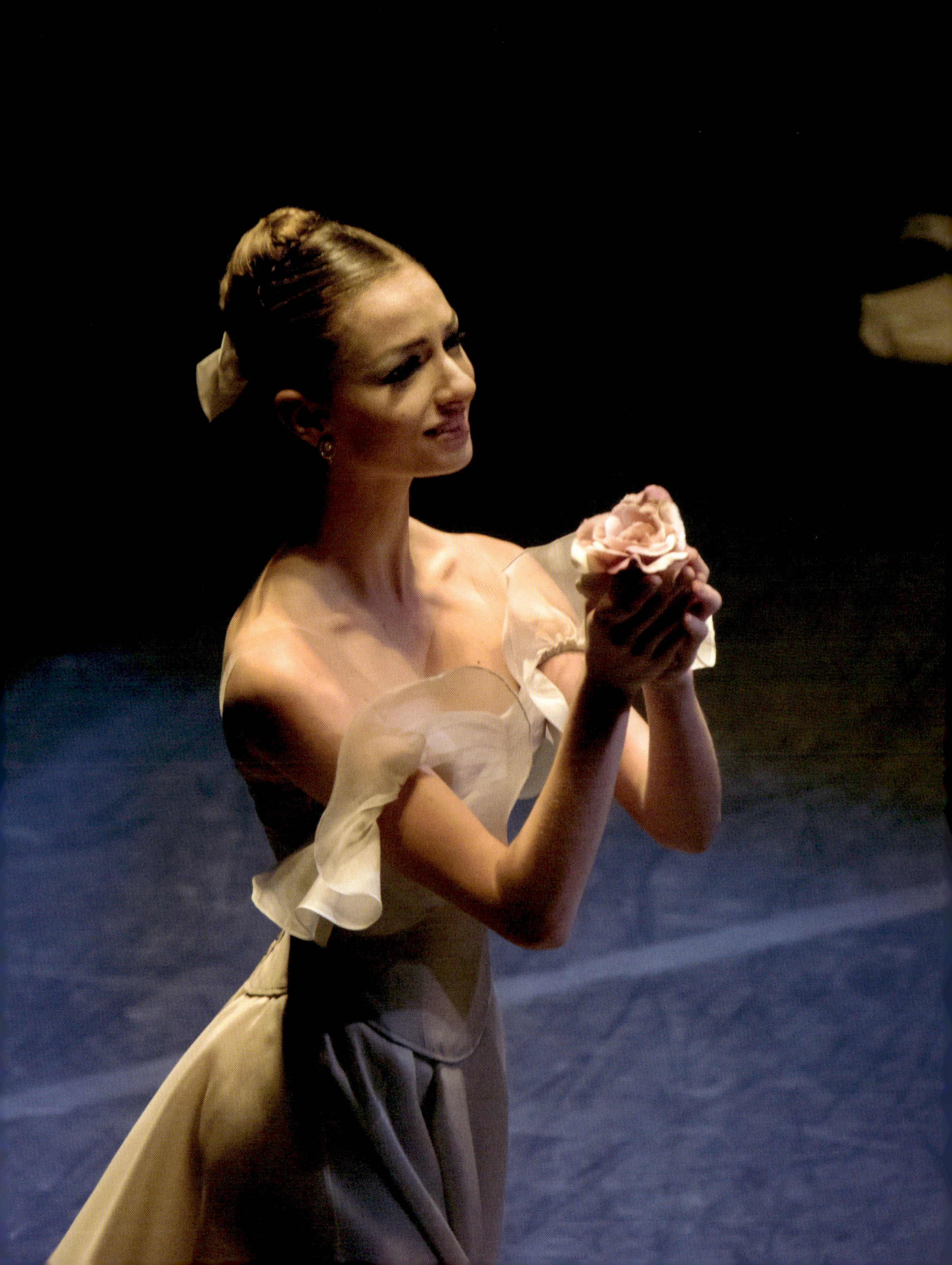

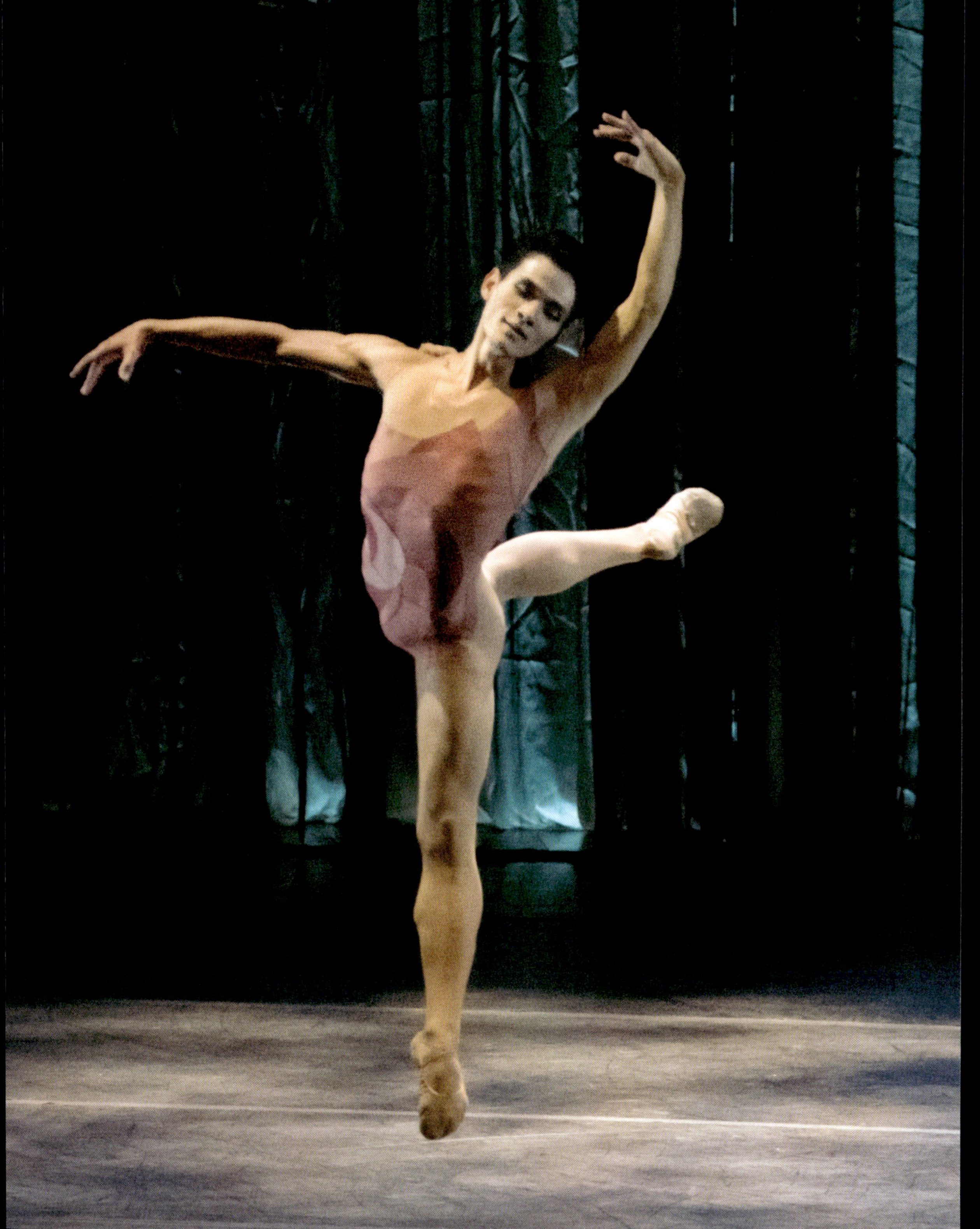

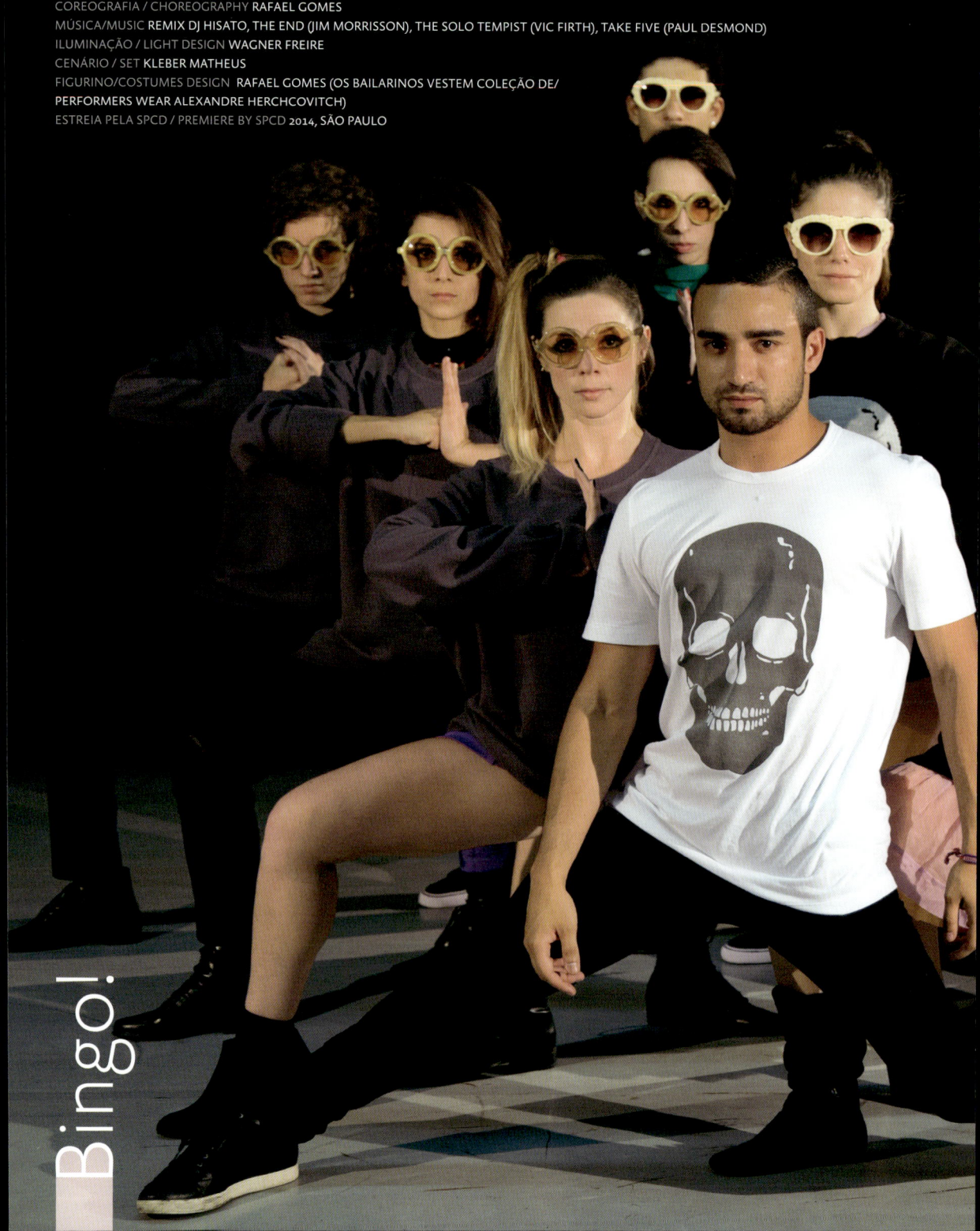

COREOGRAFIA / CHOREOGRAPHY **RAFAEL GOMES**
MÚSICA/MUSIC **REMIX DJ HISATO, THE END (JIM MORRISSON), THE SOLO TEMPIST (VIC FIRTH), TAKE FIVE (PAUL DESMOND)**
ILUMINAÇÃO / LIGHT DESIGN **WAGNER FREIRE**
CENÁRIO / SET **KLEBER MATHEUS**
FIGURINO/COSTUMES DESIGN **RAFAEL GOMES (OS BAILARINOS VESTEM COLEÇÃO DE/
PERFORMERS WEAR ALEXANDRE HERCHCOVITCH)**
ESTREIA PELA SPCD / PREMIERE BY SPCD 2014, SÃO PAULO

Bingo!

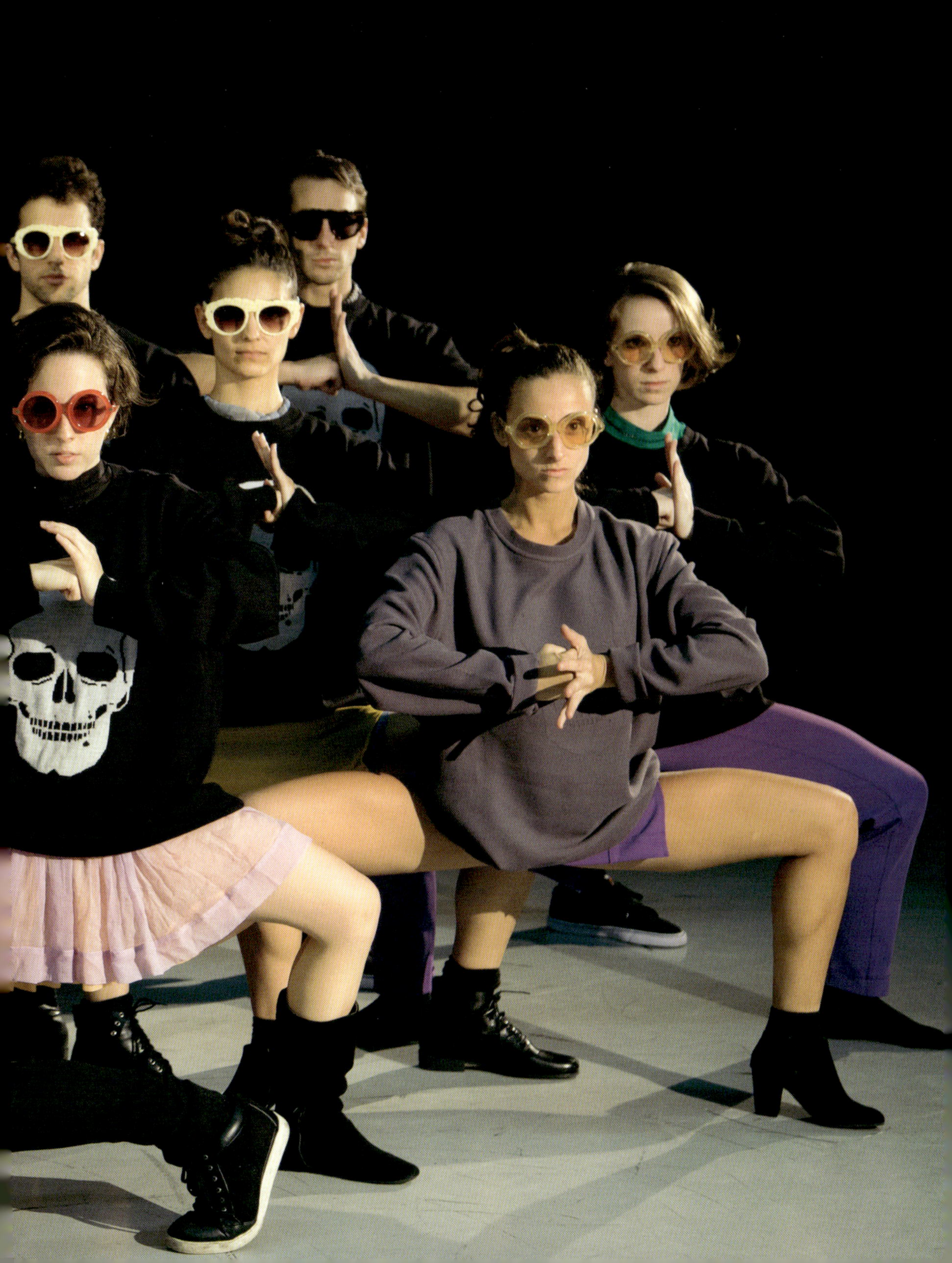

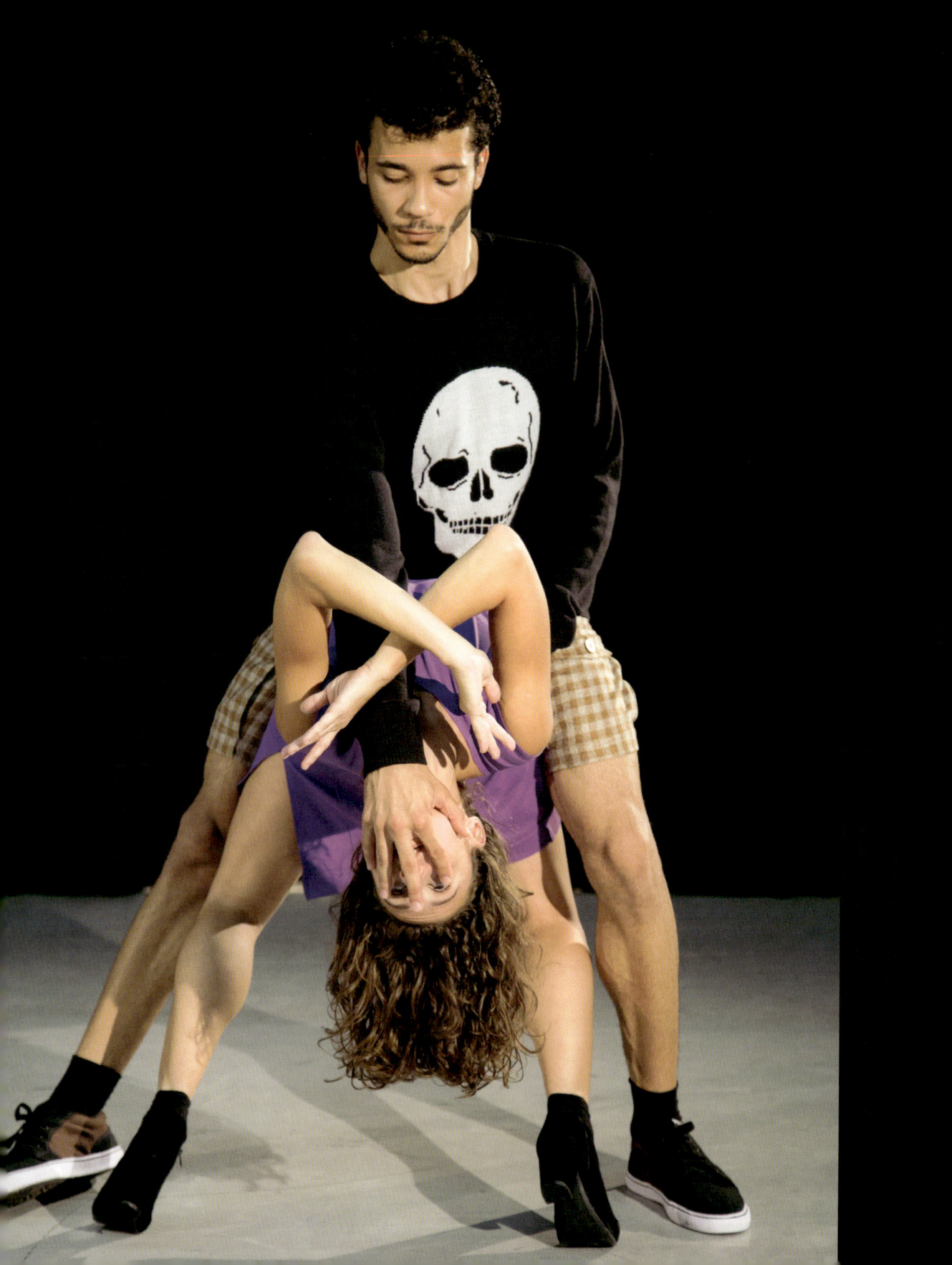

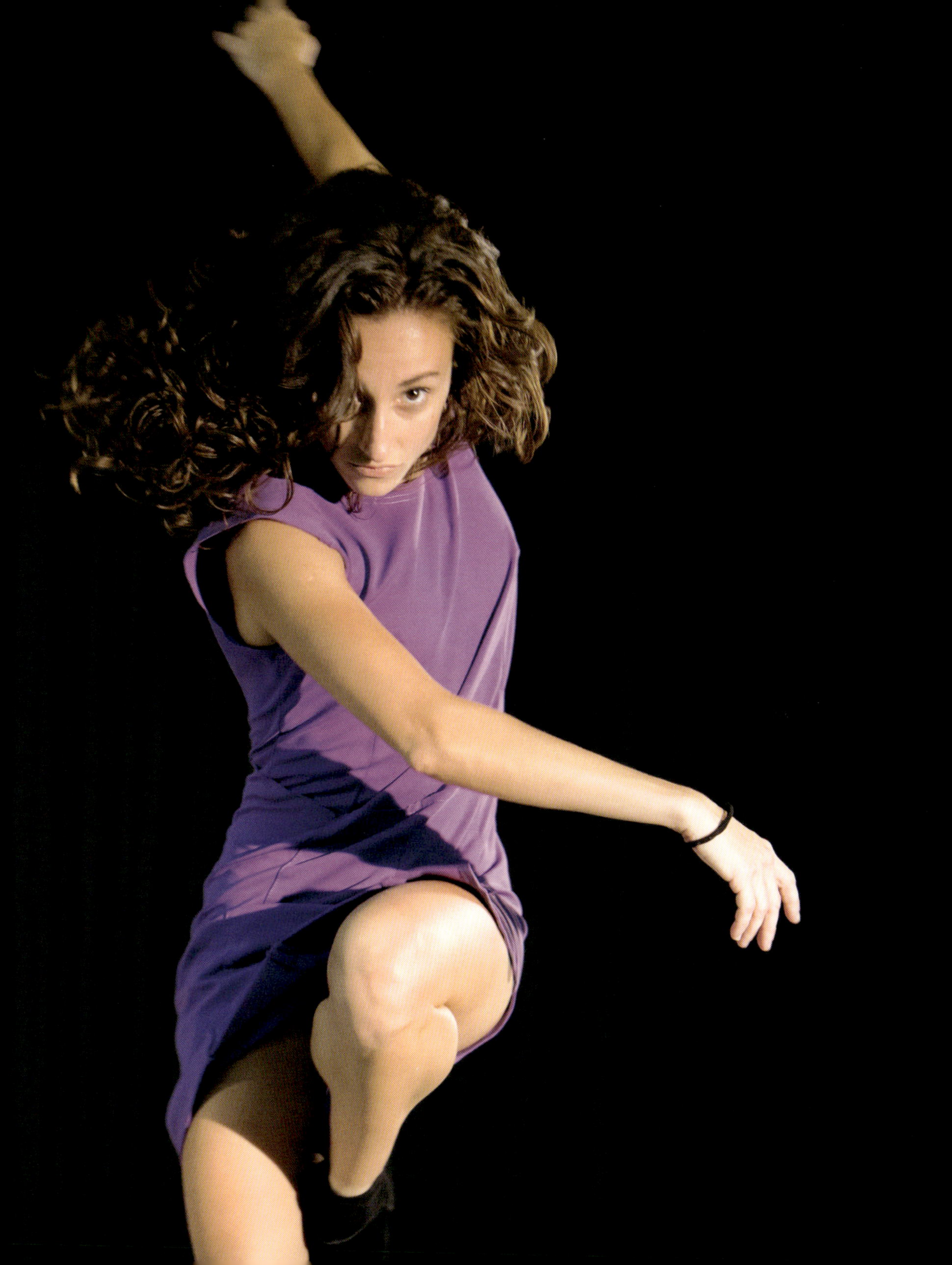

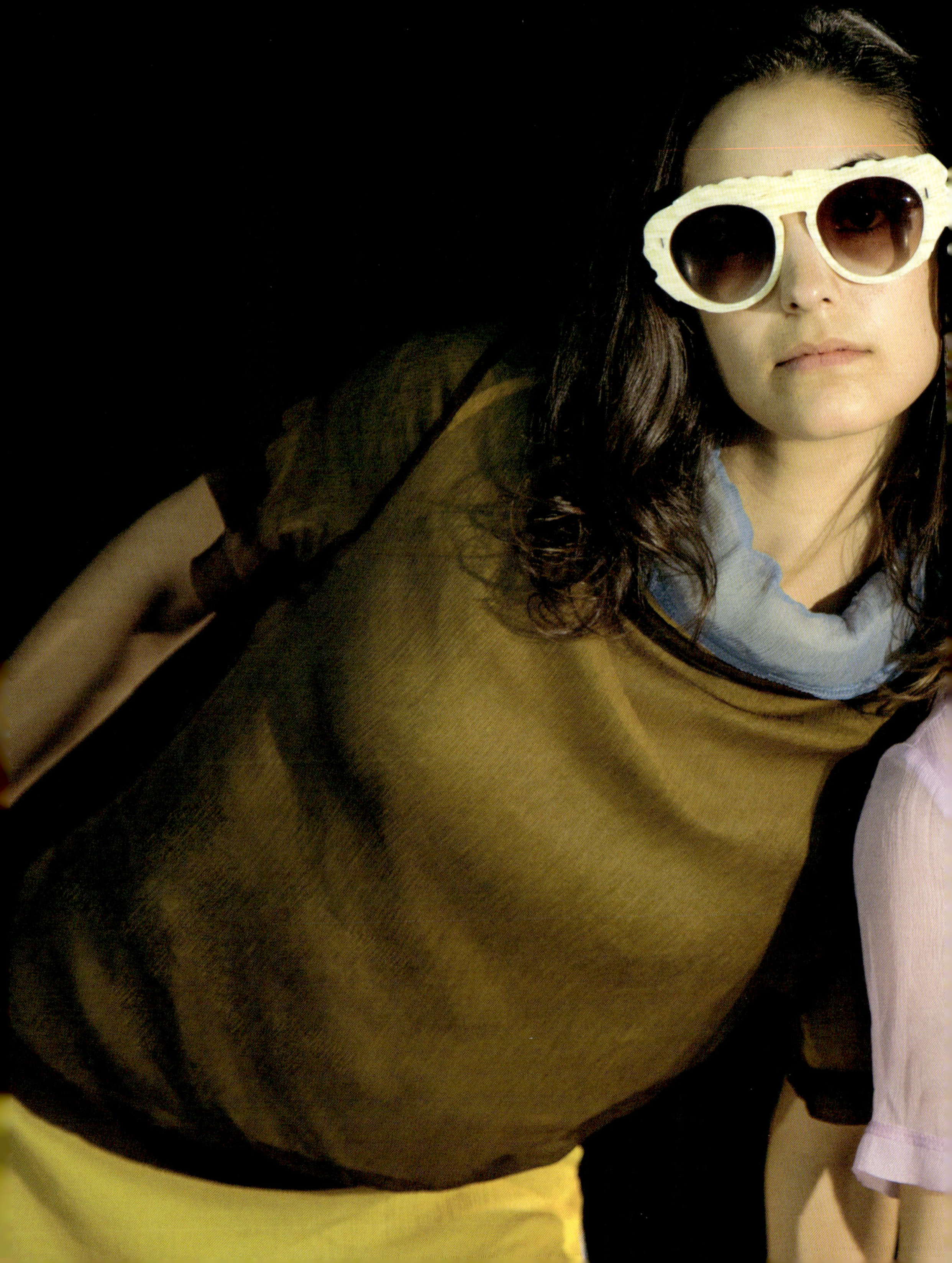

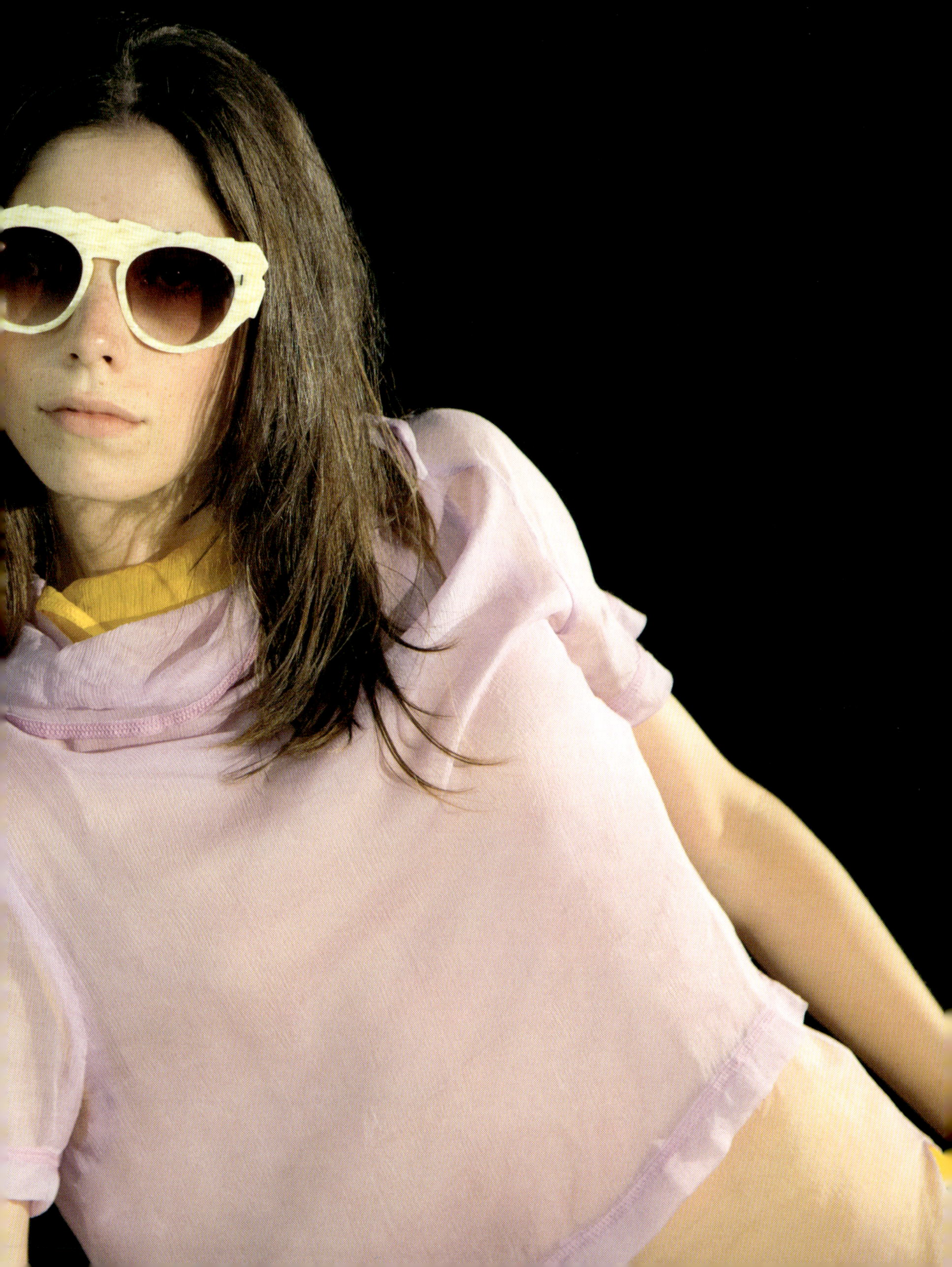

GEN

COREOGRAFIA / CHOREOGRAPHY **CASSI ABRANCHES**
MÚSICA ORIGINAL / ORIGINAL MUSIC **MARCELO JENECI & ZÉ NIGRO**
ILUMINAÇÃO / LIGHT DESIGN **GABRIEL PEDERNEIRAS**
FIGURINO / COSTUMES DESIGN **JANAÍNA CASTRO**
ESTREIA PELA SPCD / PREMIERE BY SPCD 2014, SÃO PAULO

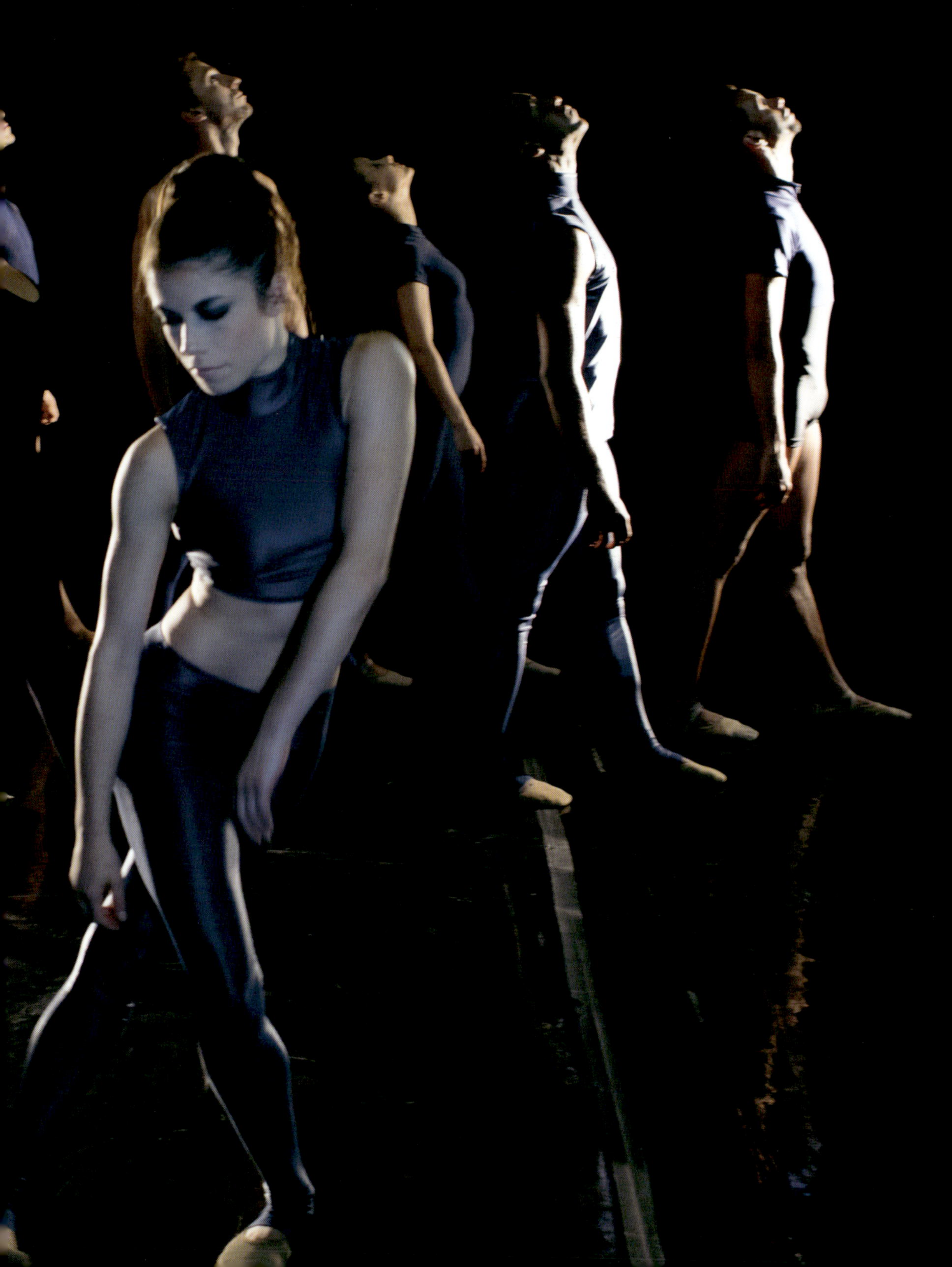

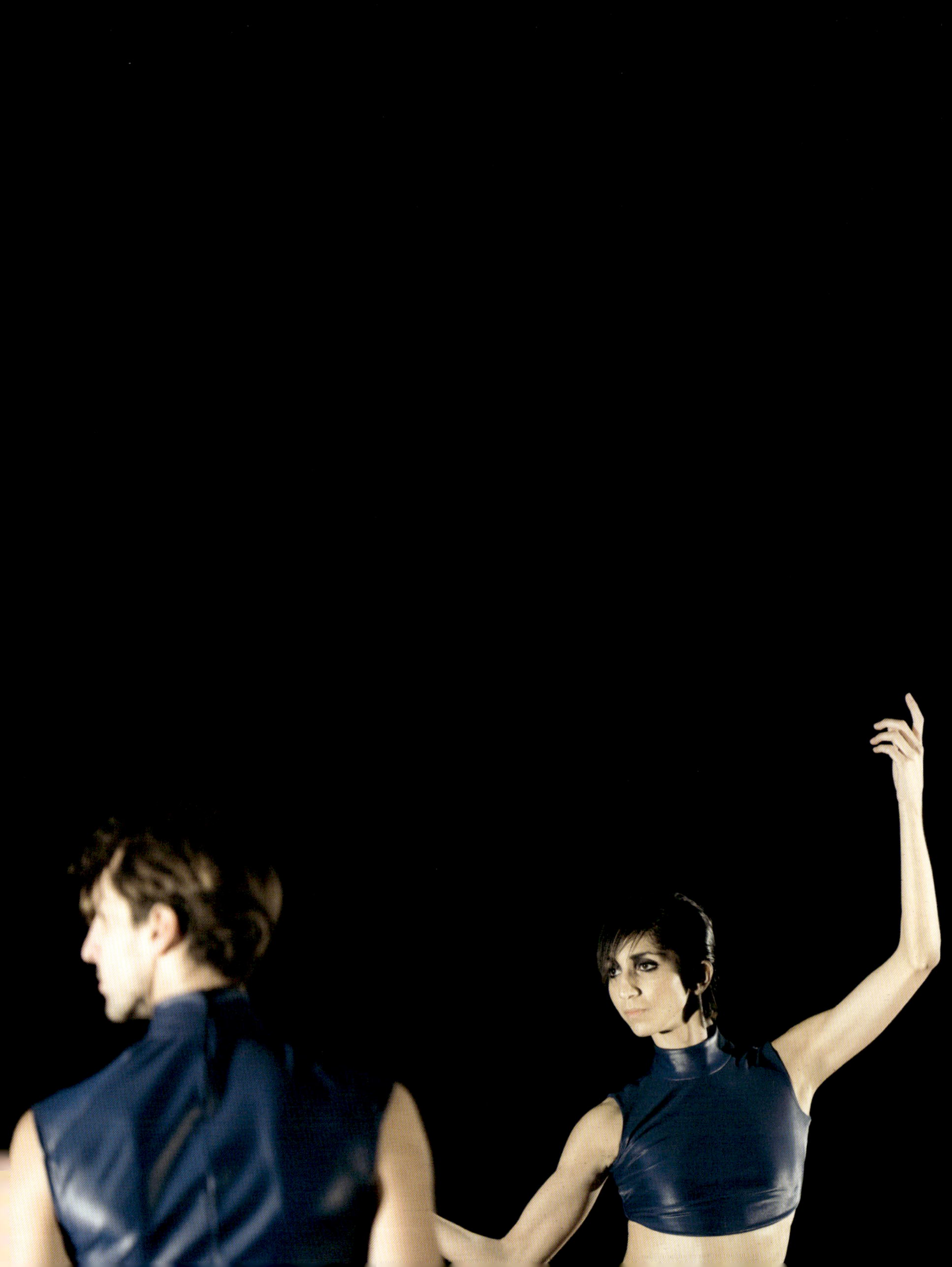

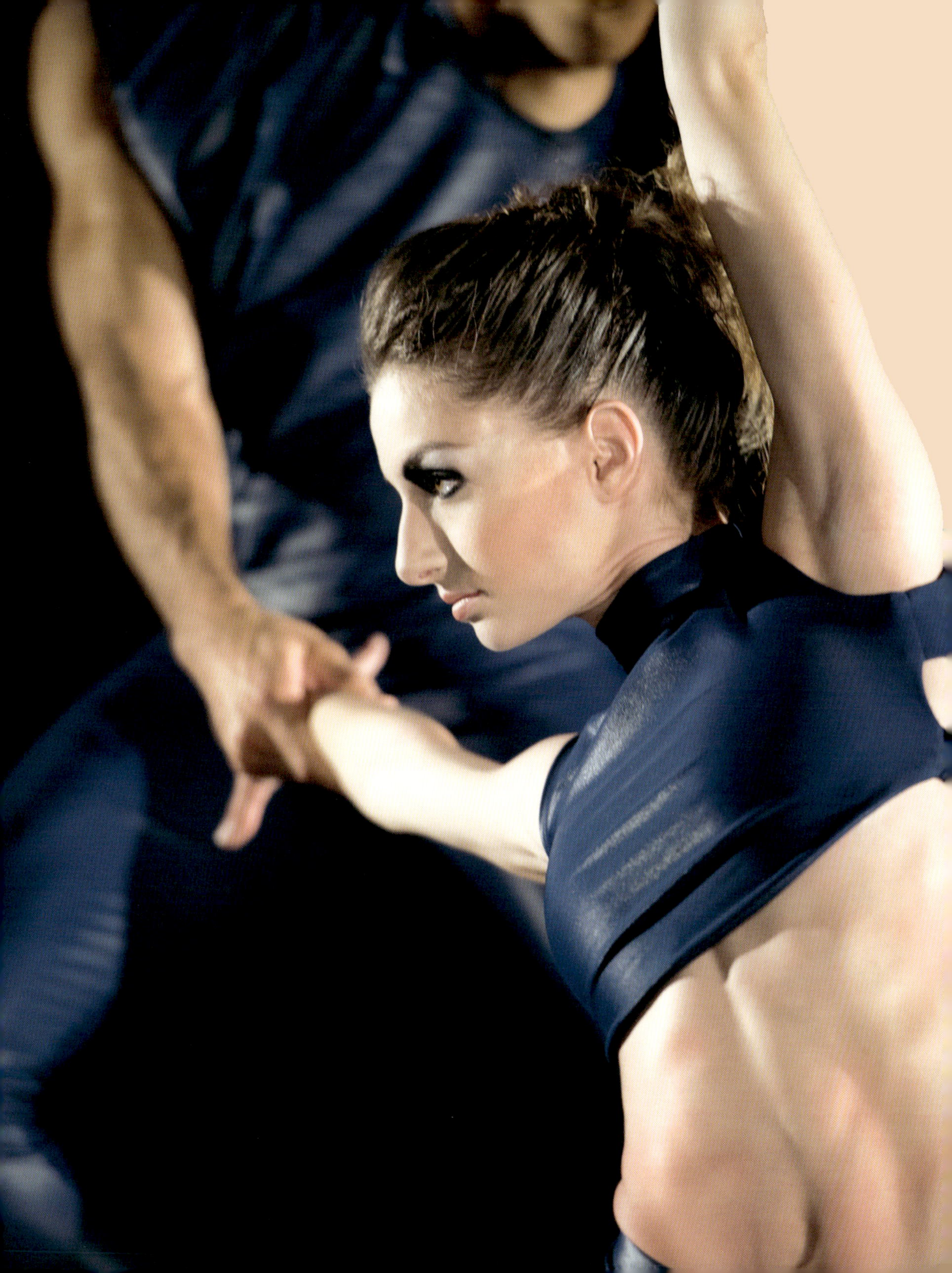

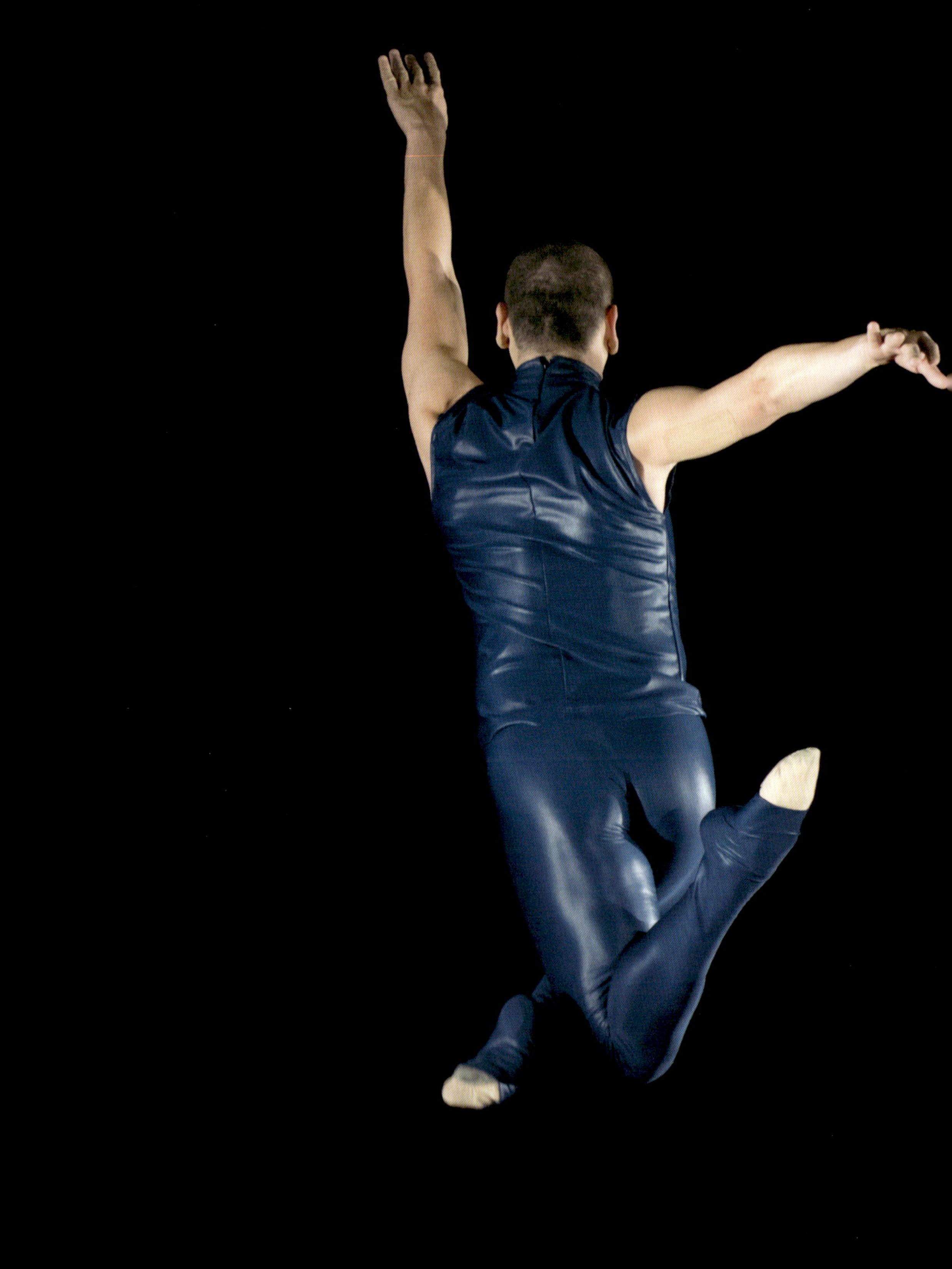

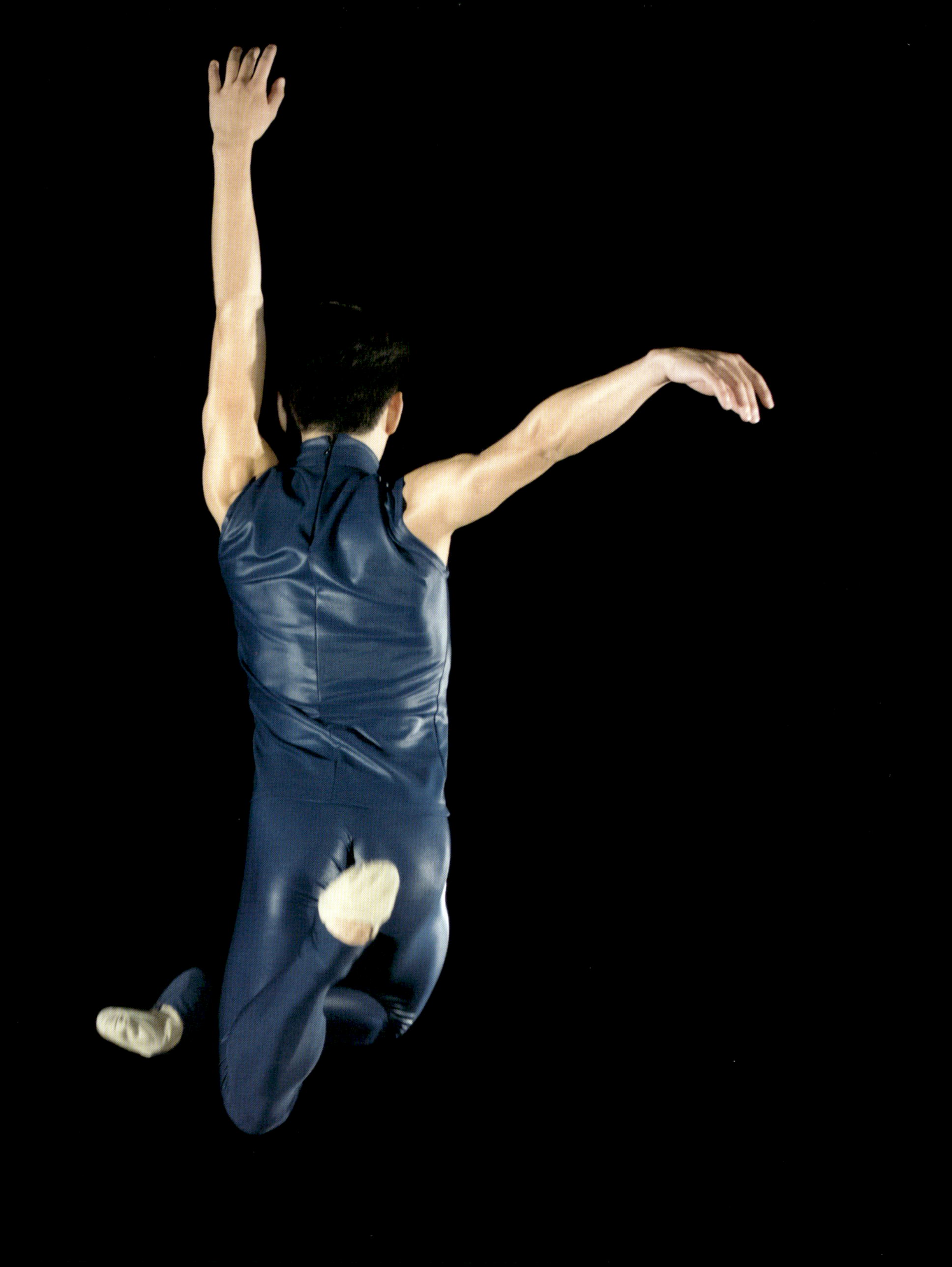

Em cartaz

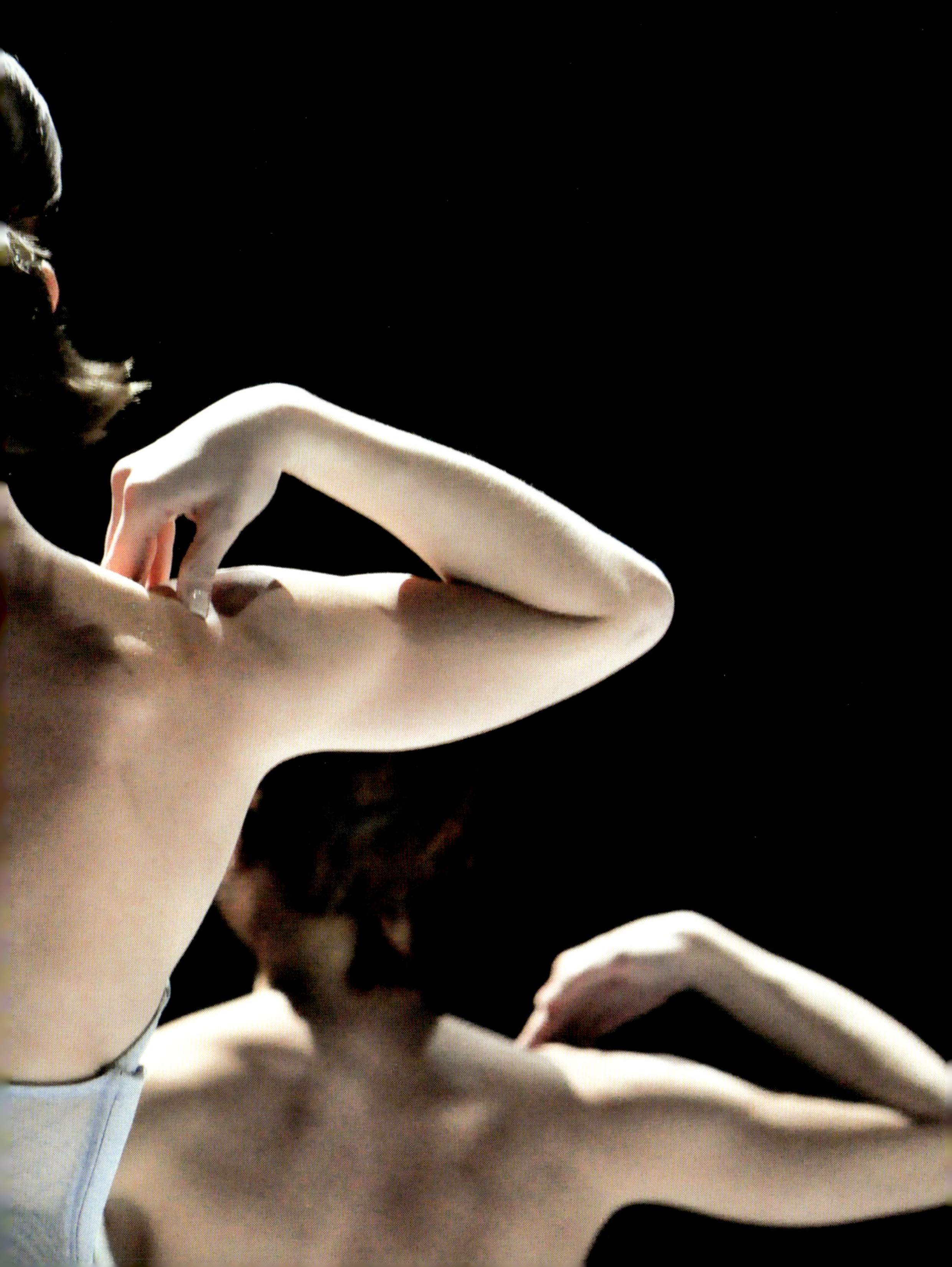

COREOGRAFIA/CHOREOGRAPHY **JOMAR MESQUITA COM COLABORAÇÃO DE
(IN COLLABORATION WITH) RODRIGO DE CASTRO**
MÚSICAS/MUSIC **MARINA DE LA RIVA, COMPOSIÇÃO DE (COMPOSED BY) SILVIO RODRÍGUES ("TE AMARÉ Y DESPUÉS");
RODRIGO LEÃO ("NO SE NADA"); CRIS SCABELLO (TEMA FINAL); CARTOLA, GRUPO PLANETANGOS ("AS ROSAS NÃO FALAM")**
FIGURINO/COSTUME DESIGN **CLÁUDIA SCHAPIRA**
ILUMINAÇÃO/LIGHT DESIGN **JOYCE DRUMMOND**
ESTREIA MUNDIAL/WORLD PREMIÈRE **2012, TEATRO GEO, SÃO PAULO**

Mamihlapinatapai

Supernova

COREOGRAFIA E FIGURINOS/CHOREOGRAPHY AND COSTUMES MARCO GOECKE
MÚSICAS/MUSIC PIERRE LOUIS GARCIA-LECCIA (OHIMÉ – FAIXA/ TRACK AKA),
ANTONY & THE JOHNSONS (ANOTHER WORD – FAIXA/ TRACK SHAKE THAT DEVIL)
REMONTAGEM/RESTAGING GIOVANNI DI PALMA
ILUMINAÇÃO ORIGINAL/ORIGINAL LIGHTING UDO HABERLAND
DRAMATURGIA/DRAMATURGY NADJA KADEL
ESTREIA MUNDIAL/WORLD PREMIÈRE 2009, SCAPINO BALLET ROTTERDAM, ROTERDÃ/ROTTERDAM
ESTREIA PELA SPCD/PREMIÈRE BY SPCD 2011, TEATRO ALFA, SÃO PAULO

In the middle, somewhat elevated

COREOGRAFIA, CENOGRAFIA, FIGURINO E ILUMINAÇÃO/CHOREOGRAPHY, SET, COSTUME AND LIGHT DESIGN **WILLIAM FORSYTHE**
MÚSICA /MUSIC THOM WILLEMS
REMONTAGEM/RESTAGING AGNÈS NOLTENIUS
ESTREIA MUNDIAL/WORLD PREMIERE 1987, BALLET DE L' OPÉRA DE PARIS, PARIS
ESTREIA PELA SPCD /PREMIÈRE BY SPCD 2012, TEATRO ALFA, SÃO PAULO

Por vos muero

COREOGRAFIA/CHOREOGRAPHY
NACHO DUATO
MÚSICAS/MUSIC **JORDI SAVALL – MÚSICA ANTIGA ESPANHOLA (ANTIQUE SPANISH MUSIC)**
DESENHO DE LUZ/LIGHT DESIGN **NICOLÁS FISCHTEL**
POEMA/POEM **GARCILASO DE LA VEGA (1501-1536)**
VOZ/VOICE **MIGUEL BOSÉ**
REMONTAGEM/RESTAGING
THOMAS KLEIN & TONY FABRE (1964-2013)
ORGANIZAÇÃO/ORGANIZATION **CARLOS ITURRIOZ MEDIART PRODUCCIONES SL (SPAIN)**
EXECUÇÃO DE CENÁRIO E FIGURINO/SET AND COSTUME DESIGN EXECUTION **FCR | FÁBIO BRANDO**
ESTREIA MUNDIAL/WORLD PREMIÈRE
1996, COMPAÑÍA NACIONAL DE DANZA, MADRI/MADRID
ESTREIA PELA SPCD /PREMIÈRE BY SPCD
2013, TEATRO SÉRGIO CARDOSO, SÃO PAULO

COREOGRAFIA E FIGURINO/CHOREOGRAPHY AND COSTUME DESIGN MARCO GOECKE
MÚSICA/MUSIC SIMPLE SYMPHONY, BENJAMIN BRITTEN (1913-1976), H.Y.V.Ä & SININEN JA VALKOINEN,
COM O CORAL (WITH THE CHOIR) MIESKUORO HUUTAJAT
DESENHO DE LUZ/LIGHT DESIGN UDO HABERLAND
DRAMATURGIA E ORGANIZAÇÃO/DRAMATURGY AND ORGANIZATION NADJA KADEL
EXECUÇÃO DE FIGURINOS PARA A SPCD /COSTUME DESIGN EXECUTION FOR SPCD THOMAS LAMPERTZ
COPRODUÇÃO/COPRODUCTION MOVIMENTOS FESTIVAL WOLFSBURG
ESTREIA MUNDIAL/WORLD PREMIÈRE 2013, WOLFSBURG

Peekaboo

Petite mort

COREOGRAFIA/CHOREOGRAPHY JIRÍ KYLIÁN
ASSISTENTE DE COREOGRAFIA/CHOREOGRAPHY
ASSISTANT PATRICK DELCROIX
MÚSICA/MUSIC WOLFGANG AMADEUS
MOZART (1756-1791), CONCERTO PARA PIANO
EM LÁ MAIOR KV 488 (ADAGIO) E CONCERTO
PARA PIANO EM SOL MAIOR KV 467 (ANDANTE)/
WOLFGANG AMADEUS MOZART,
PIANO CONCERTO N° 23 IN A MAJOR, KV 488
(ADAGIO) AND PIANO CONCERTO N° 21 IN
C MAJOR, KV 467 (ANDANTE)
CENOGRAFIA/SET DESIGN
JIRÍ KYLIÁN
DESENHO DE FIGURINO/COSTUME
DESIGN JOKE VISSER
DESENHO DE LUZ/LIGHT DESIGN JIRÍ KYLIÁN
(CONCEPÇÃO/DESIGN), JOOP CABOORT
(EXECUÇÃO/EXECUTION)
SUPERVISÃO TÉCNICA DE LUZ E PALCO/
TECHNICAL SUPERVISION AND STAGE
LIGHT KEES TJEBBES
REMONTAGEM/RESTAGING PATRICK DELCROIX
ESTREIA MUNDIAL/WORLD PREMIERE
1991, SALZBURGO/SALZBURG
ESTREIA PELA SPCD /PREMIERE BY SPCD
2013, TEATRO ALFA, SÃO PAULO

Grand pas de deux de Dom Quixote

COREOGRAFIA/CHOREOGRAPHY SPCD A PARTIR DO ORIGINAL DE (FROM THE ORIGINAL BY) MARIUS PETIPA (1818-1910)
MÚSICA/MUSIC LEON MINKUS (1826-1917)
FIGURINOS/COSTUME DESIGN TÂNIA AGRA
ESTREIA DA OBRA DE MARIUS PETIPA/WORLD PREMIÈRE OF MARIUS PETIPA'S WORK 1869, IMPERIAL BALLET, MOSCOU/MOSCOW
ESTREIA PELA SPCD /PREMIÈRE BY SPCD 2012, CENTRO CULTURAL OSCAR NIEMEYER, GOIÂNIA

Ballet 101

COREOGRAFIA/CHOREOGRAPHY **ERIC GAUTHIER**
NARRADOR/NARRATOR **WILLIAM MORAGAS**
REMONTAGEM/RESTAGING **RENATO ARISMENDI**
ESTREIA MUNDIAL/WORLD PREMIÈRE 2006, **NOVERRE GESELLSCHAFT STUTTGART, STUTTGART**
ESTREIA PELA SPCD /PREMIÈRE BY SPCD 2012, **TEATRO MUNICIPAL DR. LOSSO NETTO, PIRACICABA**

COREOGRAFIA/CHOREOGRAPHY
RODRIGO PEDERNEIRAS
MÚSICA/MUSIC BACHIANAS BRASILEIRAS Nº 1,
HEITOR VILLA-LOBOS (1887-1959)
EXECUÇÃO/EXECUTION VIOLONCELISTAS DA OSESP
(ORQUESTRA SINFÔNICA DO ESTADO DE SÃO PAULO)
COM PARTICIPAÇÃO ESPECIAL DE ANTONIO MENESES
E REGÊNCIA DE ROBERTO MINCZUK
(GRAVAÇÃO SELO BIS, 2003)/(OSESP CELLISTS AND
GUEST MUSICIAN ANTONIO MENEZES CONDUCTED
BY ROBERTO MINCUK)
ILUMINAÇÃO/LIGHT DESIGN GABRIEL PEDERNEIRAS
FIGURINOS/COSTUME DESIGN
MARIA LUIZA MALHEIROS MAGALHÃES
ASSISTENTE DE COREOGRAFIA/CHOREOGRAPHY
ASSISTANT ANA PAULA CANÇADO
ESTREIA MUNDIAL/WORLD PREMIÈRE 2012, TEATRO
MUNICIPAL DR. LOSSO NETTO, PIRACICABA

Bachiana nº 1

Vadiando

COREOGRAFIA/CHOREOGRAPHY
ANA VITÓRIA
ASSISTENTE DE COREOGRAFIA/CHOREOGRAPHY ASSISTANT
RENATA COSTA
TRILHA ORIGINAL/ORIGINAL SOUNDTRACK
JORGE PEÑA & CÉLIO BARROS
ASSISTENTE DE COMPOSIÇÃO/COMPOSITION ASSISTANT
NATÁLIA FAGÁ
FIGURINOS/COSTUME DESIGN **SONIA USHIYAMA**
CONCEPÇÃO CENOGRÁFICA E VÍDEOS/SET AND VIDEOS DESIGN
CARMEN LUZ
DESENVOLVIMENTO DE CENÁRIO/SET DESIGN DEVELOPMENT
MARCOS ARRUZZO & ALVARO SOUZA
EDIÇÃO DE VÍDEOS/VIDEO EDITING
GUIDO MARCONDES & CARMEN LUZ
FILME/MOVIE **ALEXANDRE ROBATTO**
ILUMINAÇÃO/LIGHT DESIGN **WAGNER FREIRE**
ESTREIA MUNDIAL/WORLD PREMIÈRE
2013, TEATRO SÉRGIO CARDOSO, SÃO PAULO

ENCENAÇÃO E COREOGRAFIA/STAGING AND CHOREOGRAPHY GIOVANNI DI PALMA
CENÁRIO E FIGURINO/SET AND COSTUME DESIGN JÉRÔME KAPLAN
MÚSICA/MUSIC SERGEI PROKOFIEV (1891-1953)
DESENHO DE LUZ/LIGHT DESIGN UDO HABERLAND
DRAMATURGIA/DRAMATURGY NADJA KADEL
ESTREIA MUNDIAL/WORLD PREMIÈRE 2013, TEATRO SÉRGIO CARDOSO, SÃO PAULO

Romeu e Julieta

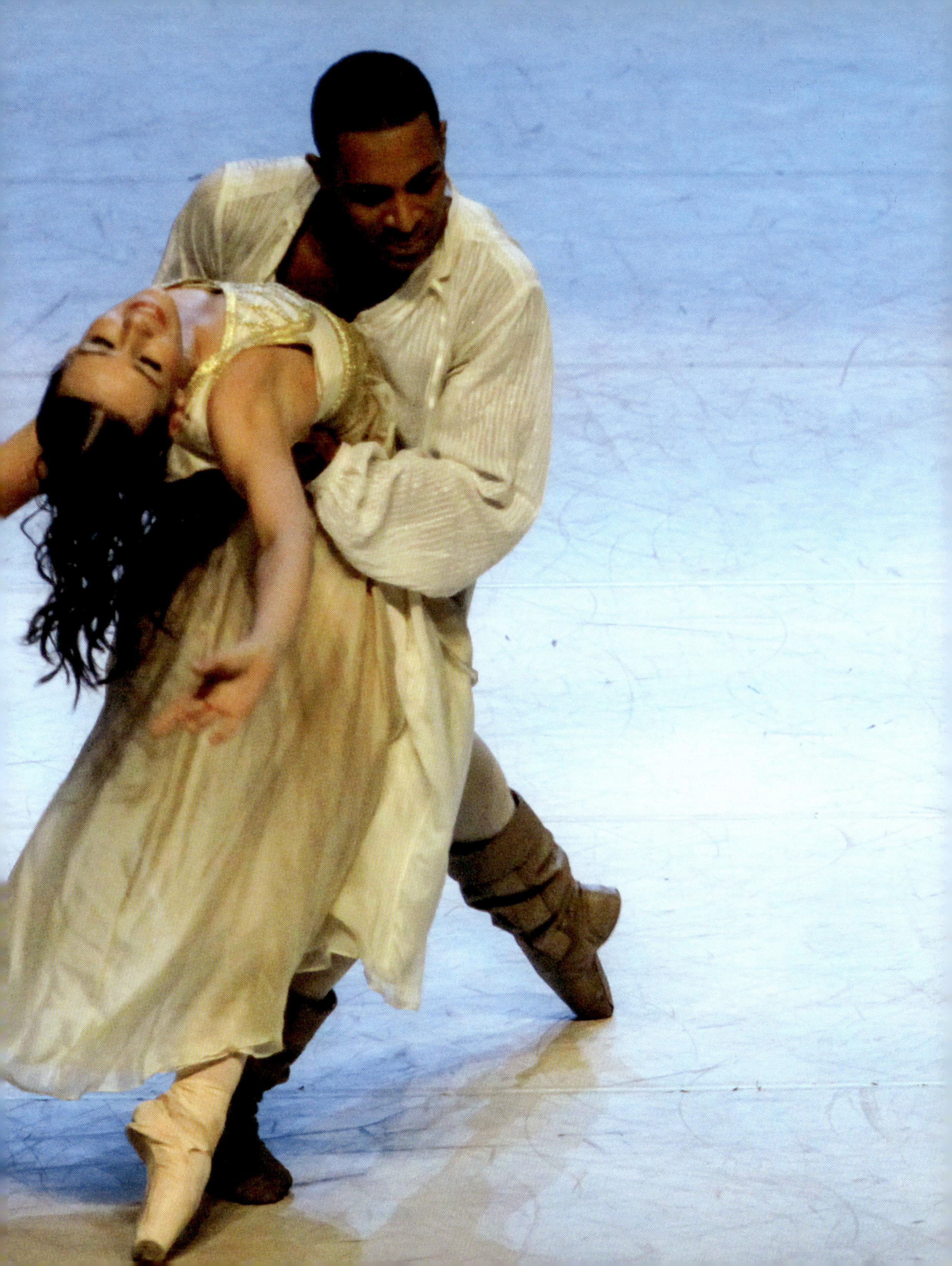

COREOGRAFIA/CHOREOGRAPHY NACHO DUATO
MÚSICA/MUSIC HASSAN HAKMOUN, ADAM RUDOLPH, JUAN ALBERTO ARTECHE, JAVIER PAXARIÑO, RABIH ABOU-KHALIL, VELEZ, KUSUR E SARKISSIAN
REMONTAGEM/RESTAGING HILDE KOCH & TONY FABRE (1964-2013)
FIGURINOS/COSTUME DESIGN LUIS DEVOTA & MODESTO LOMBA
ILUMINAÇÃO/LIGHT DESIGN NICOLÁS FISCHTEL
ORGANIZAÇÃO E PRODUÇÃO ORIGINAL/ORGANIZATION AND ORIGINAL PRODUCTION CARLOS ITURRIOZ MEDIART PRODUCCIONES SL (SPAIN)
ESTREIA MUNDIAL/WORLD PREMIÈRE 2005, HUBBARD STREET DANCE CHICAGO, CHICAGO
ESTREIA PELA SPCD /PREMIÈRE BY SPCD 2009, TEATRO SÉRGIO CARDOSO, SÃO PAULO

Gnawa

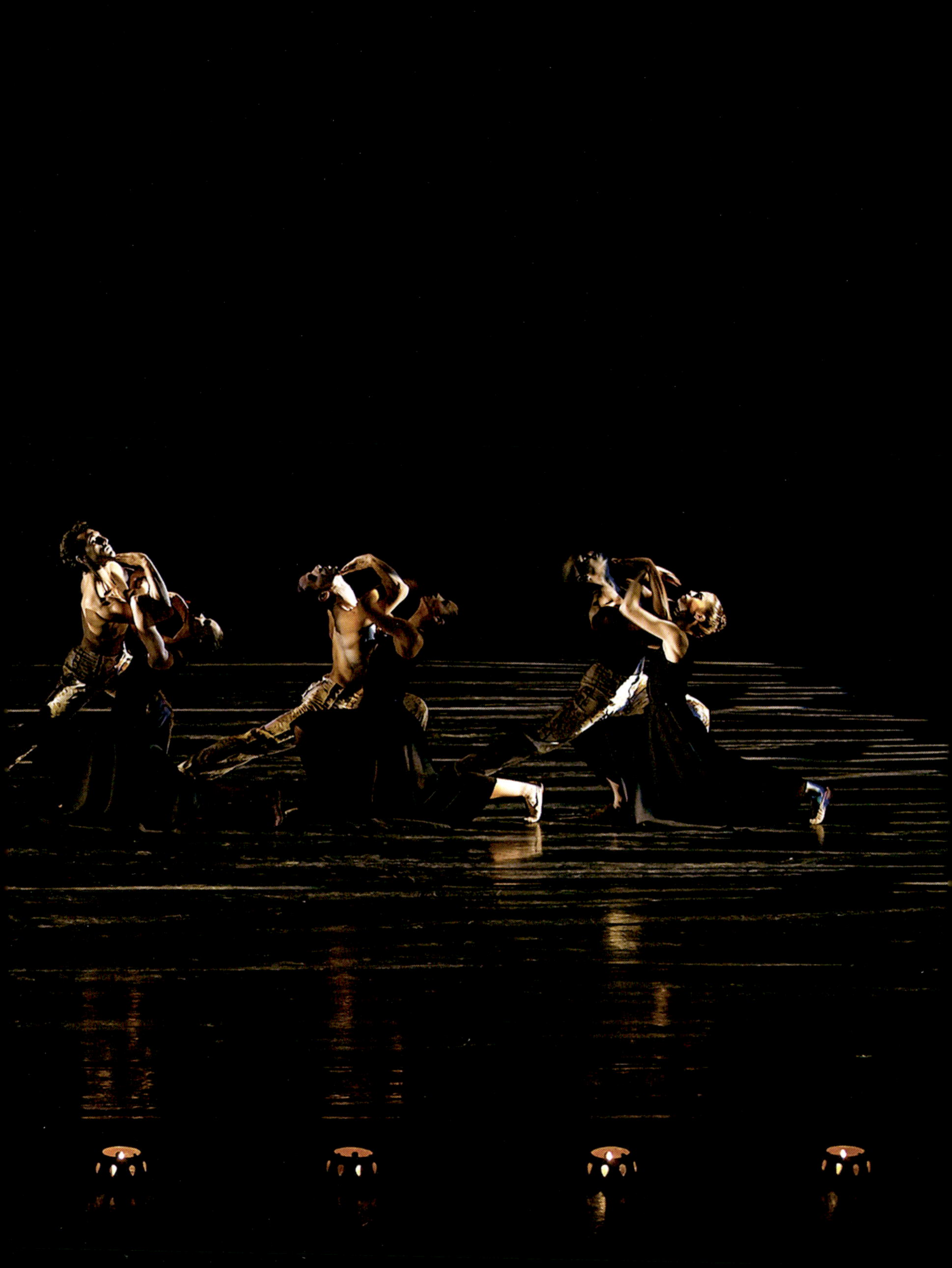

Olhares
Seleção de críticas e ensaios 2014

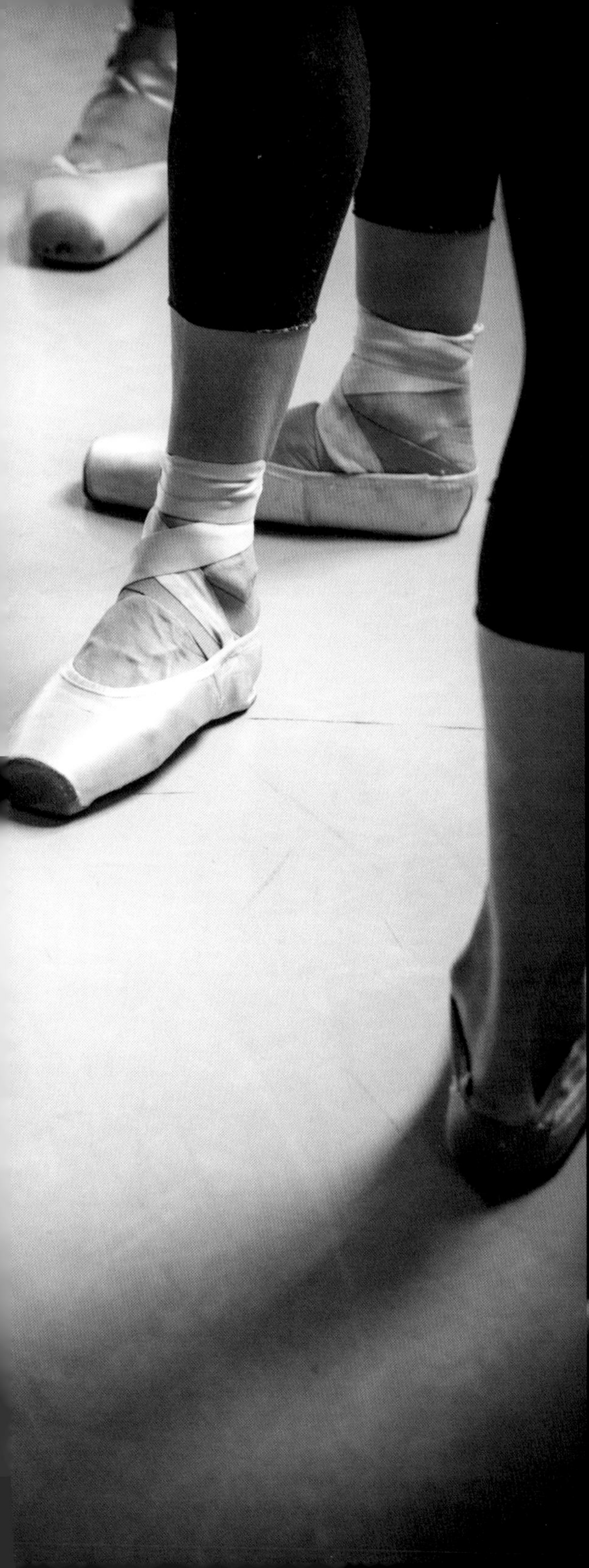
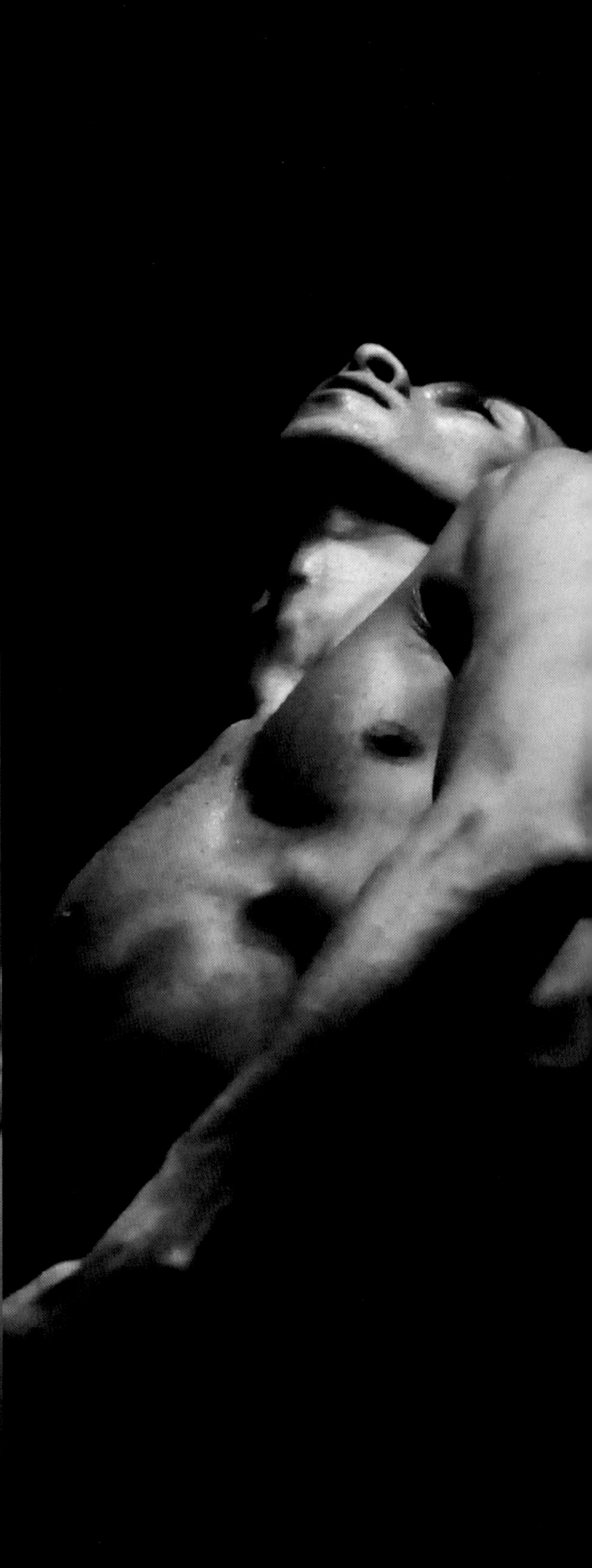

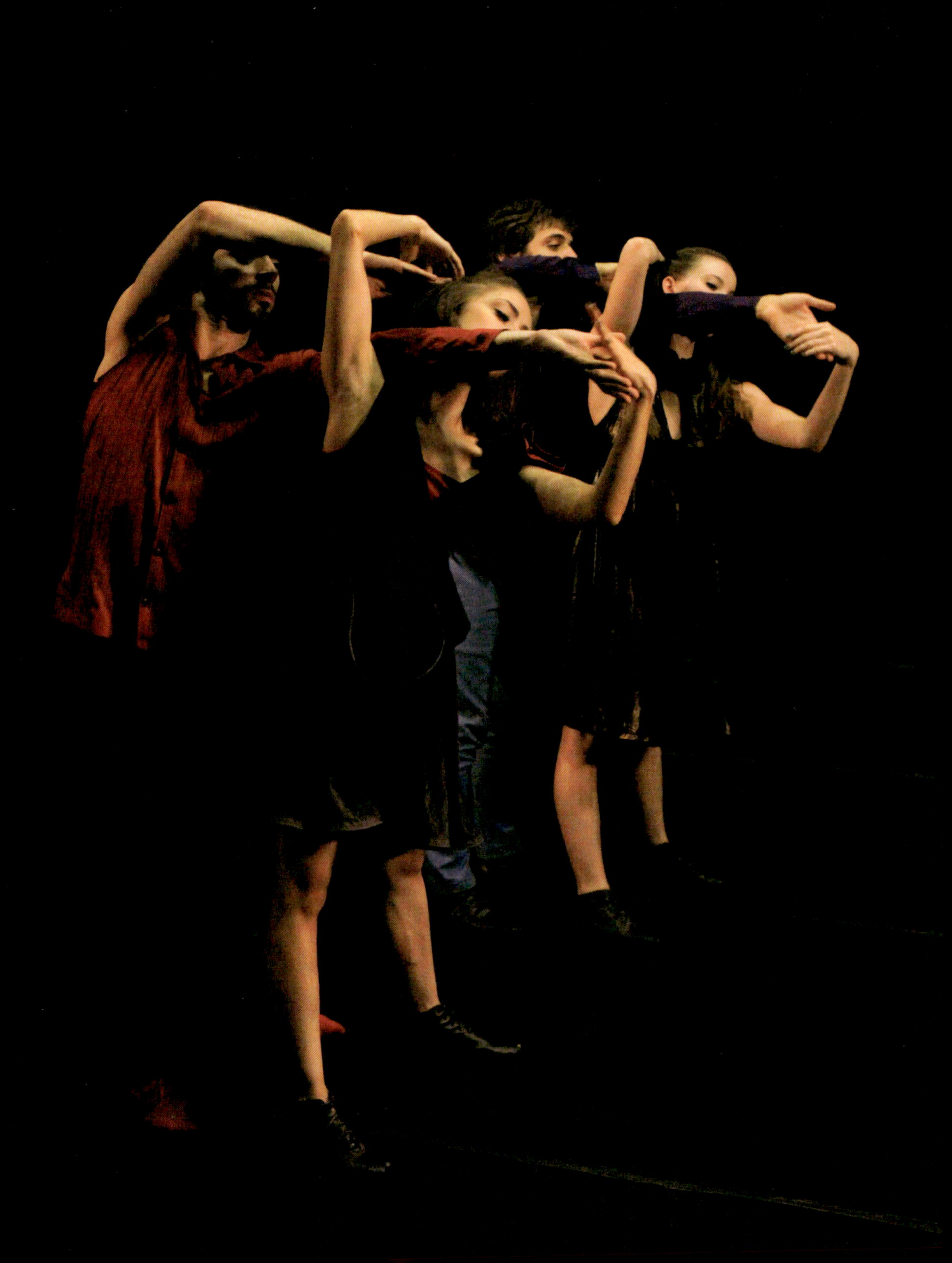

SÃO PAULO COMPANHIA DE DANÇA: UM BALANÇO
ROLAND CLAUZET, *La Danse*

Em apenas cinco anos de existência, a São Paulo Companhia de Dança produziu 27 ou 29 coreografias, fruto de um trabalho conduzido com sabedoria e cautela. Ontem mesmo, ela enfrentava com êxito o desafiador *In the middle, somewhat elevated,* de Forsythe, que, sendo de certa forma o protótipo da integração bem-sucedida da dança clássica com a contemporânea, situa bem as possibilidades da companhia. Eles são pouco mais de 40 bailarinos, mas todos perfeitamente aptos a se dedicar com mestria a ambas as expressões.

Hoje, pela primeira vez, a companhia incorpora um grande balé de ação em seu repertório, e não é pouca coisa: o *Romeu e Julieta* com música de Prokofiev. Essa nova produção é exemplar. Deve-se ao jovem coreógrafo [italiano] Giovanni Di Palma, que, me parece, é pouco conhecido na França, apesar de ter dançado na Ópera de Nice, no Ballet de Dresden e no de Leipzig. Sua carreira de diretor é menos conhecida entre nós, tendo se exercido principalmente no Japão, desde 2005, como professor e coreógrafo. De qualquer modo, ele demonstra aqui, com essa coreografia, um verdadeiro talento teatral para criar o elo entre as sequências, dando força e coesão ao enredo, assim como fácil legibilidade à obra. Nisso é ajudado pelos cenários de Jérôme Kaplan, simples e leves, de maneira que se sucedem num ritmo harmonioso debaixo de jogos de luz que os tornam mais evocativos. Os trajes luxuosos, que definem de modo agradável o clima renascentista do balé, também foram elaborados por Kaplan, cujo hábil e belo trabalho deve ser ressaltado. Foi necessário, no entanto, retalhar a opulenta partitura de Prokofiev, reduzindo sua duração para uma hora e 30 minutos, de modo que a trupe, relativamente pequena, pudesse ilustrá-la sem prejudicar o ritmo. Essa amputação de quase uma hora constitui realmente uma perda musical, mas o coreógrafo tira proveito em favor da dança e do drama, de maneira que este, assim condensado, se torne mais intenso. Cada personagem é colocada em destaque, muito mais bem caracterizada do que se estivesse cercada pelos numerosos figurantes que ocupam o palco quando o balé é montado em sua integralidade. Os bailarinos também foram preparados com aulas de arte dramática e – fato que não se deve menosprezar, haja vista o ardor dos rapazes em manejar a espada nos duelos – por um mestre de armas.

Por ser decididamente sem pretensão inovadora, a coreografia de Giovanni Di Palma não é menos inteligente; antes, ela é sempre expressiva e pertinente – qualidades que muitos "gênios" da dança contemporânea ignoram com soberba, sem que seus admiradores aparvalhados aceitem avaliar quanto estão perdendo. Em uma palavra, é belíssima.

Eu não saberia dizer se a influência do *Romeu e Julieta* de John Cranko [1927-1973], que Di Palma dançou e até montou, se faz sentir (não conheço essa coreografia, que, entretanto, dizem ser exemplar). Em compensação, posso assegurar que a naturalidade e a fluidez do trabalho habitual de Cranko são as primeiras qualidades aqui manifestadas por Di Palma.

Estamos distantes das variações terrivelmente difíceis que [Kenneth] MacMillan [1929-1992] e, sobretudo, [Rudolf] Nureyev [1938-1993] espalharam na mesma obra. O coreógrafo quis provavelmente poupar um pouco a jovem trupe; não nos queixaremos, visto que a ação teatral se torna assim mais viva e a dança, aperfeiçoada. Notaremos, no entanto, que os *pas de deux* dos dois protagonistas não são nada fáceis, particularmente na cena do túmulo que, ela sim, evoca a realização de MacMillan e, mais ainda, a de Nureyev.

Dois casais se revezam na distribuição alternada. Um deles se caracteriza por um Romeu negro. Mas o certo é que, escolhido ou não com esse propósito (além de suas qualidades), o belo bailarino Nielson Souza enriquece o comportamento psicológico de Julieta quando ela descobre tal amor súbito e o sentimento da diferença. Nesse ponto, lamentei que o coreógrafo não tivesse sublinhado melhor o amor à primeira vista, como fazem outras produções.

A Julieta de Aline Campos é muito bonita, com pernas e pés excepcionais; ela é convincente nos momentos de abandono nos braços do amado, e o final trágico dos dois é totalmente acertado. Eles, com seus físicos magníficos, dão a perfeita imagem dos amantes de Verona. A única crítica que poderíamos formular seria um excesso de aplicação que às vezes transparece na dança, e cuja explicação reside talvez na preocupação de conciliar a dança com a expressão teatral.

O outro casal, menos físico, é, por outro lado, a própria imagem da paixão; sentimos neles o arrebatamento que os transporta. Ela, Luiza Lopes, é maravilhosa de frescor, com um trabalho das pernas e dos braços e uma elasticidade do busto que podem ser vistos nas grandes bailarinas. Lúcio Kalbusch é um Romeu brilhante, com qualidades técnicas plenamente desenvolvidas. No quadro final do túmulo, ele manipula o corpo abandonado de Julieta, que ele acredita morta, não apenas com virtuosismo (Nielson Souza, na outra distribuição, o fazia igualmente muito bem), mas também acrescentando intenso desespero, coisa difícil naquele momento coreográfico extremamente perigoso. Magnífico final com o qual Lúcio e Luiza nos arrancam lágrimas! São de uma juventude tão bela, são tão bem unidos, tão impregnados de lirismo, que não podemos imaginar que um ou outro possa combinar tão perfeitamente com outro parceiro.

Devemos elogiar sem restrições o resto das duas distribuições. Para começar, os dois Mercúcios (Diego de Paula e Rodolfo Saraiva), brilhantes, cheios de charme e divertidos, o segundo talvez com mais zombaria. As duas intérpretes da sra. Capuleto (Ana Paula Camargo e Fabiana Ikehara) expressam bem o ódio e a agressividade, sendo perfeitas no seu lamento sobre o corpo de Teobaldo. Para o papel de Teobaldo, um único intérprete: Geivison Moreira, com bela galhardia, força e virtuosismo. Recém-chegado à companhia, trata-se de recruta de grande qualidade. Também única intérprete no papel da Ama, aqui mais desenvolvido do que de costume, Beatriz Hack lhe confere muito relevo. Fazer Frei Lourenço dançar no seu hábito de monge nunca foi fácil em nenhuma das produções anteriores, e Lucas Valente se sai com autoridade, evitando a grandiloquência. O Benvólio de André Grippi completa bem os *pas de trois*, em perfeito acordo, e Joca Antunes faz um Páris nobre e frio como se deve. Gostaria de assinalar o papel de um pequeno servidor, ou jovem pajem malicioso, provável companheiro de infância de Julieta que eu não lembro ter visto em outras produções do balé – talvez uma feliz inovação do coreógrafo. A utilidade dele se limita a servir de cavalheiro à jovem no apartamento dela na sua primeira aparição, ou para justificar as divertidas mímicas da ama, preocupada em mantê-lo dentro das boas maneiras. Como eu já disse, Giovanni Di Palma delineia a personalidade de cada personagem que ele valoriza; é o caso do papel desse pequeno pajem, que termina com uma variação virtuosa muito breve, mas na qual cada um dos intérpretes do papel, os encantadores Yoshi Suzuki e Murilo Gabriel, muito brilhantes, recolhem os aplausos da sala. Lastimo, no entanto, que o papel de Rosalinda, pouco diferenciado ao lado das outras moças, não permita à excelente Isabela Maylart sobressair.

    O que mais dizer sobre esse espetáculo notável? É verdade que sempre existe a possibilidade de alcançar um nível mais alto, e podemos presumir que, após outro ano de trabalho, a trupe se exibirá com mais brilho ainda na criação de *La Sylphide* (Bournonville), prevista para 2014. Mas, desde já, devemos afirmar que, além da São Paulo Companhia de Dança, provavelmente não existe alguma no Brasil que seja melhor vitrine da dança clássica

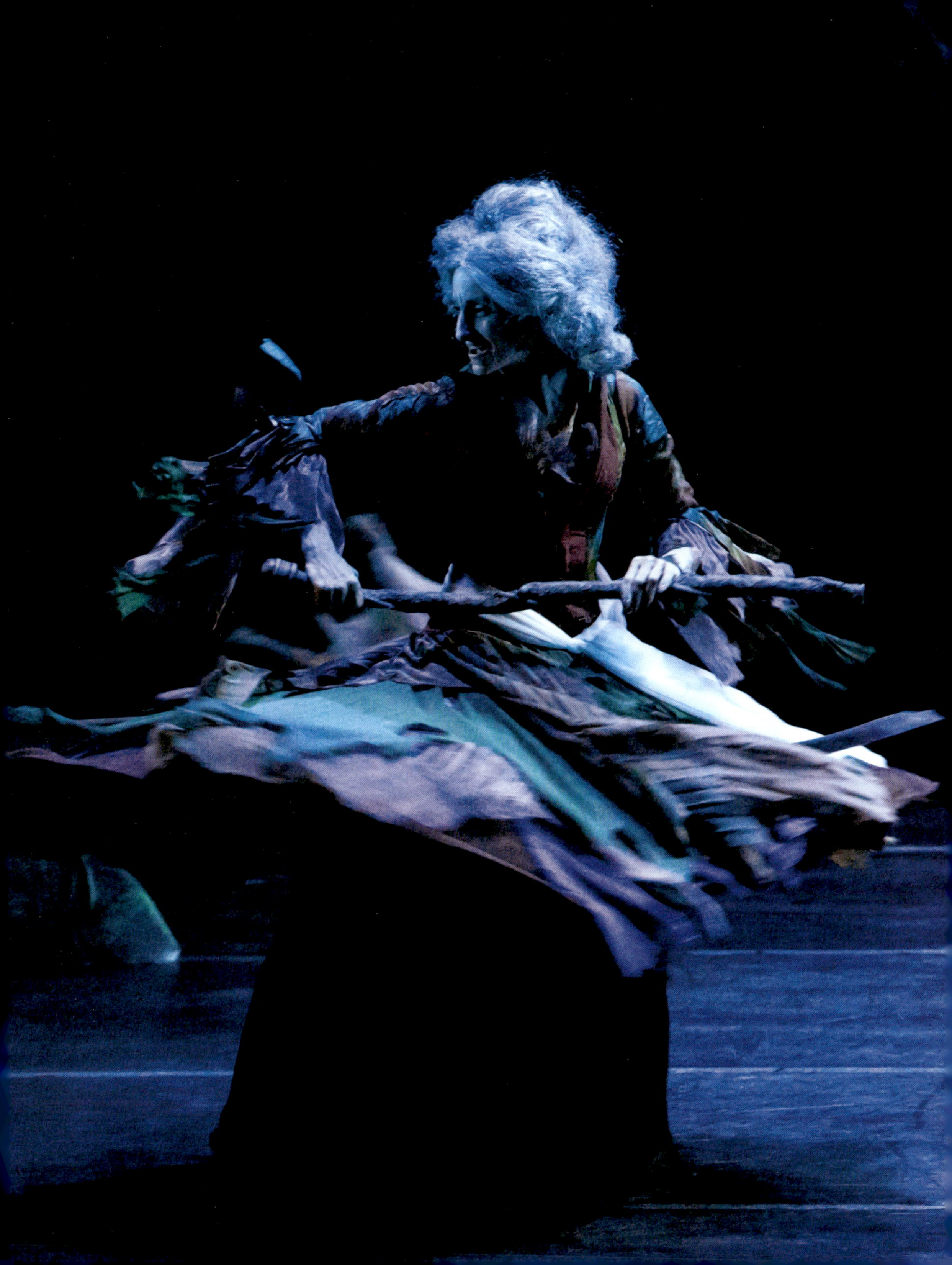

e, ao mesmo tempo, da dança contemporânea. Nunca será demais afirmar o mérito digno de admiração de Inês Bogéa, a diretora, que guia suas trupes com mão firme e constrói para elas um repertório particularmente rico e judicioso. Esse resultado brilhante, obtido em cinco anos, é particularmente admirável, vindo dessa mulher pequenina, de aparência tão frágil que a veríamos, mais facilmente, dançando o papel de Giselle.

La Danse, *Paris, janeiro de 2014*

DANÇA CLÁSSICA E ELEGANTE
A São Paulo Companhia de Dança impressiona com Romeu e Julieta.
O clássico de Shakespeare é o primeiro ballet completo de Giovanni Di Palma
VOLKMAR DRAEGER, *Tanznetz.de*

São Paulo é bem distante da romântica cidade de Verona, na Itália. Mas, mesmo no Brasil, a história de amor de *Romeu e Julieta* revive e emociona, sendo aqui recriada e coreografada por Giovanni Di Palma. Por muitos anos o protagonista nas criações de Uwe Scholz [1958-2004] em Leipzig, Di Palma agora é encenador e coreógrafo na São Paulo Companhia de Dança, criada em 2008 pelo Governo do Estado de São Paulo, que já recebeu convidados especiais, como o coreógrafo contemporâneo Marco Goecke.

Romeu e Julieta é o primeiro ballet clássico de noite inteira de Giovanni Di Palma. Diferentemente da história original, que tinha duração de duas horas e meia, o coreógrafo buscou uma estrutura mais enxuta e chegou um espetáculo de 80 minutos – o público brasileiro ainda não está acostumado com produções longas.

Sem abertura, o primeiro ato se inicia com a reunião de jovens que pelejam em meio a um cenário antigo, característico da época e recriado por Jérôme Kaplan, que usou principalmente tecidos leves, portões e pilares arredondados. A dança pacífica dos Montecchio acaba no momento em que Teobaldo saca de seu florete quando ele e outros são incomodados por Mercúcio e sua pena. Frei Lourenço procura apaziguar os inimigos, mas sabe da situação tensa que vivem. Di Palma impôs muita técnica a seus intérpretes, bailarinos clássicos jovens, talentosos e bem treinados; o figurino e a dança são prazerosos de assistir. Mesmo o servo, que apenas cuida das máscaras na casa dos Capuleto, realiza a apresentação solo com leveza. Durante a festa, a dança dos cavalheiros é conduzida pelos homens da família Capuleto, que têm sempre a mão no cabo do florete, sempre dispostos para lutar. Já tarde, Julieta, até aquele momento prometida ao conde Páris, avista o "seu" Romeu. Inesperadamente, o jovem Montecchio a tem nos braços. Isso muda tudo. Seu dueto continuamente alinha o grupo – o mundo em constante movimento, de modo que o grupo todo forma uma encenação vibrante.

O palco livre com colunas de dois andares, iguais às do mercado em Pompeia, na Itália, acolhe cena da varanda. Mais cedo no mesmo cenário, Teobaldo perseguiu Mercúcio e Benvólio; a ameaça é sempre latente. Julieta, em seu balanço na varanda, não resiste e encontra o admirador, dançando apaixonadamente até o primeiro beijo. Essa, como outras cenas, varia entre momentos de emoção, já conhecidos de outras versões. Imagens curtas iniciam o segundo ato. Romeu assiste detrás de uma cortina transparente enquanto Julieta confia uma carta à Ama. O amado corre com o bilhete até a cela de frei Lourenço, indicado por uma porta e um feixe de luz. O frade abençoa o casal, que poderia ter final feliz. No entanto, a antiga rivalidade tem desfecho conhecido: Teobaldo golpeia três vezes a mão de Romeu e mata Mercúcio no instante em que este tenta proteger Romeu.

Com a bênção de Deus, Mercúcio dá o último suspiro com um solo célebre, seguido da morte de Teobaldo em razão da cólera de Romeu. Julieta, por sua vez, observa pela cortina transparente – uma nova ideia – o duelo, e fica sabendo das duas mortes no momento em que Romeu reaparece. Nesse clima tenso, cheio de angústia, decorre a primeira noite, com muita dança envolvente e muitas elevações.

O fato de o conde Páris não ter sido claramente rejeitado por Julieta é agora talvez de lamentar: ele logo segura a mão da relutante prometida. Frei Lourenço recebe a menina em sua cela, pronto com a poção de veneno que preparou para o reconfortante fim. A dança do lírio com as donzelas no dia do casamento, assim como a imagem do Carnaval, marca os traços musicais dramáticos. Harmoniosamente, a atenção move-se para as duas cenas do veneno: à esquerda, no fundo do cenário, está Julieta lutando pela vida; mais à frente, as amigas, a mãe e Páris a aguardam dançando. Criaturas encapuzadas cientes de seu destino a levam sem vida à sepultura.

Desesperado, Romeu encontra Páris de luto na tumba da amada, tenta revivê-la na dança, bebe do veneno e, com Julieta desperta, desfruta os últimos instantes de dueto, quando morre nos braços da jovem. Um fim sereno, tenso, solitário: Julieta apanha a adaga de Romeu e apunhala-se no coração, instantes antes de a luz se apagar e a música silenciar. A reconciliação das famílias rivais nunca acontecerá.

Com uma versão clássica e bem conduzida, Giovanni Di Palma apresenta os benefícios da dança rigorosa resumida às ações essenciais. Registre-se o fato de que alguns pontos poderiam ser mais explícitos. No entanto, um coreógrafo merece muita consideração se escolhe para primeiro balé narrativo uma intrigante história internacional com várias releituras como *Romeu e Julieta* e ainda oferece interpretação coerente. Nossos cumprimentos aos jovens bailarinos, especialmente à delicada e tão segura Aline Campos como Julieta, ao elegante Nielson

Souza como Romeu, a Diego de Paula como o intenso Mercúcio, a Geivison Moreira como o enérgico Teobaldo. Até mesmo Páris, muitas vezes caracterizado como aristocrata pouco atraente, é igualmente importante, assim como todos os outros bailarinos: magros, de pernas longas, bem preparados – uma verdadeira festa para os olhos.

Tanznetz.de, *Alemanha, 14 de janeiro de 2014*

SÃO PAULO COMPANHIA DE DANÇA – SUCESSO DE PÚBLICO
Como o revolucionário rapidamente se transforma em trivial
GABI ELDOR, *Haaretz*

Quando mencionam a palavra Brasil, você já se apaixona pela música, pelo idioma, pelo ritmo. É como se todos soubéssemos exatamente qual é a sensação visual e auditiva, como as pessoas são bonitas, quanto elas se mostram musicais e sensíveis. E como é grande a pobreza, e como são as favelas, e como o futebol deles é assunto pelo qual se pode morrer, caso você seja apaixonado pelo esporte.

Por isso, quando chega uma companhia de São Paulo, as expectativas são altas. A São Paulo Companhia de Dança se apresenta na programação de dança do Pavilhão das Artes Cênicas, em Hertzliya [na Grande Tel Aviv], que já tem público cativo – pessoas sérias e fiéis à arte, que vão prestigiar e assistir aos espetáculos de dança para se deleitar, sem pretenderem fazer perguntas existenciais nem definir o que estão vendo. Bailarinos bonitos, técnica excepcional, música renomada e programação diversificada. Sucesso de público.

Um dos problemas do repertório da São Paulo é o fato de despertar o desejo de dançar da melhor forma possível, da maneira mais precisa e "bela" – não há outra vontade. Não há necessidade de uma ideia motivadora, de uma visão de mundo nem da originalidade da vivência do espaço, do palco, do movimento.

Conceitos coreográficos conhecidos

Dessa vez, a companhia apresentou três obras: a primeira para a *Bachiana brasileira nº 1*, de Villa-Lobos – música conhecida e apreciada.

A dança [coreografia de Rodrigo Pederneiras] é pautada pela estrutura musical e se adapta a ela. A dança é abstrata, não relata uma história, com exceção do momento em que ocorre o dueto entre um homem e uma mulher no palco, dueto que é imediatamente chamado dueto do amor.

A execução é vigorosa, os bailarinos são flexíveis e fortes, os conceitos coreográficos são conhecidos e não exigem esforço de interpretação. Quadris soltos possibilitam virtuosismo na elevação alta e rápida das pernas. A terceira parte, a pausa, foi menos intempestiva, e algo da delicadeza e do silêncio repentino permitiu outro estado de atenção, talvez até mais interessante.

Sobre a segunda peça, de Nacho Duato, *Gnawa*, cria-se de imediato a impressão de um ritual religioso antigo. Mas não havia muito de religioso na entrada imponente de toda a companhia, com os bailarinos carregando pequenas chamas e as colocando na escuridão, que, então, estava iluminada pelas luzes das velas situadas na frente do palco, enquanto a dança continuava mais atrás.

Movimentos amplos e tocantes – de mulheres com vestidos pretos e homens de calças mas torso nu –, executados em conjunto, de forma magnífica. Os detalhes dos movimentos desaparecem na penumbra, embora ainda seja possível identificar a amplitude deles e a dedicação com que os realizam.

Perto do final, ocorre outro dueto acrobático dos enamorados, com conotações sexuais explícitas. Mas, sendo um ritual, como mencionado, há que se deduzir que se trata de uma cerimônia religiosa. O grupo se aproxima vagarosamente, pega as velas, e todo ele recua para o fundo do palco, agachando-se, talvez de joelhos. A santificação está completa.

Intervalo temporário
A terceira peça a ser apresentada no palco, depois de longo intervalo, é a obra-prima de William Forsythe, *In the middle, somewhat elevated*.

Sobre esse trabalho, que foi encenado e apresentado pela primeira vez na Ópera de Paris em 1987, Forsythe, um dos criadores mais interessantes deste século, escreveu: "A dança contém variações no sentido mais literal da palavra. Explorando os vestígios da virtuosidade acadêmica que ainda significam o 'clássico', ela amplia e acelera as figuras tradicionais do balé. Por meio de uma mudança no alinhamento e na ênfase de transações essencialmente verticais, os encadeamentos afetados recebem uma força inesperada e um impulso que os fazem parecer estranhos às próprias origens".

E, de fato, a companhia desempenha com fidelidade e precisão as instruções da coreografia, embora nesse caso não seja suficiente. Fica faltando aquela perpendicularidade acadêmica à qual a visão do espectador de balé está acostumada, e tirar alguns minutos que carecem tanto da pungência como da fúria que povoam a obra genial de Forsythe.

O público sem dúvida se deleita, e observei como o revolucionário rapidamente se transforma em trivial; como a música metálica batida e desarmônica de Thom Willems já não incomoda o educado público; e como, na verdade, passa a ser normal assistir a uma dança com prazer.

Haaretz, *Tel Aviv, 14 de maio de 2014*

TRÊS SURPRESAS AGRADÁVEIS
A São Paulo Companhia de Dança sabe adaptar as criações dos melhores coreógrafos ao grande público e, com êxito, ousa e emociona
ANAT ZAHARIA, *Yediot Ahronot*

A São Paulo Companhia de Dança é um grupo de repertório variado, o que quer dizer que não cria mas certamente sabe usar as criações dos melhores coreógrafos, adaptando-as aos bailarinos e com elas montando um programa acessível ao público. Essa atitude artística se valida sozinha com escolhas *mainstream* que transitam num espectro maleável, que vai da dança neoclássica à dança contemporânea, sem escorregar para um populismo excessivo. Isso, por si só, impressiona.

Dessa vez, a companhia apresentou três obras: a primeira para a *Bachiana nº 1*, de Rodrigo Pederneiras, música de Heitor Villa-Lobos, um dos maiores compositores brasileiros, que de certo modo mescla o estilo de contraponto de Bach com motivos populares de seu país, criando assim um espaço impetuoso.

Como movimentos contínuos e cruzados de um pincel, os bailarinos cortam o ar e erguem as pernas com facilidade e leveza, até que tudo se mistura e gera um resultado que parece poder continuar eternamente ou ser interrompido a qualquer momento. Nesse meio-tempo, ocorre um dueto tenso e bastante longo entre um homem e uma mulher – não há distância, e a aproximação corporal é quase obrigatória, repleta de encontros e desencontros, certezas e hesitações. No final, um corpo se balança sobre outro corpo dentro de uma depressão instalada no palco, aumenta o ritmo, e aí é sugado para dentro da escuridão, desaparecendo.

A segunda obra, *Gnawa*, do coreógrafo espanhol Nacho Duato, criou a sensação de um antigo ritual religioso. O momento mais belo foi quando o corpo de baile foi aprisionado dentro de um círculo de luz no fundo

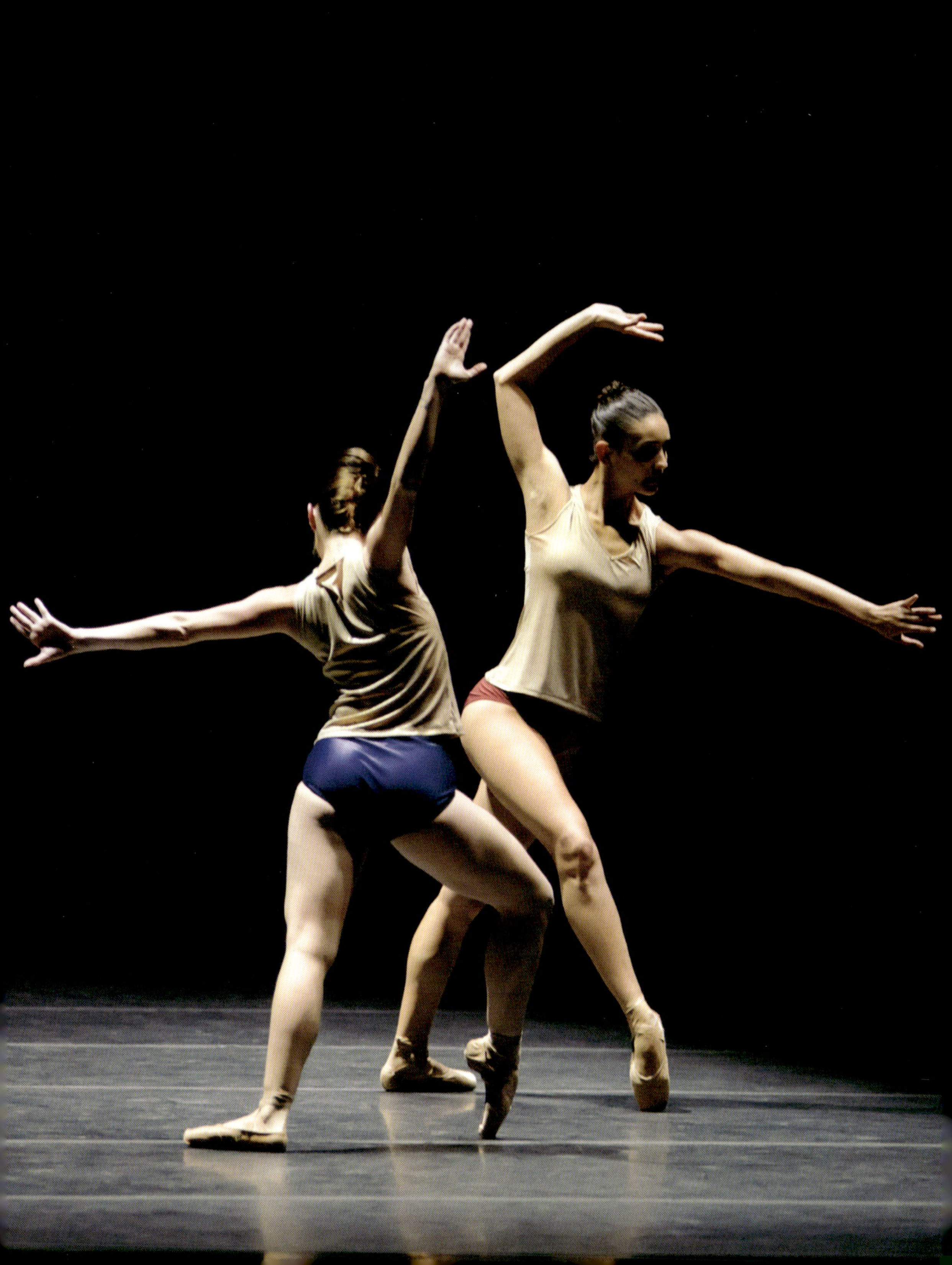

do palco, num turbilhão repentino. O movimento na roda criou um sentimento de fraternidade e confiança mútua.

A terceira apresentação é a obra-prima de William Forsythe, *In the middle, somewhat elevated*. Forsythe usou as formas tradicionais do balé clássico e fez delas uma escola, ou seja, criou variações com base nelas. A técnica da ponta dos pés é sempre um eixo, uma âncora para a grande dança, e vem a sensação constante de que Forsythe sai da linha original e volta a ela em momentos específicos. Tudo se movimenta entre a vontade de dançar e a capacidade de ousar dentro da música metálica, algo quase impossível. Foi maravilhoso.

Yediot Ahronot, *Tel Aviv, 15 de maio de 2014*

AMOR ETÉREO

PETER ROSENWALD, *Brasil Post*

Todo mundo adora contos de fadas, até aqueles com final triste. Eles nos convidam a escapar para o mundo mágico dos espíritos, onde tudo é possível.

Quando encenados com luxo em produções de balé, o público corre para desfrutá-los. Por que outro motivo *O quebra-nozes* seria um eterno favorito de Natal, ou *A Bela Adormecida* e *Coppélia* teriam sucesso com públicos jovens e maduros?

Agora, no confortável Teatro Sérgio Cardoso, em São Paulo, longe de todo o ruído e excitação furiosa da Copa, a São Paulo Companhia de Dança (SPCD) estreou seu suntuoso *La Sylphide*, a remontagem sensível pelo coreógrafo argentino Mario Galizzi da obra-prima clássica de 1836 do mestre do balé dinamarquês August Bournonville. Por todos os critérios uma pedra de toque do balé romântico, *La Sylphide* exige dos bailarinos um alto nível de capacidade artística e técnica. Sua apresentação é um teste supremo para companhias de balé e seus integrantes.

A SPCD passou no teste com honras e recebeu o aplauso entusiasmado da casa lotada, o tipo de público amplo e diversificado que a companhia se dedica a desenvolver. Segundo Inês Bogéa, diretora artística e farol condutor da SPCD, "não é frequente vermos balé realmente clássico aqui. Com clássicos como este, poderíamos encher o teatro todas as noites. É muito mais fácil de vender do que obras mais modernas".

Inês é totalmente dedicada a promover sua companhia de dança, a dança em geral e, não por acaso, seu merecido lugar no firmamento da dança no Brasil. Seus vídeos explanatórios que antecedem cada apresentação, colocando-a em contexto e oferecendo uma "história de fundo" para o que veremos no palco, são uma inovação importante, que enriquece a experiência. Se a oportunidade de os amantes de balé serem fotografados no saguão com uma das principais bailarinas vestida a caráter parece um pouco fora do tom para um espetáculo de balé tradicional, a fila de crianças e adultos que querem tirar suas fotos sugere um novo público menos formal. Inês está deliciada com seu sucesso e prometeu que os públicos de São Paulo e de todo o Brasil verão a produção no próximo ano. Não se deve perder.

O que poderia ser mais atraente que essa simples história do infeliz James, um agricultor escocês que, no dia de seu casamento, se apaixona pela visão de uma bela sílfide (uma espécie de fada voadora) e, ignorando a terrível previsão da feiticeira Madge, despreza seu amor da infância, Effie, e foge da festa do casamento para unir-se ao espírito da floresta? É sua paixão pelo desconhecido e seu desejo egoísta de possuir a fada para sempre o que causa a morte dela e sua própria ruína. Mas não antes de assistirmos a uma dança maravilhosa.

La Sylphide, com suas sílfides flutuantes em etéreos vestidos brancos e asas brilhantes, é o sonho de toda menina. Principalmente no segundo ato, o movimento gracioso das bailarinas é cheio da magia coreográfica do desenho elegante de Bournonville, que criou o padrão da coreografia romântica. O balé no século XIX era sobre a beleza da forma, e em nenhum lugar mais que em *La Sylphide* podemos experimentar a magia dessa forma. A narrativa faz pouco mais que oferecer um motivo para os solos, as danças de grupo e peças de corpo de baile. Enquanto o amor humano de James por um espírito etéreo impele a ação e oferece uma interessante subtrama filosófica, com exceção de alguns solos de bravura e do dueto do segundo ato (diferentemente do tradicional *pas de deux* do bailarino em parceria com a bailarina, James nunca toca realmente a etérea La Sylphide), ele não tem que dançar muito, na verdade. Os outros bailarinos homens, de acordo com o balé do século XIX, ainda menos.

Quão estreitamente a coreografia de Galizzi recria o original de Bournonville jamais saberemos, nem tem especial importância. A coreografia é uma forma de arte viva e em contínua mudança, adaptando-se a muitas influências, desde o tamanho do palco até a capacidade dos bailarinos, para não falar nos orçamentos. Mesmo que existissem vídeos das grandes obras-primas do século XIX, simplesmente dançá-las passo a passo, movimento a movimento, garantiria o tédio para os bailarinos e o público.

Assistir a *La Sylphide* faz lembrar a pungente canção de *Chorus Line*: "Tudo é lindo no balé. Homens graciosos erguem garotas adoráveis de branco".

Mesmo o final triste encerra uma sensação graciosa. Enquanto James vê seu melhor amigo se casar com Effie e as sílfides, parecendo flutuar no ar, carregam o corpo de La Sylphide para longe, sabemos que, mesmo que alguns de nossos sonhos não se realizem, gostamos de sonhá-los de qualquer modo. E, não esqueçamos, tudo é apenas um conto de fadas, afinal.

Brasil Post, *São Paulo, 30 de junho de 2014*

RITMO BRASILEIRO SEM SAMBA

Saudações rítmicas do Brasil: a São Paulo Companhia de Dança apresenta no Festival Tanzsommer um show de sensualidade

CHRISTIANE FASCHING, *Tiroler Tageszeitung*

INNSBRUCK. Hoje à noite, enquanto a seleção brasileira estiver lutando [contra a Alemanha] para avançar na Copa do Mundo, a São Paulo Companhia de Dança encerrará sua passagem por Innsbruck. A curta apresentação do excepcional elenco brasileiro ocorreu em dois espetáculos no Festival Tanzsommer (domingo e segunda), sob a direção de Inês Bogéa, e a companhia deu uma ideia de suas competências, não deixando nenhuma emoção de fora. Mostrou não apenas gracejo e doçura, mas também absoluta sensualidade. Quem esperava um samba descontraído, como mostrado embaraçosamente no último programa *WM-Studio*, da ORF [a TV estatal da Áustria], voltou para casa decepcionado. O grupo, fundado em 2008, representa não o Carnaval nem o folclore, mas a fusão contemporânea entre a coreografia clássica e a moderna – a São Paulo Companhia de Dança expressa a grande arte. Expressa o ritmo brasileiro também.

A obra *Peekaboo*, dividida em três atos, refere-se a um jogo infantil. Ao som da tocante *Simple symphony*, de Benjamin Britten, combinada com o som do coral masculino finlandês Mieskuoro Huutajat, os bailarinos exploram sua infantilidade, e o palco sóbrio revela a fantasia, escondendo a vida adulta de maneira dinâmica e poderosa. Na coreografia de Marco Goecke, os corpos dos artistas atuam como o som de uma orquestra. De quando em quando, chapéus que dançam graciosamente pelo palco nos levam para um mundo místico de contos de fadas.

O segundo ato também é mágico – *Bachiana nº 1*, do conjunto Bachianas brasileiras, uma série de nove composições de Heitor Villa-Lobos. Aqui [na coreografia de Rodrigo Pederneiras], a leveza brasileira se encontra com o som de Bach – um oásis musical para a alma. No *pas de deux* de Luiza Lopes e Joca Antunes, surge puro romance, que culmina em paixão – e esta corre como um fio vermelho através do palco. Repetidamente, ouve-se a respiração expressiva dos atores, dançando no limite – isso é que é força.

Ao final, observa-se a lentidão, assim como a agilidade, na coreografia clássica de William Forsythe em *In the middle, somewhat elevated*. A parte mais exigente da noite será acompanhada pelos sons mecânicos de Thom Willems, em que a dança clássica é suavemente desviada, como já esperado. Um fim árduo para uma noite de espetáculo campeã – sem clichês brasileiros.

Tiroler Tageszeitung, *Innsbruck, 8 de julho de 2014*

COM CHAPÉU-COCO, CHARME E CEREJAS DOURADAS
JASMINA SCHEBESTA, *Oper*

Como último espetáculo de dança da temporada, com a percepção reveladora de que, "no Brasil, a febre do futebol se calou", a programação da Ópera de Colônia oferece aquela que é hoje a companhia de dança mais renomada do Brasil. Quando a programação foi feita, ninguém poderia ter previsto que muito brasileiro, após a tristemente chorada derrota para a Alemanha, preferiria mesmo esconder-se na plateia escura... De todo o modo, chega a hora de os cidadãos de Colônia desfrutarem desse jovem artigo brasileiro de exportação.

Na bagagem artística, trouxeram três peças. Primeiro, *Peekaboo*, de 20 minutos de duração, coreografia de 2013 de Marco Goecke. Os oito bailarinos e bailarinas vestem calças retas e coletes pretos, cobertos de botões. Algumas mulheres usam corseletes azul-claros, dos quais ficam penduradas ligas, sem função alguma. A iluminação, produzida por Uwe Haberland, lança por cima dos bailarinos uma luz brilhante e fria. Com acompanhamento da *Simple symphony* de Britten, a noite se inicia furiosamente: o grupo está reunido no palco, em cujo centro um bailarino começa um solo impressionante. A música e os movimentos irregulares e entrecortados dos braços clamam por mais. Os temas da coreografia são o esconder-se e a invisibilidade, em tons lúdicos e infantis. As cada vez mais rápidas coreografias braçais dos bailarinos, o olhar voltado para si – são todos elementos pouco convidativos para o público de Colônia. Os simpáticos chapéus com que os bailarinos acenam não ajudam a melhorar as coisas. E o chapéu-coco que voa sobre o solo evoca mais as sombrias impressões de um Salvador Dalí. Os aplausos são proporcionais; o público de Colônia não se sente tocado por essa peça.

Já *Gnawa*, de Nacho Duato, é recebida com mais alegria. Essa peça, também com 20 minutos de duração, tem por inspiração "a natureza de Valência, o mar e o sol, os aromas, as cores e os sabores mediterrâneos". Como é sabido, gosto não se discute. E, se alguns espectadores viram nessa peça a coreografia perfeita para a "longa noite quente de Colônia, com incenso, iluminação mediterrânea e chá de menta marroquino", a maior parte do público acompanha com devoção os rápidos, mas suaves, movimentos. *Gnawa* "é um gênero musical popular do Magreb, ritualístico e popular", e evoca uma aura árabe. A cenografia é mais discreta, assim como o figurino, da grife Devota & Lomba: longos pretos para as senhoras, túnicas claras para os homens. O *pas de deux* interpretado por Ammanda Rosa e Nielson Souza impressiona pela técnica: os movimentos rápidos são claros, precisos e fluentes.

Em seguida, a cortina se levanta pela última vez na noite. De repente, uma luz clara inunda o palco, e os baixos ressoam dos alto-falantes. Os bailarinos se apresentam com as articulações reviradas e tensionadas, as mulheres usam sapatilhas de ponta, *collants* verde-garrafa, meias-calças. *In the middle, somewhat elevated* é o impressionante clássico que William Forsythe criou em 1987. Na temática e nas variações, os movimentos da linguagem formal do balé clássico são levados ao extremo. Os bailarinos giram sobre o palco, primeiro devagar, a seguir em velocidade cada vez maior, até que voam, saltam e rodopiam, alcançando toda a tonalidade desejada pela sedutora música de Thom Willems.

Acima dos bailarinos, as duas cerejas douradas, que ironicamente defendem seu lugar no exuberante cenário clássico. Quem realmente tem algo a dizer não precisa de atributos ornamentais e protetores.

Do mesmo modo súbito que a última peça se iniciou, ela terminou. O público estava feliz: afinal, para todos havia alguma coisa. Nas três peças, viu-se alto desempenho. A velocidade da execução é tal qual no campo de futebol: os jogadores correm atrás da bola em velocidade incrivelmente alta. Não é fácil para quem ainda ouve pedirem bis. Compreende-se que as peças de balé sejam tão curtas, não havendo acréscimo. Adeus, São Paulo Companhia de Dança – e obrigada!

Opernetz.de, *Alemanha, 10 de julho de 2014*

UM MODELO DE DANÇA EQUILIBRADO EM TRÊS EIXOS

São Paulo Companhia de Dança volta a lançar produtos de registro e fruição de suas obras, em artigos e vídeos
MAYARA DE ARAÚJO, *Diário do Nordeste*

No cenário das artes cearenses, é fato que os coletivos ainda se dedicam pouco a outros eixos que não o da produção artística. Formação de plateia, compilação de registros do grupo, produção de artigos sobre os processos artísticos e elaboração de oficinas são alguns exemplos. Compreende-se que, em geral, tais projetos esbarram em questões de ordem financeira, já que o lançamento de livros e vídeos sobre o repertório ou mesmo a circulação da companhia por outras cidades exige um investimento do qual nem sempre se dispõe.

Não por isso, no entanto, essas etapas deixam de ser importantes. Ao contrário, elas também representam uma parte da construção artística e, portanto, da evolução de cada coletivo dentro de sua linguagem específica. Inaugurada em janeiro de 2008, a São Paulo Companhia de Dança (SPCD) é um exemplo de grupo de arte concretamente dedicado a três eixos: produção artística e formação e manutenção da memória.

Com 99 funcionários, dos quais 45 bailarinos, a SPCD impressiona pelos números, não apenas de concepção artística (29 coreografias, 390 apresentações, público superior a 340 mil pessoas), mas também de produtos de formação e de fomento: em cinco anos, já foram lançados 26 documentários da série *Figuras da Dança*, seis documentários *Canteiro de Obras*, cinco filmes para educadores e cinco livros de ensaios.

"Aqui nós acentuamos a importância do passado. Entendemos que o presente se vive nutrido pelo passado – não sem sucessivas passagens de contestação. Portanto a gente tem que ser capaz de cultivar uma tradição", afirma Inês Bogéa, diretora da companhia.

Naturalmente, como equipamento cultural do Governo do Estado de São Paulo, a SPCD já nasce preparada – inclusive financeiramente – para atuar nesses três eixos, mas, como reforça a diretora, preocupar-se com memória e difusão é um imperativo para qualquer coletivo.

"Toda companhia cria a sua história. Talvez de forma menos sistemática, mas todas elas têm a possibilidade de contar e de registrar seu caminho. Temos muitos mecanismos; hoje com a internet, por exemplo, todo mundo tem como postar vídeos ou ir juntando as matérias de jornais. Ao produzir o *Figuras da Dança*, pude perceber a importância de as pessoas terem organizado seus materiais", argumenta Bogéa.

A fim de comemorar seus cinco anos de existência, a companhia lança, neste mês, o livro *Jogo de corpo – ensaios sobre a São Paulo Companhia de Dança*, quinto de uma série; e o documentário *Canteiro de obras 2013*, com direção de Kiko Goifman e Jurandir Müller. Tanto o lançamento da obra quanto a exibição do filme acontecem no próximo dia 28, data exata de aniversário da companhia, na Livraria Martins Fontes, em São Paulo.

Rigor e delicadeza

Em *Canteiro de Obras 2013*, mesmo quem desconhece a trajetória da companhia consegue ter uma dimensão dos trabalhos realizados naquele ano, através de trechos das apresentações e registros dos ensaios.

Para balizar o conjunto de coreografias montadas anualmente, a diretoria define um tema, com o qual as montagens se harmonizam.

Para o ano passado, como registrado em *Canteiro de Obras*, escolheu-se amor, vida e morte. "Esses três elementos estão muito ligados entre si e ao processo de concepção do bailarino. Na temporada de 2013, nossos trabalhos refletiram essa aproximação. *Romeu e Julieta* é talvez a maior história de amor, vida e morte já escrita; *Petite mort*, de Jiří Kylián, fala das mortes cotidianas, dos pequenos inícios e términos, tão presentes na vida do artista; e *Por vos muero*, de Nacho Duato, é a entrega, o desejo, que também nos aniquila um pouco", detalha a diretora.

Dentro da temática, a capilaridade estética e técnica da SPCD possibilita a execução do mais clássico ao contemporâneo. Desde o frenético *Peekaboo* (2013), criado especificamente para eles pelo alemão Marco Goecke, a *Romeu e Julieta* (2013), elaborado por Giovanni Di Palma, o primeiro balé de noite inteira dançado pelo grupo.

Segundo Inês, cada encenador participa do processo de preparação, ensaiando e orientando os bailarinos. No vídeo, os integrantes reforçam a importância desse rodízio. Aliás, muitas das reflexões que bailarinos, direção e espectadores desenvolvem ao longo do documentário revelam-se soluções interessantes para grupos em geral. O rodízio de coreógrafos, sempre que possível, é uma delas.

Participativa
Entre os projetos desenvolvidos pela SPCD, um dos mais interessantes, inclusive para coreógrafos cearenses, é o Ateliê de Coreógrafos Brasileiros. Consiste em um espaço de experimentação de coreografias desenvolvidas por brasileiros para a companhia.

"É um espaço para qualquer criação que dialogue com o perfil da companhia e que seja desenvolvida por coreógrafos nacionais. Nós avaliamos a montagem e, se aprovada, desenvolvemos." Segundo ela, dentro dessa perspectiva, se coreógrafos cearenses tiverem interesse em submeter trabalhos à avaliação da companhia, serão bem-vindos.

No DVD, Kiko Goifman e Jurandir Müller dedicam um capítulo especialmente ao eixo formativo da companhia, dotado de ações dignas de serem replicadas.

Nas séries de apresentações para estudantes e pessoas da terceira idade, a direção prepara um momento único de interação da plateia com os bailarinos. Desenvolve dinâmicas de movimento, para que ela assimile noções de espacialidade; leva alguns espectadores para o palco; e testa-lhes a habilidade de, por exemplo, ajudar uma bailarina a equilibrar-se em uma sapatilha de ponta. Como tal contato acontece antes da apresentação, o que se vê na plateia são pessoas solidárias ao trabalho do dançarino, já que compreenderam – ainda que parcialmente – o desafio de subir no palco.

Outra iniciativa é voltada para os professores, que participam de oficinas de dança e palestras. "Nosso contato com os professores é também valioso porque, a partir deles, conhecemos mais sobre nossa plateia estudantil. Nas oficinas, deixamos clara a importância de manter uma harmonia com o corpo, que é instrumento de expressão também do professor e do aluno", esmiúça a diretora.

Pensamento multidisciplinar
Além dos documentários *Canteiro de Obras*, sobre os trabalhos anuais da companhia, e *Figuras da Dança*, com perfis de personalidades importantes da linguagem no Brasil, destaca-se a produção ensaística da companhia.

Mais uma vez justificada por tratar-se de um equipamento público, a coleção de livros é mais uma contrapartida do grupo, a fim de contribuir com o desenvolvimento do cenário da dança em geral, para além de sua própria rotina. Isso acontece porque, ainda que os textos tenham como base o tema escolhido para aquele ano da SPCD e o próprio equipamento, eles dialogam a partir de olhares muito amplos.

"Através dos livros, encampamos um espaço de escrita e reflexão da dança, mas de outros profissionais: músicos, fotógrafos, jornalistas, filósofos. São sempre vários autores, de diferentes prismas, olhando para a arte da dança, instigados por alguma questão levantada pela São Paulo. Então, ainda que se olhe para a nossa obra, discute-se a dança como um todo", afirma Inês Bogéa, diretora da SPCD.

Olhares
Para falar de amor, vida e morte, por exemplo, a semióloga Lucia Santaella compila teorias de diversos pensadores sobre essa tríade, tão revisitada pela filosofia, aliás. Já em "Ensaios sobre o movimento", Evaldo Mocarzel, enquanto fala de seu desejo de produzir um documentário que acompanhasse

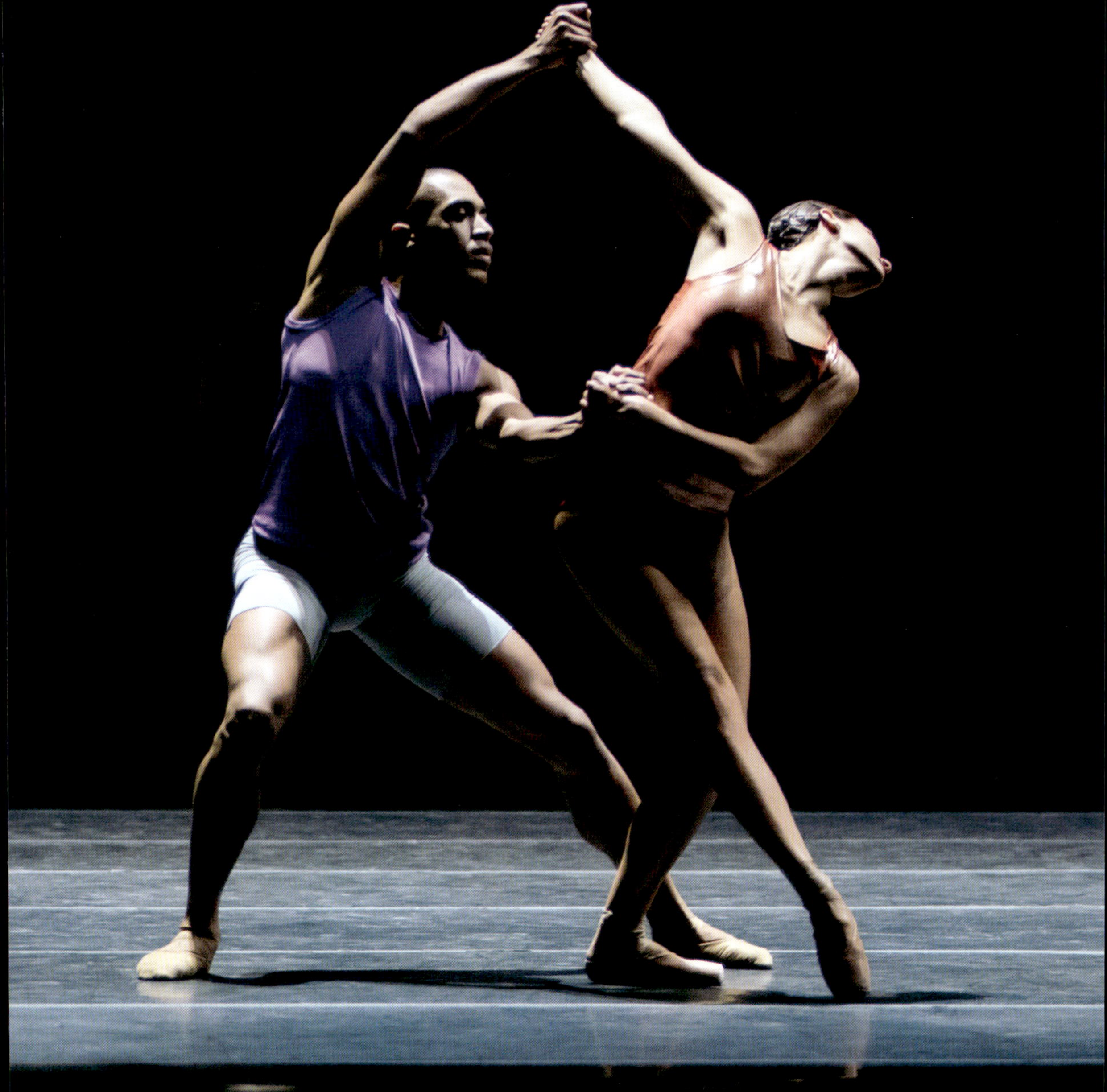

a criação de uma dança desde os primeiros ensaios e que prescindisse de entrevistas (de fala), dá uma aula de teoria da dança, ao pensá-la como expressão mimética ancestral, cenário rudimentar de fruição do pensamento.

"Além de cineasta, sou dramaturgo e, logicamente, amo a palavra – mas confesso que a amplitude da dança engole em transcendência a trajetória de milhares de anos do teatro", afirma o autor.

Artigos teóricos e depoimentos de parcerias mesclam-se a um capítulo dedicado apenas à reunião de matérias e críticas veiculadas nos meios de comunicação, um modo de perpetuar o olhar da imprensa especializada e de dar a revisitar as análises feitas aos trabalhos da companhia.

Diário do Nordeste, Fortaleza, 13 de janeiro de 2014

ENSAIO SOBRE O EQUILÍBRIO
Com autoria de escritores e críticos de dança, livro Jogo de corpo *é lançado nacionalmente*
BIANCA BITTELBRUNN, editado por CLÁUDIA MORRIESEN, *A Notícia*

O universo da arte é imenso, e suas possibilidades, infinitas. A São Paulo Companhia de Dança conseguiu extrair o domínio sobre esse cenário e lança hoje a quinta edição de seu livro anual de ensaios, agora com o título Jogo de corpo – ensaios sobre a São Paulo Companhia de Dança, em uma iniciativa que, junto à série *Figuras da Dança* e ao documentário *Canteiro de Obras*, transformou a trajetória da companhia e da dança brasileira em patrimônio cultural.

A companhia, fundada pelo Governo do Estado de São Paulo, completa seis anos na mesma data do lançamento do livro. Ele é organizado pela diretora artística da SPCD e documentarista Inês Bogéa – presença constante entre os jurados do Festival de Dança de Joinville. São textos de escritores e críticos da área da dança que compõem o livro, reunindo Lucia Santaella, Nelson Ascher, Paulo Caldas, Evaldo Mocarzel, Kathya Maria Ayres de Godoy e Maria Eugênia de Menezes, além da própria Inês. Além disso, a publicação inclui imagens das obras que estrearam em 2013 e trouxe, nesta edição, uma novidade, com o ensaio fotográfico "Rastros do corpo no espaço", de Marcelo Maragni, resultando em um vasto compilado de olhares distintos sobre o mesmo tema. O processo de produção do livro começou no ano anterior, quando os autores e pesquisadores foram convidados a acompanhar de perto o cotidiano da SPCD ou algum trabalho específico, escolhas que ficaram a critério deles. Ao longo de 2013, a companhia explorou no palco três temas sensíveis – amor, vida e morte –, que nortearam a concepção do livro. A diretora explica que foi um momento diferente, especialmente pela junção de significados:

"Foi um período especial da companhia, em que completamos cinco anos e, ao completar esse tempo de vida, nos questionamos sobre o que nos move, ao continuar ou manter esta alegria, como nos entregamos no mundo da dança. A morte nos acompanha sempre, no dia a dia, de diversas maneiras, e a vida é feita de sombra e luz".

Trajetória além dos palcos
O diálogo com a dança prova que ela pode ir além dos palcos. E essa é a ideia do projeto do lançamento do livro e das séries em DVD de *Figuras da Dança*, que a cada edição conta a história de personalidades da área; e do DVD *Canteiro de Obras*, filme que revela os bastidores do processo de criação das obras que estrearam em 2013, seguindo as três vertentes da Companhia, que são produção e circulação de espetáculos; programas educativos e de formação de plateia; e registro e memória da dança. Com mais de 29 coreografias e 390 apresentações, a SPCD atingiu mais de 340 mil pessoas e propõe a documentação da trajetória, que mostra a amplitude do cenário da dança.

"A dança está presente em muitas vertentes da sociedade, e propomos diversas maneiras de vivenciá-la. Acredito que deixar traços dessas trajetórias é importante não apenas para as pessoas que construíram e vivenciaram aquele momento, como também para as futuras gerações."

A Notícia, *Joinville, 28 de janeiro de 2014*

UM JOGO BRASILEIRO DE EMOÇÕES
Corriere dell'Alto Adige

Abertura efervescente, a da 30ª edição do Festival de Dança de Bolzano [Itália]. Noite passada, a São Paulo Companhia de Dança, dirigida por Inês Bogéa, esteve pela primeira vez na Itália para o início oficial do festival. Ela não frustrou as expectativas e deixou em Bolzano um cartão de visitas de grande respeito. No programa, três coreografias muito distintas entre si, interpretadas com extraordinário talento e frescor pelos dançarinos da jovem e prestigiosa companhia brasileira.

Para abrir o tríptico, *Peekaboo*, coreografia composta pelo alemão Marco Goecke especificamente para essa companhia. Sobre música de Benjamin Britten, os oito dançarinos em cena envolveram o público num irresistível jogo de emoções, fazendo aflorar em seus movimentos tanto medo quanto admiração, com a infância se tornando metáfora de uma inocência inexorável. De outro tipo, mas igualmente envolvente e sugestiva, a segunda coreografia, *Gnawa*, de Nacho Duato, é mais mística e espiritual, sendo talvez mais fácil de compreender devido à atmosfera explicitamente mediterrânea. Para finalizar, os dançarinos exercitaram-se num clássico da dança contemporânea, mostrando em *In the middle, somewhat elevated*, de Forsythe, não só a técnica requerida, mas também grande personalidade.

Corriere dell'Alto Adige, *Bolzano, 16 de julho de 2014*

PRIMEIRO BALÉ ROMÂNTICO, *LA SYLPHIDE* RETORNA AOS PALCOS
IARA BIDERMAN, *Folha de S.Paulo*

A São Paulo Companhia de Dança estreará a temporada 2014 um dia antes da abertura da Copa apostando na força de um grande clássico.

La Sylphide, obra do século XIX escolhida para abrir as apresentações em São Paulo, é considerado o primeiro grande balé romântico.

É também a primeira coreografia feita para sapatilhas de ponta e a que inaugurou o uso do *tutu*, a saia de tule branco que virou símbolo da bailarina clássica.

"Como acontece com óperas ou musicais famosos, o público deseja muito ver essas obras ao vivo", diz Inês Bogéa, diretora do grupo.

No ano passado, a companhia teve um outro clássico, *Romeu e Julieta*, um dos maiores sucesso de sua trajetória, com todas as sessões lotadas. A temporada de 2014 começa com mais um recorde: o número de assinaturas para a programação completa passou de 433 em 2013 para 783 neste ano.

Sílfide

A obra que marcou o início do romantismo da dança foi criada em 1832, pelo italiano Filippo Taglioni (1777-1871), mas a versão agora remontada pela SPCD é a de August Bournonvillle (1805-1879), feita em 1836 para o Balé Real da Dinamarca.

La Sylphide é uma das poucas coreografias que se mantiveram intactas com o passar dos anos.

"Em uma época em que não havia um bom sistema de registro da dança, o balé da Dinamarca foi passando a obra de geração a geração, como na tradição oral", diz o coreógrafo argentino Mario Galizzi, que assina a remontagem paulista.

A história usa a estrutura dos contos de fadas e elementos de mitologias pré-cristãs ou combates mortais. Tudo gira em torno do velho e bom amor impossível.

"Esse balé sobrevive ao tempo por falar de desejo, vingança e triângulo amoroso, temas que continuam atuais", diz Bogéa.

Tecnicamente, é uma obra difícil. "A coreografia é muito detalhista, parece um bordado com pés ultravelozes e o corpo sempre em ligeiro desequilíbrio, como se as moças estivessem levitando", conta Galizzi.

Outra característica é o uso de efeitos especiais que fazem bailarinas voarem (mesmo) ou surgirem e sumirem do palco num passe de mágica.

"Ser romântico parece meio *kitsch*, mas todo mundo quer algo que o suspenda da realidade cotidiana para viver o sonho de um mundo ideal", diz Galizzi.

Folha de S.Paulo, *São Paulo, 3 de junho de 2014*

ÉDOUARD LOCK CRIA PARA A SPCD
Companhia paulista faz estreia mundial de The seasons, *obra que mescla balé clássico e técnica contemporânea*
MARIA EUGÊNIA DE MENEZES, *O Estado de S. Paulo*

Uma coreografia de luzes. Assim se pode assumir a proposta de Édouard Lock, artista canadense que concebeu *The seasons*. Criada sob encomenda para a São Paulo Companhia de Dança, a obra fará sua estreia mundial em Campinas, no próximo dia 26, e traz as marcas que notabilizaram o coreógrafo: os movimentos intensos e precisos. A transfiguração que opera no balé clássico. O uso intenso da luz, com centenas de mudanças para recortar os gestos dos bailarinos. "Geralmente pensamos no poder que a luz tem de revelar. Mas é interessante como ela também oculta. E, para cada parte que o público não vê, é preciso imaginar. Isso o leva a ter uma participação mais ativa", comenta Lock, que cria seu primeiro trabalho no Brasil, mas que já havia passado pelo país nos anos 1980 e 1990 com a sua própria companhia, a afamada La La La Human Steps.

Para essa proposta de iluminação tão minuciosa, cada mínimo movimento da coreografia precisou ser fotografado. Criou-se, assim, uma imensa partitura que desse conta das incontáveis trocas de luz previstas.

Para o artista, que atuou como cineasta, o recurso cumpre ainda outra função: "Conceitos como *zoom* e *close* não existem apenas no cinema. São formas naturais de percepção, que independem da câmera. Quando você coloca uma luz instável no palco, está encorajando isso".

Mais um dado crucial no processo criativo de Lock é a música. Por muito tempo, ele teve Frank Zappa como parceiro. Lou Reed também já foi seu colaborador. E, há mais de 15 anos, conta com as criações do britânico Gavin Bryars.

Em *The seasons*, a dupla repete o expediente utilizado em *Amjad* (2007). À época, transfiguraram peças de Tchaikovsky, como *O lago dos cisnes* e *A Bela Adormecida*. Agora, são clássicos concertos de Vivaldi para violino e orquestra que embasam o trabalho. A partir de *As quatro estações*, Bryars concebe uma versão particular, que guarda semelhanças com o original mas também delimita suas diferenças. "Minha ideia é pegar algo reconhecível e trazer alterações para criar o desconhecido", observa Lock. "Mesmo um público que não é familiarizado com a música clássica conhece *As quatro estações* e já a ouviu em diferentes contextos. Me encanta essa situação em que o público acha que conhece mas não conhece. Cria-se essa tensão." Para acentuar a experiência, cinco instrumentistas do conjunto Percorso Ensemble – formado de dois violoncelos, duas violas e um contrabaixo – acompanham a São Paulo Companhia de Dança ao vivo.

A maneira que o coreógrafo se serve do repertório da dança não é muito diferente do que seu parceiro faz com a música. O balé clássico também surge com feições modificadas em *The seasons*. Um *pas de deux* dançado na ponta dos pés pode até sugerir uma visita ao passado. Mas não é disso que se trata. Antes, propõe-se um jogo em que diferentes memórias são amalgamadas. "Balé clássico é algo que as pessoas pensam que dominam. Mas não. Então, se colocamos símbolos históricos, como o balé e como essa música, é possível criar algo que seja novo e imprevisível para a plateia", diz o criador, que fundou a La La La Human Steps em 1980 e já assinou obras para companhias como o Nederlands Dans Theater e o Ballet de L'Opéra de Paris.

Os 12 movimentos previstos no original de Vivaldi marcaram a criação da coreografia, que oscila momentos de suavidade e languidez com instantes de grande velocidade e virtuosismo técnico. Em cena, os bailarinos sucedem-se em solos, duos e trios.

A estreia ocorre agora em Campinas, mas a nova coreografia só deve chegar a São Paulo em novembro.

O Estado de S. Paulo, *São Paulo, 18 de abril de 2014*

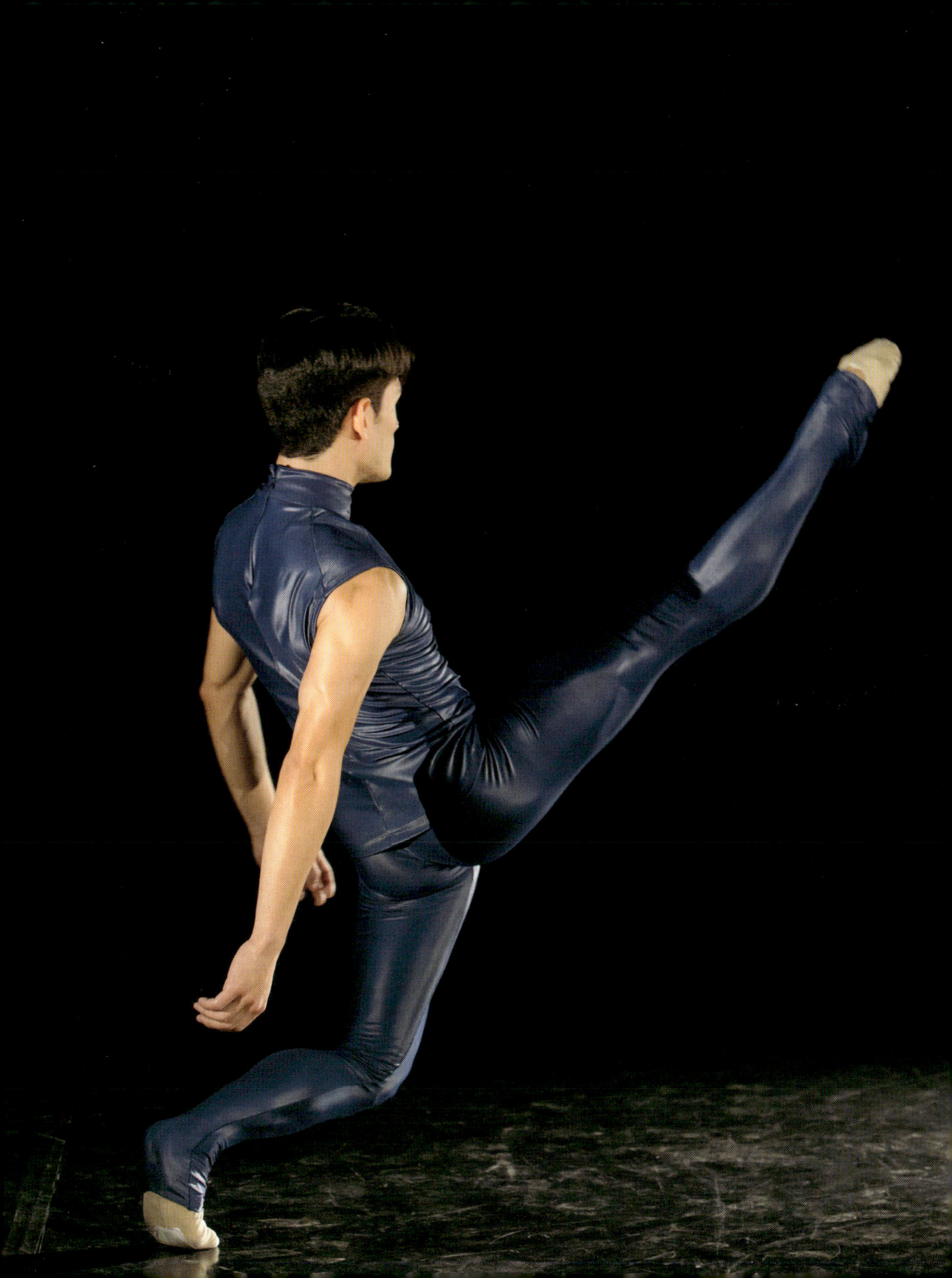

jogo de corpo

ANDRÉ PORTO

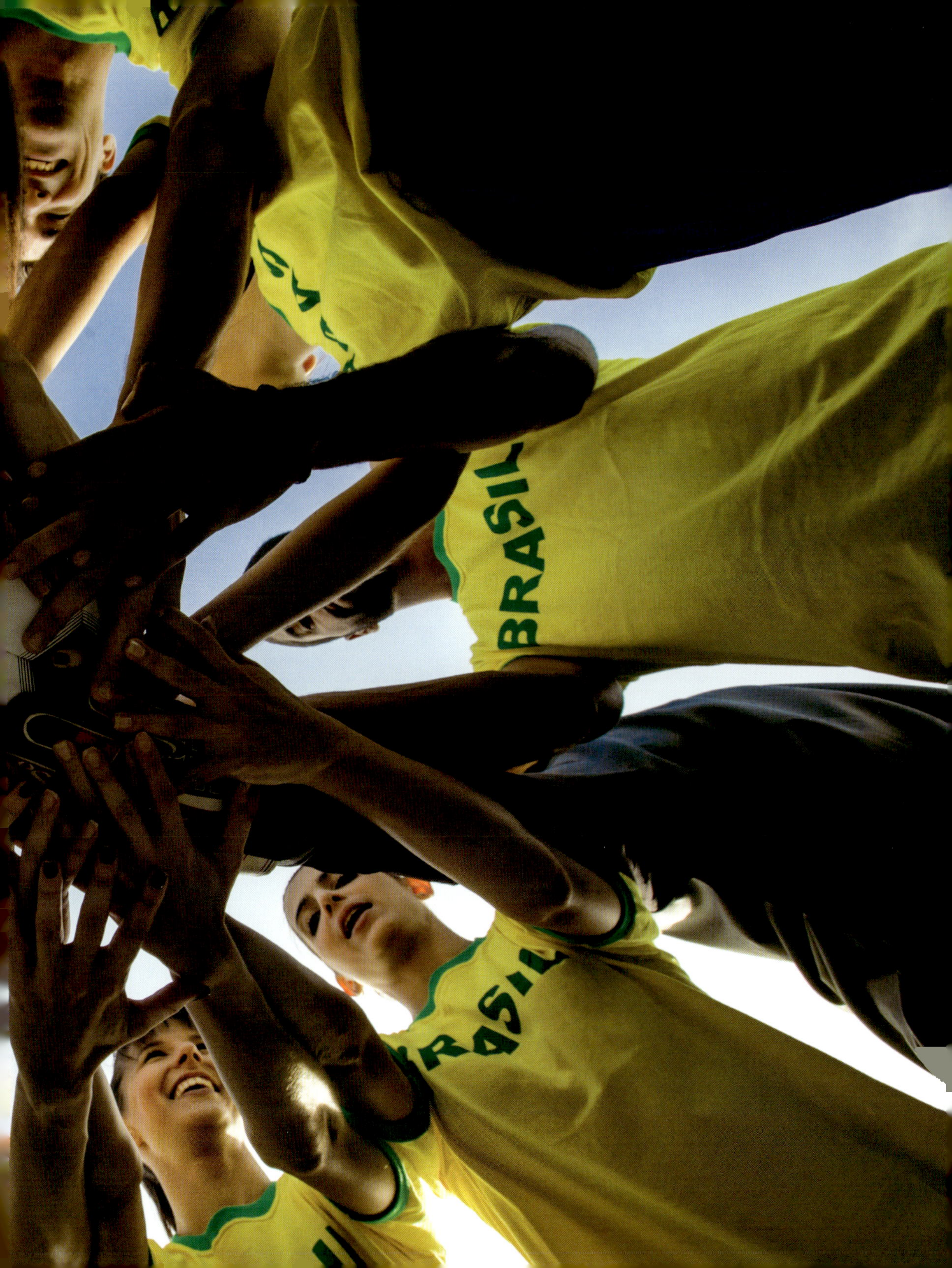
BRASIL

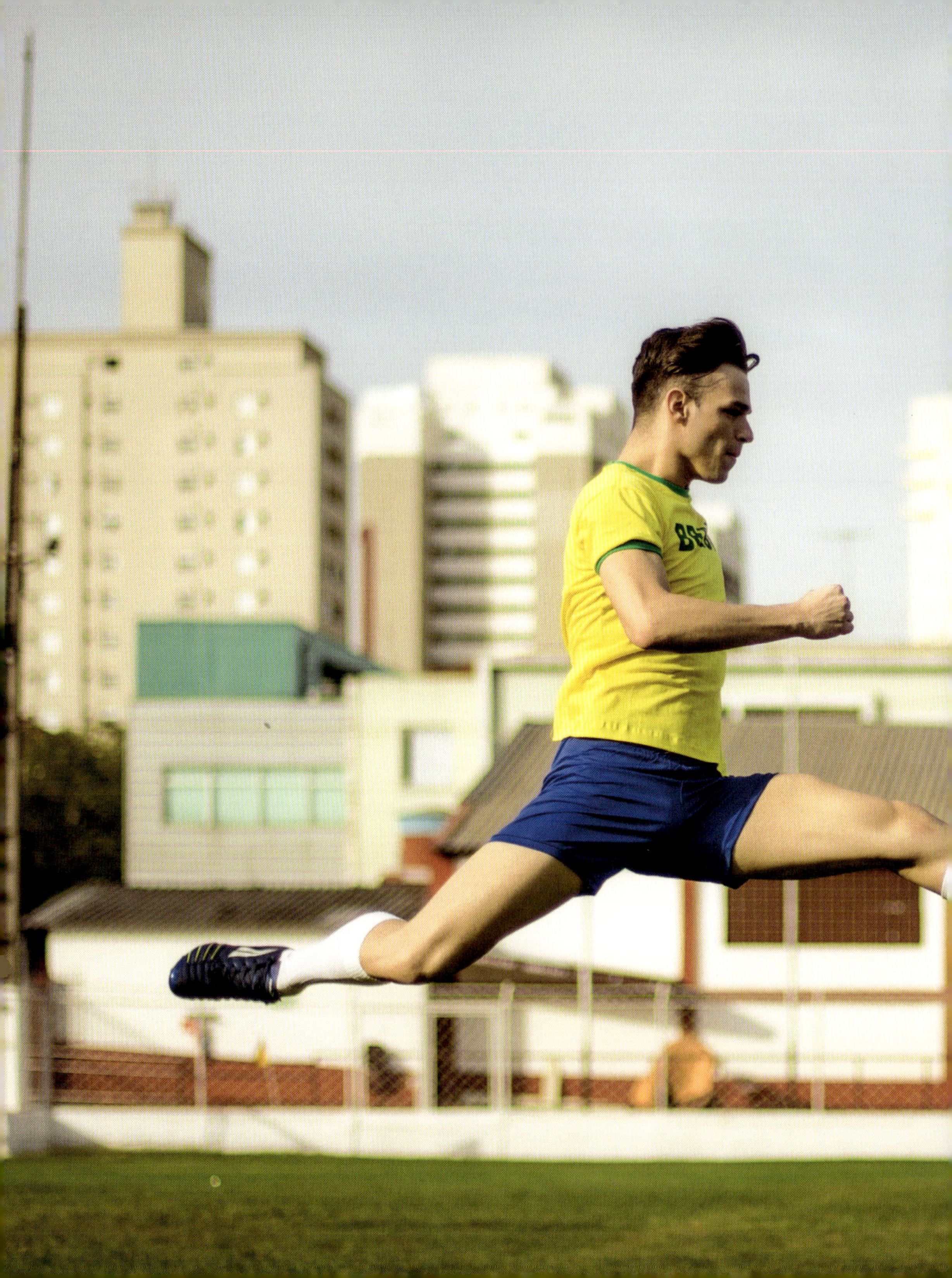

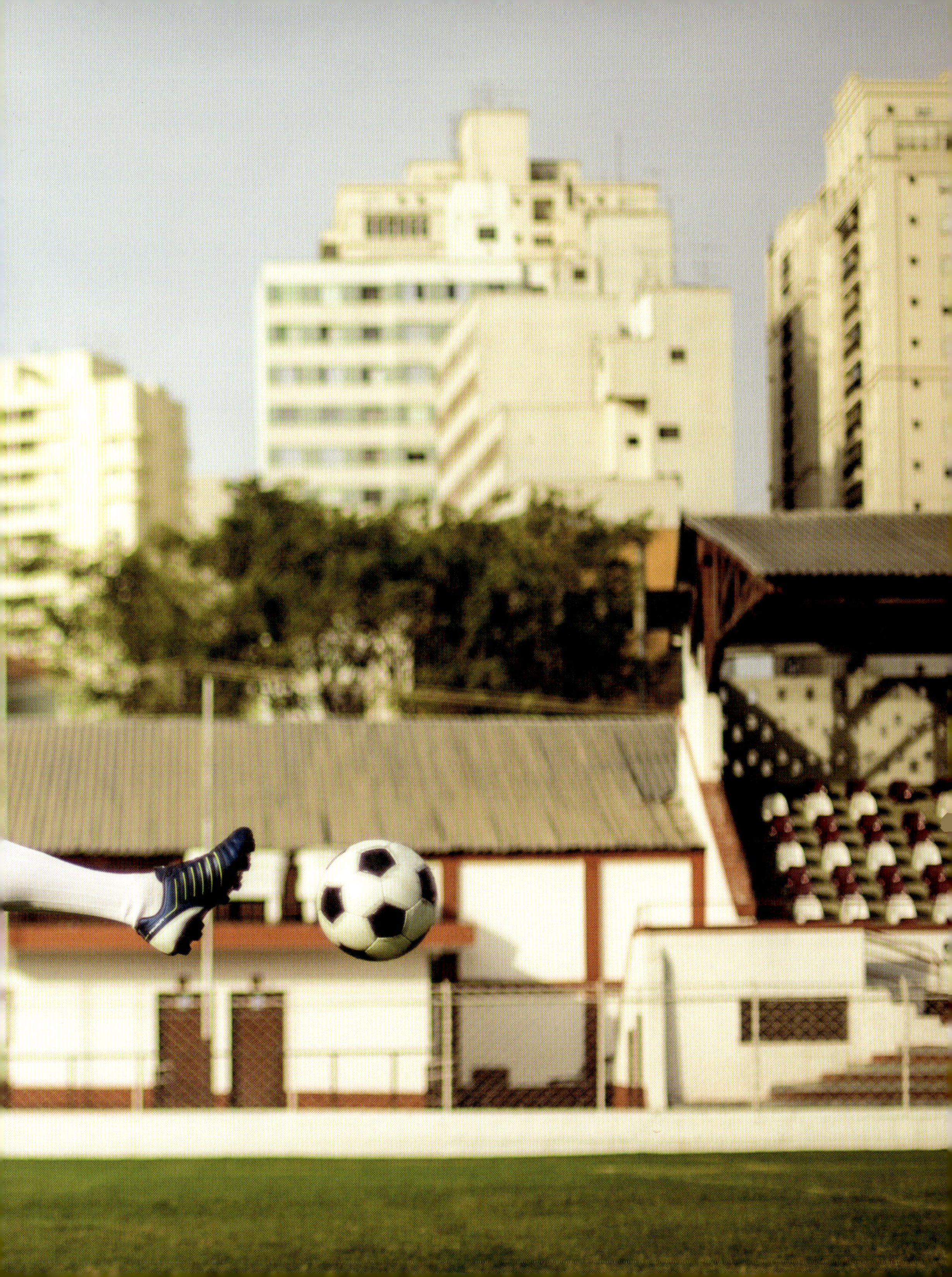

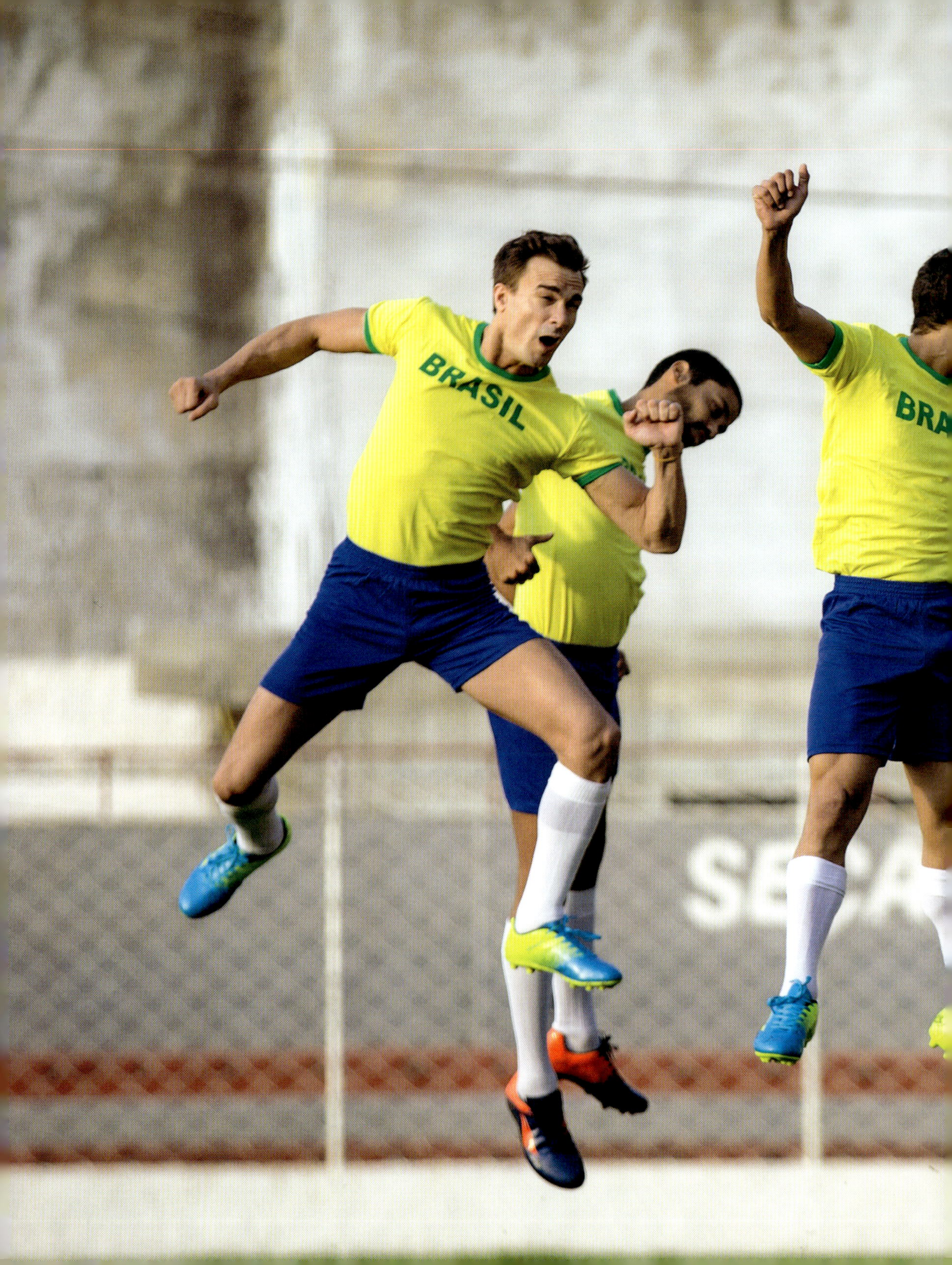
BRASIL

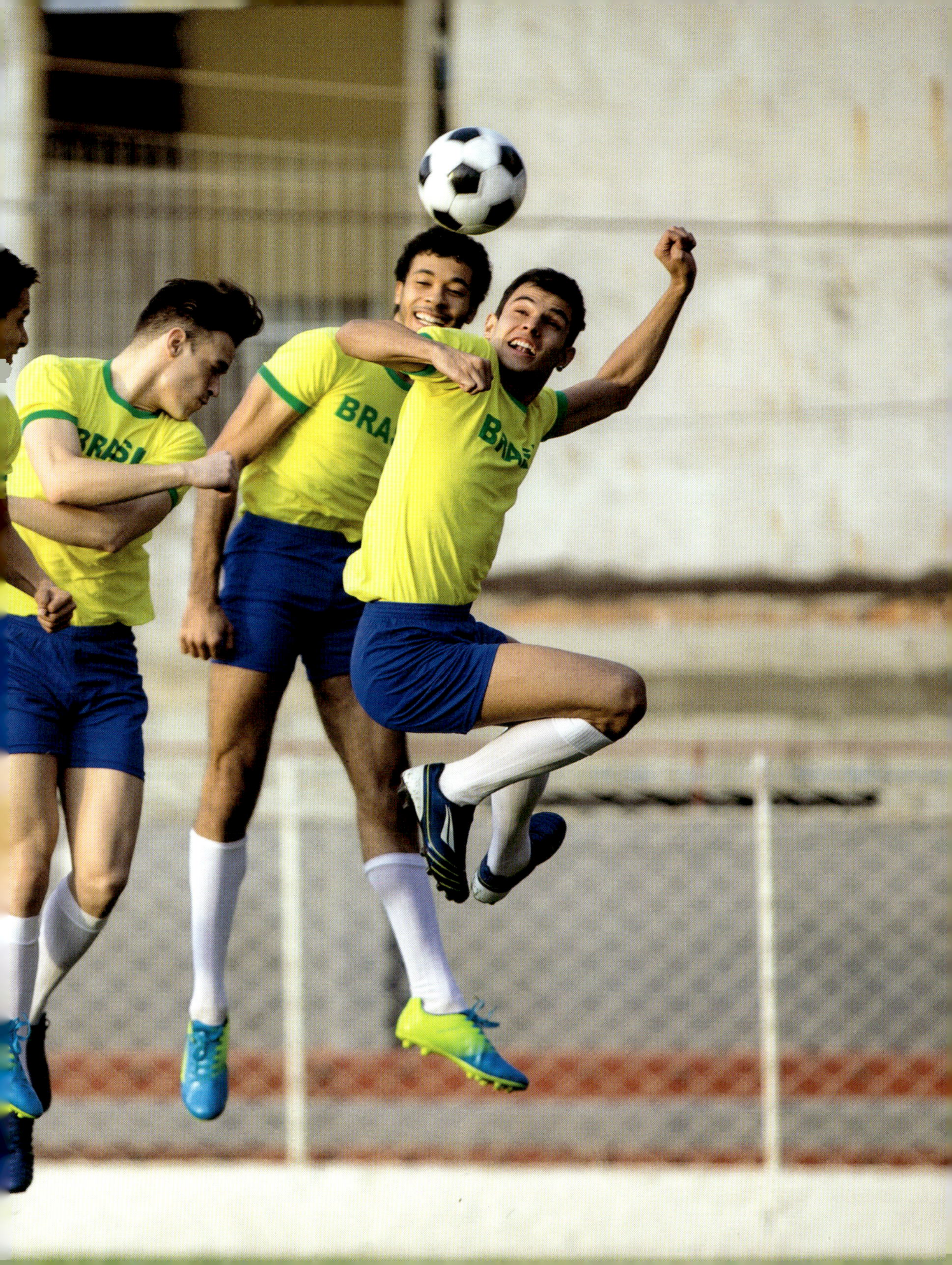

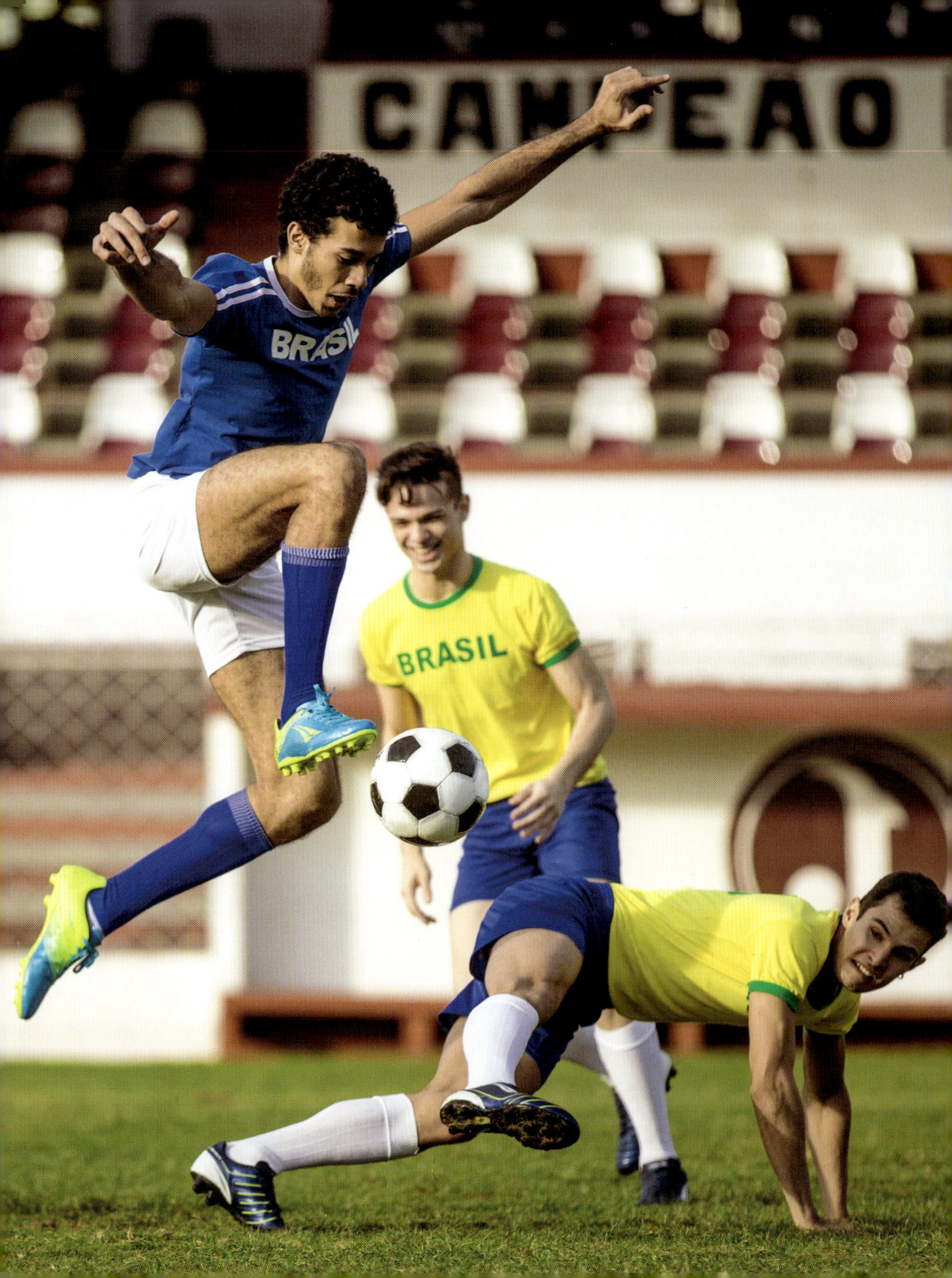
CAMPEAO
BRASIL
BRASIL

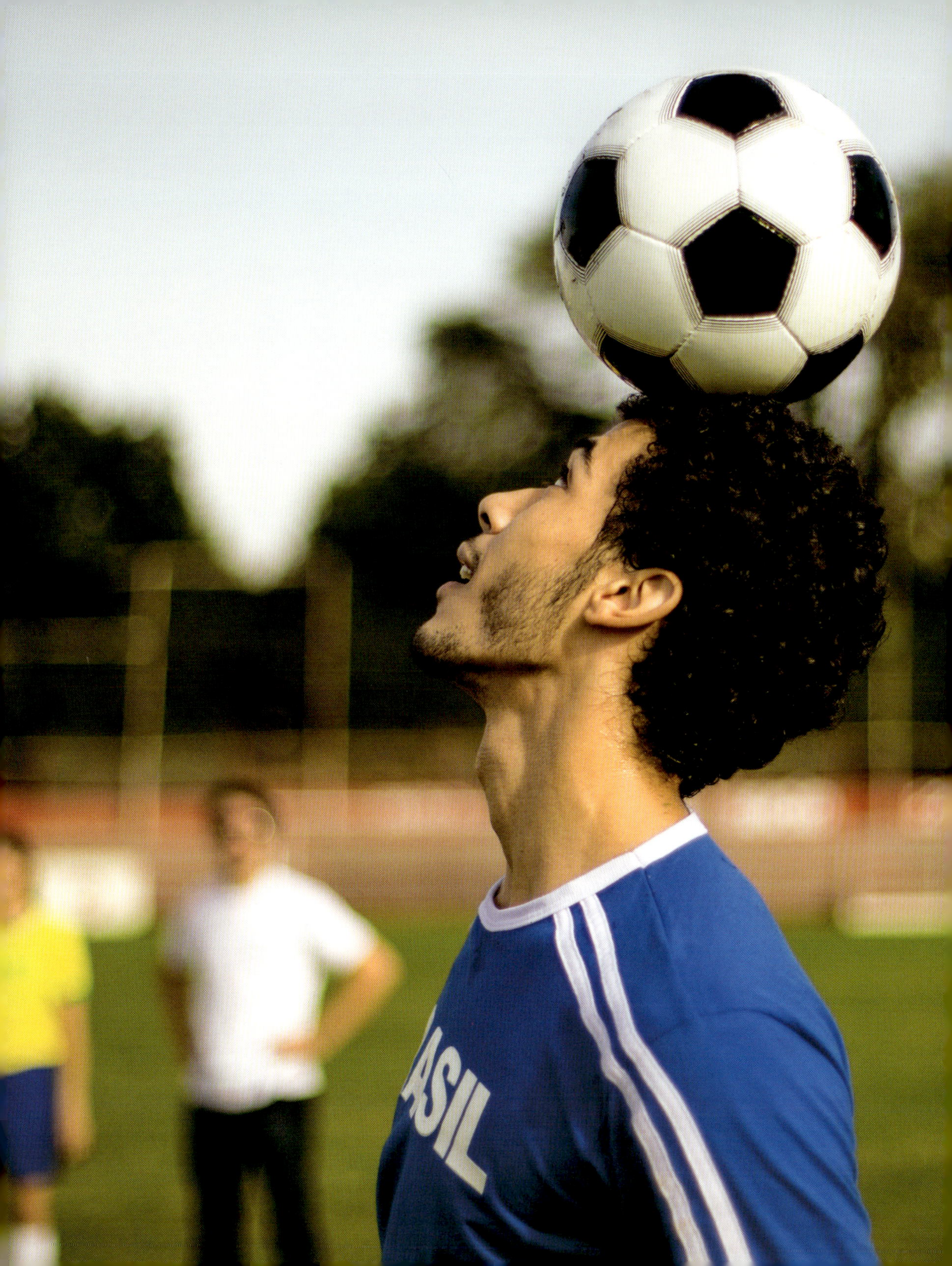
ASIL

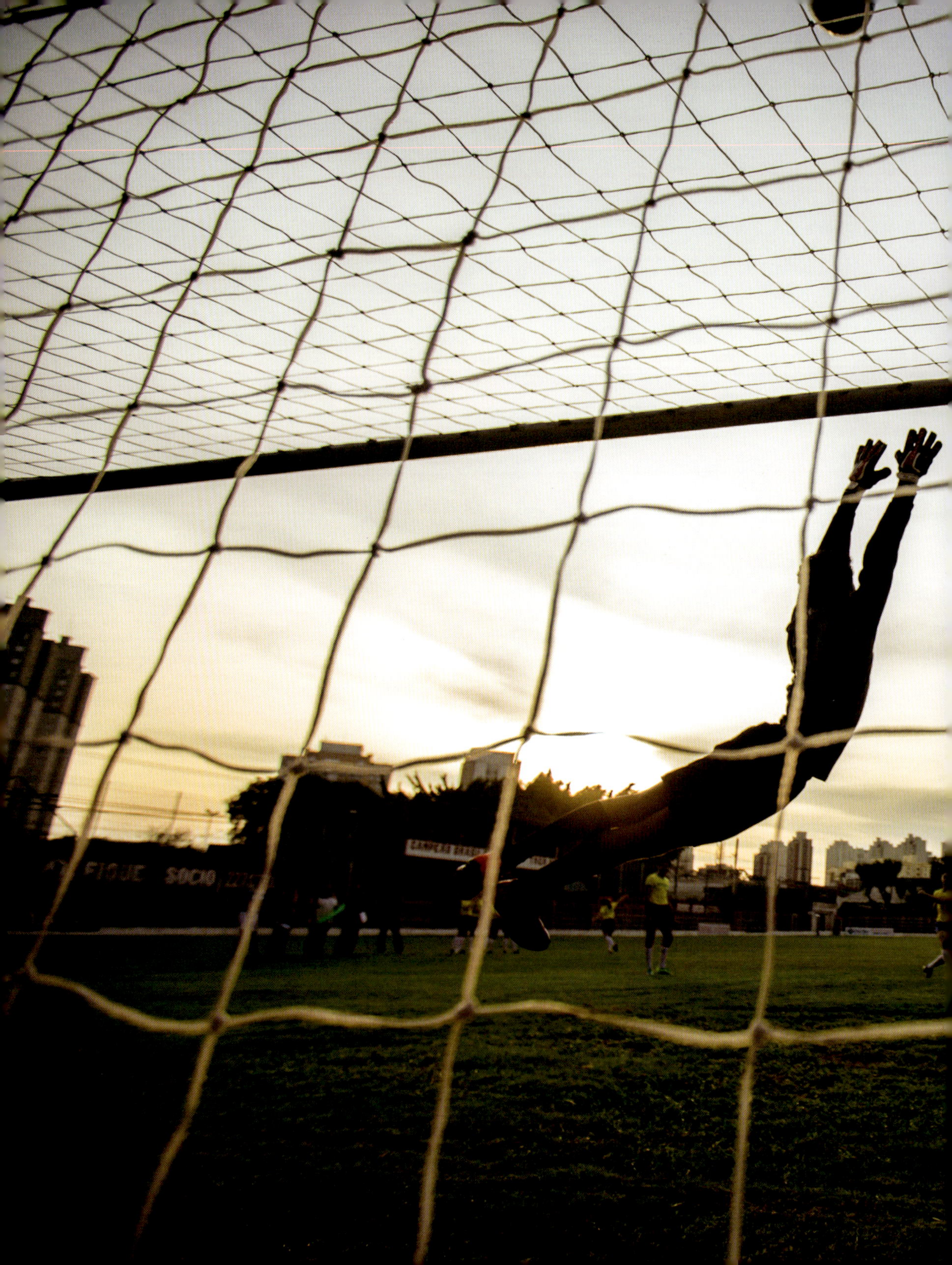
FIQUE SOCIO

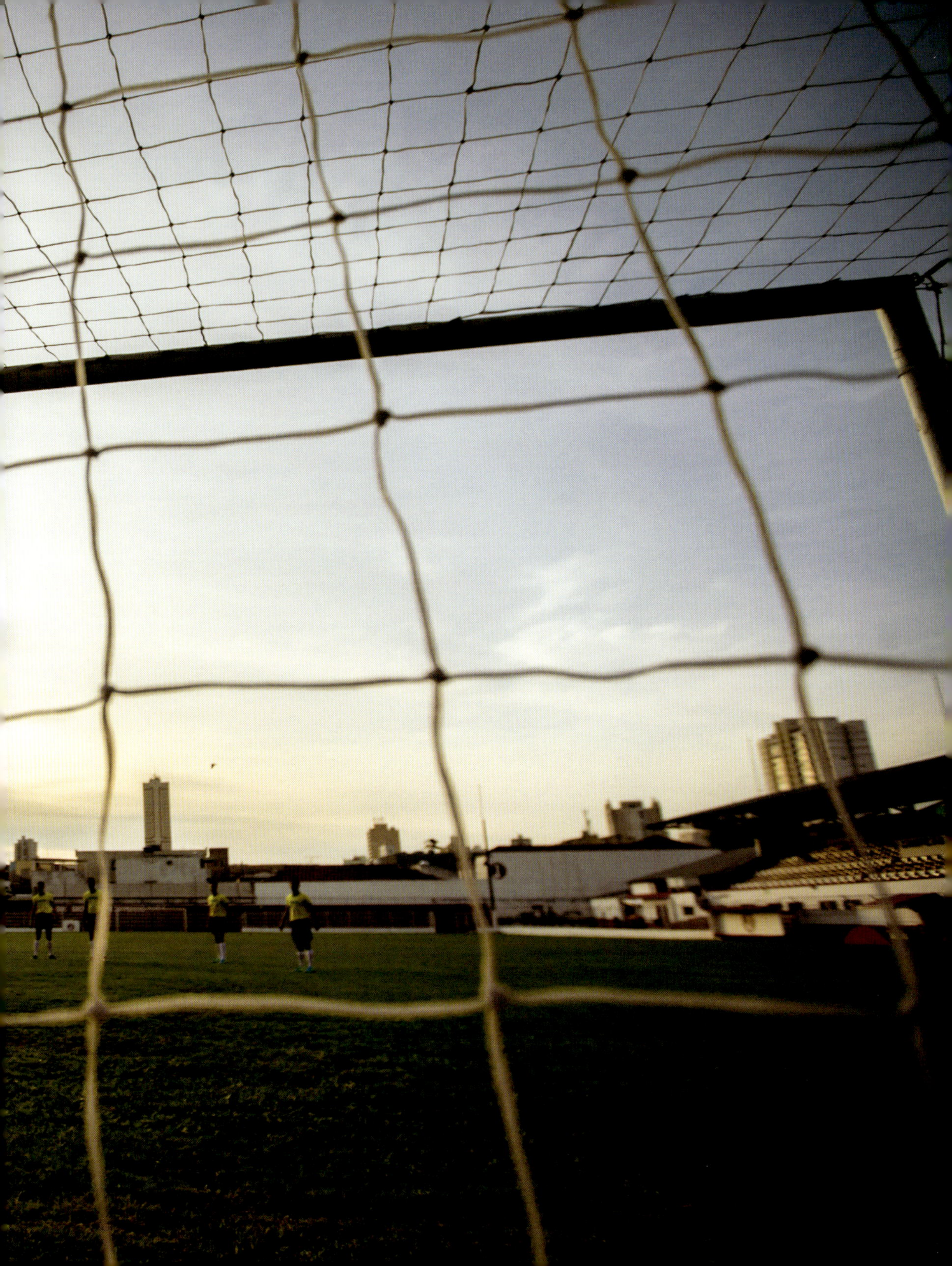

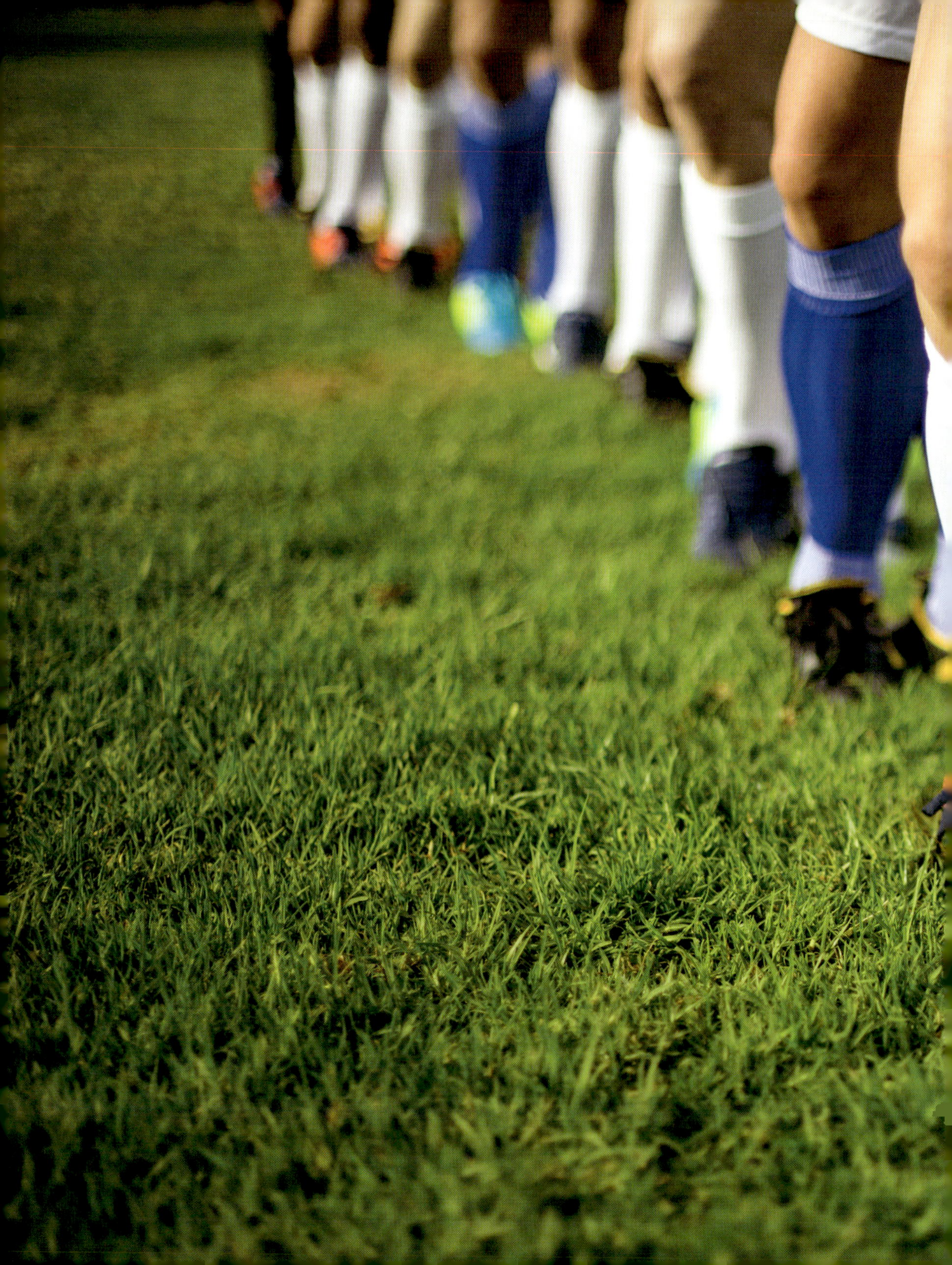

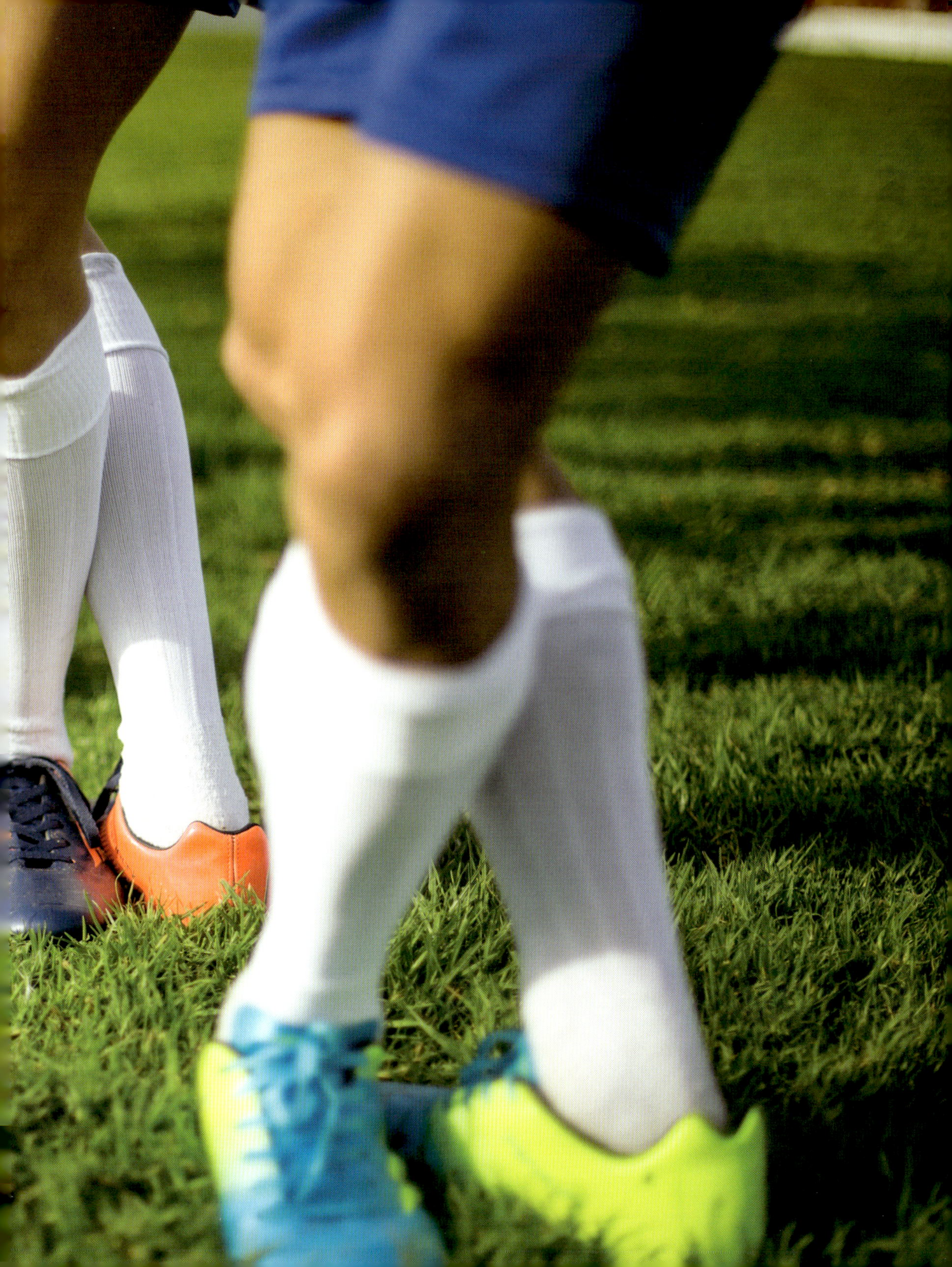

BILEIRO TAÇA DE PRATA 1983

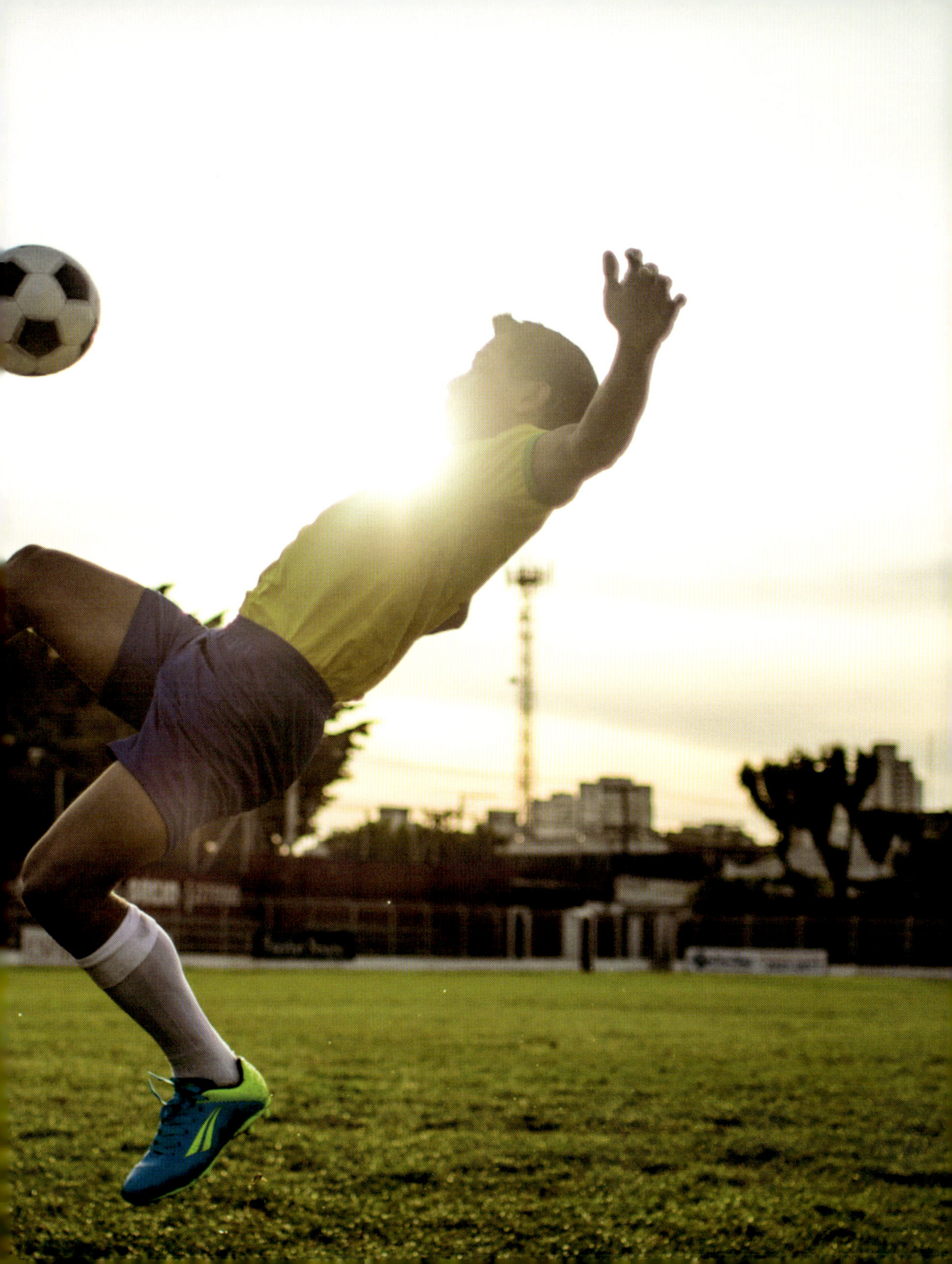

Presentation

Preserving the memory of dance and producing critical wealth around its language have been two of the aims set for São Paulo Dance Company since it was founded in 2008. At the same time that it set up a stable corps de ballet, the São Paulo State Government supported a project to generate dance-related knowledge acquisition, including documentation, information analysis and outreach.

In fulfilling this mission, at times the SPCD reflects on dance as language in its universality, while at other times analyzing the creative processes within the company itself. As the sixth book of essays in the series, this publication is situated in both of these worlds. Readers will find more in-depth perspectives adding to the works as they have been staged. The book therefore poses a second layer of knowledge that stimulates generation of new meanings beyond the ephemerality of movements.

It is remarkable that the SPCD has also developed intensive work to educate new audiences while spreading the language of dance by taking productions and educational activities to different towns and cities around the state of São Paulo, performing to the same high professional standards as its works for international festivals.

The São Paulo State Government thus reaffirms its commitment to support the development of quality artistic language, making it accessible for as many people as possible in our state.

Marcelo Mattos Araujo
SECRETARY FOR CULTURE, STATE OF SÃO PAULO

Future-Past
Inês Bogéa

Over the past six years, São Paulo Dance Company (SPCD) has devised a way of being present not only on stage but beyond its confines too. Gradually, alongside various artists, technicians, producers and audiences, its programs have multiplied the purposes and meaning of the troupe's existence while adding new spaces for dance as a performing art, and pursuing a balanced combination of past and contemporary works.

In 2014, the season was organized around the idea of live tradition in today's body, an intense present steeped in the past while pointing to a future, a great beacon guiding all the SPCD's initiatives in some way. Being part of a tradition means being able to renovate, cultivate and reinvent the past in the present. A live tradition involves all that is nourishing and matters to us; all that goes through successive stages, challenging the past while renovating it too. This year, we featured works from different genres of classical and contemporary dance side by side, thus instigating the gaze to distinguish continuity and discontinuity in this great trajectory of Western stage dance.

We premiered four canonical works: *La Sylphide*, the *Grand pas de deux* from *Black Swan*, and *Le spectre de la rose* – all three pieces by Mario Galizzi based on original works by August Bournonville (1805-1879), Marius Petipa (1818-1910) and Michel Fokine (1880-1942), respectively; and William Forsythe's *workwithinwork*. We also presented three new works: Édouard Lock's *The Seasons*; Rafael Gomes' *Bingo!*, and Cassi Abranches' *GEN* (the latter two spawned by the Brazilian Choreographers Workshop). We also revisited works from SPCD's repertoire: Rodrigo Pederneiras' *Bachiana n° 1*; Ana Vitória's *Vadiando*; Jomar Mesquita's *Mamihlapinatapai*; Marco Goecke's *Peekaboo*; Jiří Kylián's *Petite mort*; Nacho Duato's *Por vos muero* and *Gnawa*; Forsythe's *In the middle, somewhat elevated*; Eric Gauthier's *Ballet 101*; and Giovanni Di Palma's *Romeo and Juliet* – each largely representing the social relations and ideas of their periods.

Our work on artistic productions directly relates to the SPCD touring schedule, which this year involved 71 performances in 18 towns and cities in the state of São Paulo (Campinas, Caraguatatuba, Cerquilho, Indaiatuba, Jacareí, Mogi Guaçu, Mogi

Mirim, Paraguaçu Paulista, Piracicaba, Poá, Praia Grande, Presidente Prudente, Ribeirão Preto, Rio Claro, São João da Boa Vista, São José do Rio Preto, São Paulo, and São Simão); nine performances in three cities in other states (Recife, Belo Horizonte and Salvador) and 13 abroad, in Germany (Cologne), Italy (Bolzano), Austria (Innsbruck), Israel (Herzliya, Beersheva, Petah Tikva and Haifa) and Chile (Frutillar). In each place, we presented a specific repertoire that attempted to dialogue with the local cultural programs and technical facilities.

Artistic production and touring inform SPCD's art education events, new audience education programs, and dance recording and memory preservation undertakings – which not only resonate with each other but also add to thought around the Company's role as an agent that strengthens and extends the art of dance, its understanding, production and appreciation. In SPCD's everyday activities, we create distinct work extensions and articulations to enable collaborators to interact with the troupe.

The SPCD art education program includes lectures, talks, workshops and performances open to students and seniors. To support classroom instruction, we have produced documentary films on different periods of Western scenic dance; we held an *International Dance Workshop* and ran communicational accessibility programs. These are occasions for taking a closer look and learning about aspects of the reality of teaching and learning dance in Brazil. Above all, they instigate thinking about new ways of living dance and perceiving it while recognizing that our contemporary structure and processes prompt us to raise our comprehension of the different ways of actualizing art in today's world.

In the realm of recording dance and preserving memory, we take up different strands of dance history in Brazil by contextualizing and discussing them, inviting distinguished artists, researchers, writers and filmmakers to help us build this intangible heritage of art.

Extensive research has led to two series of documentaries, *Figuras da Dança* and *Canteiro de Obras* [*Figures of Dance* and *Work Site*]. We now have 36 documentaries for distribution to universities and educational or research institutions, or to be aired on TV Cultura and the Arte 1 and Curta! television channels, so that more of the history of art in our country can reach more people.

This task is ongoing with the publication of books of essays containing photos and writings from various authors, including the *Dance Network Program's* collaborative encyclopedia of dance on the Company's website (www.spcd.com.br). Programs for our performances provide mediation material containing details of works premiered in the year.

As part of this movement of the gaze concerning dance in general and SPCD's work in particular, we have been expanding space for reflection and development, and holding dialogues with different partners.

Creativity, renewal, experimentation, continuity, memory and diversity permeate SPCD's endeavor to reach new dimensions and new self-understanding in the acts and gazes of different audiences and collaborators. In our everyday work, this intensely lived present moment prompts us to believe in the dreamed future, creating it as it is imagined and desired by everybody who share SPCD's trajectory.

Gestures drawn in space

SPCD deliberately chose to be a repertory company in order to bring in different strands of dance history and enable collaboration with several choreographers to show the diversity of dance in movement. Our works for 2014 are thus interconnected around the year's keynote theme while extending the troupe's lines of work in artistic terms.

La Sylphide, a fairy tale for all ages, dates from the early history of romantic classical ballet in which the dual feminine appearance – sensual and ethereal – symbolized the body-mind duality.

This choreography by Mario Galizzi for SPCD was inspired in the version that August Bournonville (1805-1879) designed for the Royal Danish Ballet,[1] in 1836, after seeing the original ballet by Filippo Taglioni (1777-1871) performed by the Paris Opera Ballet, in 1834.[2] Bournonville's solos are challenging, both for his use of Danish ballet technique with agile, speedy, virtuoso footwork while holding arm positions (often next to the body), thus highlighting torso and feet movements, and for his use of music that accentuates dynamics in movements. Bournonville's work also incorporates much of his country's folklore. New music for his ballet was commissioned from Herman von Lovenskjold (or Løvenskiold, 1815-1870) and this version was passed

---

1. The lead dancers for the premiere were Lucile Grahn (1819-1907) and Bournonville himself.

2. In 1832, Filippo Taglioni created *La Sylphide* for his daughter Marie Taglioni (1804-1884), who danced the entire ballet en pointe to the music of Jean-Madeleine Schneitzhöffer (1785-1852). Taglioni's *La Sylphide* remained in the Paris Opera's repertoire until 1863 and was reshaped by Pierre Lacotte in 1972. Brazil's first performance of *La Sylphide* was at Rio de Janeiro's Theatro São Pedro de Alcântara in 1848.

down from one generation to another reflecting its permanence in the Royal Danish Ballet's repertoire.

In the 19th century, the premiere of the Parisian version of *La Sylphide* (1832) had revolutionized the ballet world. Contraptions hoisted the sylphs high in the air; choreographed movements suggested elevation through proliferating leaps and *arabesques* (a leg stretched on the floor, the other in the air); the ballerina's costume (*tutu*) was lilting and flowing,[3] and possibly the greatest of the new developments, which has become an icon for classical dance, was the introduction of pointe shoes that helped define a new language. The dreamy *La Sylphide* (the French title is traditionally used rather than "sylph") featured the ballerina en pointe daintily hovering over the stage, ethereal and weightless. Unlike earthly beings, she seemed to have broken free of gravity – an illusion made possible by the gas lighting (recently invented during the Industrial Revolution) installed in the Paris Opera, in 1822. There was also the practice of bringing down the curtain between acts to hide the mechanics of set changing.

The script for *La Sylphide* by Adolphe Nourrit (1802-1839) had drawn freely on the short story *Trilby, ou le lutin d'Argail* (1822) by Charles Nodier (1780-1844). The leading man, James, shares dramatic scenes alongside the three female figures around him who affect his fate: La Sylphide (a winged being of the forest) represents her dream, freedom and passion in the scene; Effie (James' bride-to-be) stands for reality and everyday life, and Madge (the witch), for betrayal, hostility, contempt and revenge. Act 1 sees them all at home in a cozy family setting, secure among their peers, busily preparing for James and Effie's wedding. There are love matches and mismatches – farm manager Gurn loves Effie; James is divided between love and his dreams. La Sylphide and the witch appear and disappear through the house's chimney, windows or doors, emphasizing the relationship between inside and outside, natural and supernatural, youth and old age, ambivalence, ambiguity, fragility. Act 2 is set in the unknown but free space of a forest, an imaginary world full of fantasy characters such as sylphs, the witch and wizards with their magic spells. The community's men and women move through these settings in pursuit of love, friendship, adventure and ideals.

The three distinct groups in the work show different qualities and meanings of movements. James' community draws on Celtic-Scottish folklore for their dance fea-

---

3. Eugène Lami (1800-1890) designed new costumes: a tight-fitting bodice and a lilting white gauze skirt (*tutu*) that permanently marked the ballerinas' image.

turing a spirit of cooperation and social cohesion in which synchronized movements design and redesign space, outlining various figures (such as circles, lines and diagonals) with increasingly complicated and energetic steps beating the floor. Sylphs make dainty movements in the air as they glide over the ground and seek elevations. The witch and wizards, as beings who live in nature and recall the grotesque side of life, make asymmetrically angular gestures. Frail and aged in the first act, the witch is in her element when she returns for the second act with full powers to do evil. We see the staging of reality and fantasy, ethereal and natural.

La Sylphide attracts all generations to its timeless themes of love, marriage, sexuality, human nature, relationships between peers and different beings, freedom, man's self-doubt and questioning, of himself and his dreams.

The *Grand pas de deux* from *Black Swan* (which Mario Galizzi re-created from Marius Petipa's choreography) comes from the third act of *Swan Lake*, one of the world's most popular ballets. In academic classical ballet, the theme of impossible love and imaginary beings is still there as in romanticism, but costumes and movements have changed: leg movements are more verticalized; there are endless spins (such as the 32 *fouettés* en tournant, the ballerina's one-leg spinning in the coda of the *grand pas de deux*);[4] the male variations' gravity-defying leaps. Costumes now lilted out around the girl's hips to reveal the shape and movement of her legs: the romantic *tutu* – previously featuring long transparent skirts – became the round tray-shaped *tutu* floating at hip level.

This duo shows Prince Siegfried meeting Odile, the Black Swan. The sorcerer Rothbart's daughter hopes to cast a spell on the prince while dancing in order to make him break his vow of eternal love for Odette, the White Swan, thus preventing Odette becoming a princess again, because only the true love of a prince can free her from Rothbart's spell. She is a swan during the day and goes back to being a woman from midnight to dawn. To deceive Siegfried, Odile subtly alternates sensuality and sweetness with other qualities that reveal all her wickedness. The challenge for the dancers is not only technique but performance too – man and woman share the scene and show their technical skill executing extremely difficult steps. At the same time, the duo calls for expressiveness and ability to convey emotions while moving in order to tell the story. On dancing the *grand pas de deux* separately from the full ballet, we

---

4. The *grand pas de deux* is divided into five parts: intro, adagio, male and female variations, and coda.

prompt dancers to retain the memory of all this great work in their bodies and thus synthesize its essence in their movements.

Inspired by the poem of the same name written by Théophile Gautier (1811-1872)[5], *Le spectre de la rose*, Fokine's original that Galizzi also re-created for SPCD was made for Diaghilev's Ballets Russes in 1911, especially for two great artists: Vaslav Nijinsky (1890-1950) and Tamara Karsavina (1885-1978). The young woman in the leading role is given a rose at her first ball; on returning home, she falls asleep and dreams of the spirit of the rose, which is also the perfume of the young man who gave it to her. The work retains the romantic atmosphere of dream and desire, but changes the relationship between man and woman. Here she dreams of him; she is flesh and blood while he is the spirit of the rose, thus reversing the polarity of previous ballets in which the young woman is an imaginary being connected to nature and the man dreams of her. Fokine's music was *Invitation to the Waltz* by Carl Maria von Weber (1786-1826), arranged for orchestra by Hector Berlioz (1803-1869) and renamed *Invitation to the Dance*. For the SPCD's premiere, we chose the piano version to highlight the intimate atmosphere of the work.[6]

The original costumes and sets designed by Léon Bakst (1866-1924) contrasted modernity and classicism. Nijinsky's extremely unusual and daring costume featured mesh overlaid with rose petals while Karsavina's resembled a *tutu* and dialogued with the fashion of the time. Fabio Namatame re-designed them for the SPCD to have the young woman's costume pursue the romantic ideal while dialoguing with fashion – a silver dress over layers of tulle; the young man's connects strongly with nature and his body silhouette by wearing almost transparent mesh and a hint of pink overlapping fabrics, like a tattoo on the costume's 'second skin'. Wagner Freire's lighting has blue and amber hues reveal three different parts of this work – intro, dream and meeting – with different intensities, thus contributing to the dramaturgy of the piece.

---

5. "Soulève ta paupière close/ Qu'effleure un songe virginal;/ Je suis le spectre d'une rose/ Que tu portais hier au bal./ Tu me pris encore emperlée/ Des pleurs d'argent de l'arrosoir,/ Et, parmi la fête étoilée,/ Tu me promenas tout le soir." In: GAUTIER, Théophile. *La comédie de la mort* [The Comedy of Death]/ Paris: E. Laurent, 1838; p. 145-146. [Open your closed lids / that a virginal dream lightly brushes. / I am the spectre of a rose you wore at the ball last evening. / You took me still pearly /with the watering-pot silvery tears / and about the starry gathering / carried me all the night.]

6. Cristian Budu was the pianist for the premiere season at Teatro Alfa, in São Paulo, in August 2014.

Our innovations in terms of movements particularly involve the young man's arms undulating and discontinuing the ballet's geometric lines to draw new lines in space. In one of classical dance's most challenging male solos, the dancer combines sensitive, precise footwork with gently undulating arms in a sequence of spins and leaps. As Galizzi says,[7] "Fokine's ballet did away with the geometry of lines and the white ballets; there were arguments because it was very modern and important at the time."

Our revival of Forsythe's *workwithinwork* takes the grammar of classical dance as the basis to address contemporary concerns reflected in its use of spaces and bodies, scenic composition, and tempo and dynamic of movements creating a kaleidoscope of gestures. The various stage entrances and exits morph into flowing movements and new configurations revealing different possibilities for the gesture's line in space. Forsythe describes it as more intimate dance. Its costumes "get a little more *glamour* from the sparkles. I like to say it is for cocktails [...]. Light lends meaning to the work, hides when it should hide, reveals parts of the body or the whole, cuts sections. It lends an air of mystery, intimacy."[8]

Duetti per due violini, vol. 1 (1979-1983) by Luciano Berio (1925-2003), features tones, voices and impulses for movements.[9] In the words of assistant choreographer Allison Brown, who was involved in the original production of the piece, "each part of the song was dedicated to a person, as if Forsythe was writing letters in the movements for each of them."[10] The dancers pursue the body's expansion in space as if they could enlarge their body space. Brown notes that the work poses "a combination of gestures that lead to many others in one single piece with neoclassical sections. [...] You go down from the pointe and find this parallel sequence of multiple opposite rotations of the body that go beyond this neoclassicism." In some of the work's movements, there is a clearer view of the relationship between classical gesture and Forsythe's proposed language; for example, 'dance number 25' for ensemble with *passés*, *grands battements* and leaps, or 'number 28', another ensemble piece with *liftings* and *tendus*. Setting a counterpoint to the more classical sequences, a dancer crosses the stage with movements improvised around a predetermined sequence.

7. Interviewed by Marcela Benvegnu, August 2014.
8. Idem.
9. The music is divided into 34 parts, of which Forsythe choreographed 29.
10. Interviewed by myself (Inês Bogéa) in August 2014.

According to Noah Gelber, another assistant choreographer, the title *workwithinwork* addresses "work behind the work itself, work within and around the work, within itself, on itself."

Other aspects of 2014 included three works created especially for the SPCD: the highly renowned choreographer Édouard Lock's *The Seasons* and two works by young choreographers: Rafael Gomes' *Bingo!* and Cassi Abranches' *GEN*, as part of the program for the Brazilian Choreographers Workshop.

The major themes of *The Seasons*[11] are energy, speed, impulses; light and shade; reflections on memory and perception of motion.

Director of the internationally acclaimed Canadian company La La La Human Steps, Lock's first work to use pointe shoes was *Bread Dances* (1988), made for the Het Nationale Ballet in the Netherlands. Since then, he has made iconic pieces such as *Exaucé/Salt* (1999), *Amelia* (2002) and *Amjad* (2007) while consolidating a bold, highly personal language.

The current vocabulary of dance is harnessed to the piece with great energy and extreme intensity. His gestuality alternates between vigorous movements – some flowing, others angular – and very gentle ones. Snatches of slowness and speed permeate scenes at the speed of thought, disorienting audience perception.

The base for movements may be classical but is interspersed with trivial aspects of everyday life. Well known aspects are transformed by different gestures, thrusts and resolutions in a context that also questions notions of gender and sexuality.

Lock sees classical technique as emphasizing an understanding of the body as a structural edifice – a set of idealized lines distorted by the plurality of details and complexities of choreography and its relationship with the setting for the work. By deconstructing and reconstructing movements, adapting them to our own period, the choreographer explores the body in all its versatility. The dance is performed on the limit of physicality with seemingly endless spins executed at high speed; *staccato* arm and leg gestures; suspension and contraction of the body; virtuosity and spontaneity; dynamic expressive and controlled movements.

Made for 12 dancers, the work features solos, duos and trios interspersed with ensemble movements. Dancers share the stage with the Percorso Ensemble's five musicians (two violas, two cellos and a double bass under conductor Ricardo Bologna)

---

11. For more details, see Marcela Benvegnu's piece on page 243.

and scenery and lighting movements. Different layers interact or interfere with each other – dance, music, set and lighting – to be reorganized by audience perceptions. Each featured element intervenes in, and creates new relationships for, both those watching and those on stage.

Lock's partnerships with musicians such as David Bowie, Frank Zappa (1940-1993), David Lang and Gavin Bryars also left their mark on the period. For *The Seasons*, he asked Bryars to compose an original soundtrack based on *The Four Seasons* by Antonio Vivaldi (1678-1741). One of the most popular pieces from the baroque repertoire, this piece was composed in 1723 and published in 1725 as part of *12 movements for Vivaldi's Op. 8. Il cimento dell'armonia e dell'inventione* – an emblematic title for this subject. Bryars divided the score into 12 movements as in the original work, once again drawing from the past to create something new.

Lock's lighting design is marked by contrast: from pitch black to bright light, from direct lighting to the use of shaded spaces. The dancer's movements drive the cinematographic lighting, almost every single gesture corresponding to a movement of the lighting that cuts through space as if editing a live video while we are watching. Meanwhile the choreographer creates options for viewers by simultaneously focusing on different elements of the scene.

For Lock, ballet technique is still a powerful means of addressing contemporary issues and highlighting conflicts inherent to our evolving perception of the body.

Édouard Lock's images for *The Seasons* revive the meaning of our memory of dance – it is brought back to life. We recognize the artist's considerable verve and reinvigorated humanism as we discover different tempos of the work showing possible ways of resisting and submitting to the dance of our time.

Dance seasons

Over the past six years, the different SPCD educational programs, including audience education, have drawn new audiences to dance while opening up new spaces for meeting and exchanging ideas on teaching and learning dance in Brazil, especially in São Paulo.

In 2014, in addition to the company's regular programs, the first SPCD International Workshop was held in Piracicaba (SP)[12] with 173 guests including professors,

---

12. The workshop started on International Dance Day, April 29, and ended on May 3, 2014.

trainers and choreographers from Brazil, Germany, the United States, Russia, Spain, the United Kingdom, and Belgium in attendance. The workshop provided a space for art, exchange of ideas, movement, and encounters rounding out the 1st International Dance Seminar (2013). It was an immersive experience in which dance students took both practical (classical and contemporary) and theoretical (dance history in Brazil and worldwide) classes with local and international visitors (Hilary Cartwright, Paulo Caldas, Miriam Druwe, Ludmila Sinelnikova, Henrique Rochelle, Tindaro Silvano, Dimitri Magitov, Ana Terra, and Luiz Fernando Bongiovanni), and engaged in creative processes with Brazilian choreographers (Beatriz de Almeida, Samuel Kavalerski, Clébio Oliveira, Allan Falieri, Jorge Teixeira, Daniela Cardim and Erika Novachi) and the Belgian Eric Frédéric.

Dance instructors attended classes together with students and met at the end of each day dialoguing with their peers and professionals specializing in different dance languages (Ana Terra, Tindaro Silvano, Marcela Benvegnu, Vera Aragão, and Miriam Druwe). Photography and Journalism students covered the event under the coordination of professionals (Eleni Destro for Journalism and Wilian Aguiar for Photography). These students counted on the support from a local newspaper (Jornal de Piracicaba) that gave them an opportunity to publish their first stories and photos. We all watched performances by SPCD and Piracicaba-based dance company Cia. Estável (Cedan) as well as the participants' own choreographic processes. There were some 40 hours of activities, many meetings and daily exchange of ideas in movement while broadening space for reflection on dance practice in Brazil today.

This year also saw us taking more communication accessibility initiatives as of April, when all SPCD performances started to include audio descriptions, subtitles and sign language. We learned to see new ways of perceiving dance and exchanges between people in the city and to dialogue with different interpretations of art today. There are several steps to take before we get a show on stage: specialized technicians attend choreography rehearsals to work alongside our in-house team on scripts (with details of choreography, scenery, costumes, dancers' movements). These scripts are read by a specialist and recorded before being transcribed in line with sign language accessibility rules. During performances, audio descriptions, subtitles and sign language are available on smartphones and tablets via WhatsCine, a free app. SPCD provides ten tablets and 30 headsets for the audience and assists those who already have devices to download the *app*.

Educational programs aim to enlarge the realm of dance as a meeting place; a center for emission, production, training, retransmission or reception of this performing art's signs.

Dance tempos

Finding reference material in book or video formats is a real difficulty facing anyone studying the art of dance in our country.[13] In this context, as a fairly young troupe, SPCD has extended and systematized its program for recording and preserving the memory of dance in Brazil.

In 2014, we produced our 30th documentary film[14] of the *Figures of Dance* series,[15] which recounts artists' careers as narrated in dialogue with partners or colleagues from their own trajectory. Another series, *Work Site*,[16] discusses SPCD's activities and behind-the-scenes developments and this year's film is the sixth. These contents not only bear witness to the times we live in but will also be valuable in the future since they will enable students to examine and record the history of dance in this period, thus joining forces with researchers from different parts of Brazil whose focus is dance history and memory.

---

13. In 1988, Eduardo Sucena (1920-1997) wrote a book on theatrical dance in Brazil that is still a source of reference for dance historiography in this country. SUCENA, Eduardo. *A dança teatral no Brasil*. Rio de Janeiro: Ministério da Cultura; Fundação Nacional de Artes Cênicas, 1988.

14. *Figures of Dance 2008*: Ady Addor, Ivonice Satie (1951-2008), Ismael Guiser (1927-2008), Marilena Ansaldi and Penha de Souza; *Figures of Dance 2009*: Tatiana Leskova, Luis Arrieta, Ruth Rachou, Hulda Bittencourt and Antonio Carlos Cardoso; *Figures of Dance 2010*: Sônia Mota, Marcia Haydêe, Décio Otero, Angel Vianna and Carlos Moraes; *Figures of Dance 2011:* Ana Botafogo and Célia Gouvêa; *Figures of Dance 2012*: Edson Claro (1949-2013), Ismael Ivo, Lia Robato and Marilene Martins; *Figures of Dance 2013*: Cecília Kerche, Eva Schul, J.C. Violla, Hugo Travers and Janice Vieira; *Figures of Dance 2014*: Paulo Pederneiras, Eliana Caminada, Jair Moraes and Mara Borba. Inês Bogéa co-directed with Antonio Carlos Rebesco (Pipoca) in 2008; Sergio Roizenblit in 2009; and Moira Toledo in 2010. Since 2011, she has directed the films herself.

15. The *Figures of Dance* title came up in the course of a talk given by Inês Bogéa during the first Joinville Dance Festival seminar in 2007. For more details see: PEREIRA, Roberto; MEYER, Sandra & NORA, Sigrid. *História em movimento – biografias e registros em dança*. Caxias do Sul: Lorigraf, 2008.

16. *Work Site 2008*, directors Antônio Carlos Rebesco (Pipoca) and Inês Bogéa; *Work Site 2009*, directors Sergio Roizenblit and Inês Bogéa; *Work Site 2010*, directors Moira Toledo and Inês Bogéa; *Work Site 2012*, director Evaldo Mocarzel; *Work Site 2013*, directors Jurandir Müller and Kiko Goifmann; *Work Site 2014*, director Rica Saito.

To some extent, the *Figures of Dance* series demarcates the territory in which SPCD was founded by showing the network of dance and how it is consolidating groups, companies and movements across different periods for this art in Brazil during the 20th and 21st centuries. Each trajectory echoes or resonates another even if they are in different parts of our country; many people carve out a career by touring different cities and building relationships as geographic distances become 'shorter'.

The documentary features certain developments across differing visions of the successive generations at Brazil's emblematic institutions. They are milestones in the history of the Rio de Janeiro Municipal Theater's corps de ballet (formally organized in 1936), as told in the voices of Tatiana Leskova, Eliana Caminada, Ana Botafogo and Cecilia Kerche; the City of São Paulo Ballet (founded in 1968) through the trajectories of Antonio Carlos Cardoso, Hugo Travers, Marilena Ansaldi, Ivonice Satie (1951-2008), Sonia Mota, Luis Arrieta and Mara Borba; Salvador's Balé Teatro Castro Alves, which started its activities in 1981 under director Antonio Carlos Cardoso with students of Carlos Moraes (from Rio Grande do Sul, who had been living in Salvador for several years) creating different classical dance movements with local accents; the dance course at Federal University of Bahia and Grupo Axé, by the trajectory of Lia Robatto; finally, Curitiba's Balé Teatro Guaíra founded in 1969, the history of which largely coincides with the career of Jair Moraes.

As the different privately run groups and movements evolved, events on the dance scene generally are followed in the voices of Ady Addor, Ismael Guiser (1927-2008), Penha de Souza, Ruth Rachou, Célia Gouvêa, J.C. Violla, Hulda Bittencourt, Décio Otero and Janice Vieirain in the state of São Paulo; and those of Marilene Martins, Angel Vianna and Paulo Pederneiras in Belo Horizonte. Marcia Haydee and Ismael Ivo traveled the world and introduced the Brazilian approach to art to other countries. In Rio Grande do Norte, Edson Claro (1949-2013) acted as a multiplier relating dance and physical education in universities and in the broader context as he had done before in Sao Paulo years before moving to Natal. In Porto Alegre, Eva Schul created spaces for contemporary dance.

In many cases, dance artists are active in more than one institution while also building their careers independently. The documentaries show the strong relationships they have nurtured with certain institutions or spaces, thus strengthening dance in all these places – not forgetting that their circulating enriches dance for Brazil as a whole.

Words and images

This book follows the tradition of its predecessors by featuring voices and gazes from different fields of knowledge – literature, music, visual arts and dance.

Marcela Benvegnu reflects on Édouard Lock's *The Seasons*. Roland Clauzet analyzes *La Sylphide* and *Le Spectre de la Rose*. Felipe Chaimovich writes about the historicity of fingers and hands in ballet. Cacá Machado's essay is a commentary piece that looks at the music of bodies on stage. Peter Rosenwald discusses SPCD's relevance to Brazilian dance. Amanda Queirós presents a retrospective of creations by Brazilian choreographers for SPCD. Rodrigo Lacerda's essay is divided into three acts, featuring a ballerina as character. There is also a photo essay by André Porto titled *Jogo de corpo* [Body Play], with images relating dance to soccer. There are also reports, reviews and critiques of SPCD's work, published in Brazil and internationally in 2014, all of which look at this year's season from different angles.

Dance Gaps: Édouard´s Lock piece
Marcela Benvegnu

In 2013, SPCD's artistic director Inês Bogéa focused on *Love, life and death* as themes to lend meaning to works chosen for the season, while in 2014, the theme chosen was time. The *Past-Future* season included seven premieres[17] "presenting live tradition in the body and showing continuity and discontinuity in the tracks of Western theatrical dance."[18] Amongst the premieres, SPCD's fourth international production[19] synthesizes this theme, with Édouard Lock's *The Seasons* placing tradition, memory and the possibility of discontinuity side by side while reworking them for the present.

In 2014, Lock arrived in Brazil to work with SPCD on January 28, a symbolic date as the company's 6th anniversary and the day it published the book preceding this volume, *Jogo de Corpo – Ensaios Sobre a São Paulo Dance Company* [*Body Play – Essays on the São Paulo Dance Company*]. SPCD dancers would now have to decipher Lock, one of the dance scene's legendary figures, and vice versa.

The choreographer's key idea for *The Seasons* was interaction between memory and audience perception in real time, when the choreography is being performed. "There are three levels of memory in this piece, the cultural memory of *The Four Seasons* (1723) by Antonio Vivaldi (1678-1741), which is revisited by Gavin Bryars' sound track and at times recognized by the audience; the cultural memory of classical ballet itself, which has been part of society long enough for people to recognize it, and the personal and cultural memory of each person's body, with distortions reflecting the influences of

---

17. In 2014, as well as Lock's work, SPCD premiered *La Sylphide* by Mario Galizzi after the original of A. Bournonville (1805-1879); *Grand Pas de Deux* de *Cisne Negro* by Galizzi after the original *Swan Lake Grand Pas de Deux* of Marius Petipa (1818-1910); *L´spectre de la Rose* by Galizzi after the original of Michel Fokine (1880-1942), both restaged by Galizzi; *workwithinwork* by William Forsythe; *Bingo!* by Rafael Gomes, and *GEN* by Cassi Abranches. Programs feature other works from SPCD's repertoire.

18. *Passado-Futuro* by artistic director Inês Bogéa posted on São Paulo Dance Company website (www.spcd.com.br)

19. SPCD's first international production was *Polígono* (2008) by the Italian Alessio Silvestrin, a shortened version of which was revisited in in 2009, followed by *Peekaboo* (2013) by the German Marco Goecke, and *Romeo and Juliet* (2013) by the Italian Giovanni Di Palma.

our period,"[20] the choreographer said. "These three levels interact directly: cultural memory of the music; cultural memory of classical ballet as an art form and the individual cultural memory of each person's body. Together they create new positionings and, therefore, a tension in which the work is inscribed to exist."

Lock suggests that classical dance reflects the context of the society in which it emerged and that the choreographer may actualize the contemporary perception of this medium. The dancing of Lock's works requires that performers show more than just technique. "What I look for in a dancer is intelligence. Dancing is very difficult, it is more than executing steps. He/she has to learn to be someone else rather than represent a character. It is a mistake to become a character. In my choreography, dancers need to get away from old habits. It is this intelligence that I look for, this is what matters for me," he says.

For his piece, Lock chose 12 of São Paulo's 53 dancers – Ana Paula Camargo, Daniel Reca, Joca Antunes, Leony Boni, Lucas Axel, Lucas Valente, Luiza Lopes, Morgana Cappellari, Pamela Valim, Renata Alencar, Vinícius Vieira, and Yoshi Suzuki. "When I heard we were going to dance one of Lock's works, all I could think of was that I had to be in this cast. I wondered what it would be like to work with him and how we were going to get the quality of movement he demands. I had studied many of them and I knew what he would be looking for. It was not an easy audition. Self-assurance had to be shown in very complex sequences," Valente said.

"This audition was a very unusual one. Rehearsers in the room used tablets to record sequences Lock created randomly for each dancer to memorize afterwards. It was a mixture of classical with very fast everyday movements and every time we performed he asked for a different intention," Reca added.

After about three months work, *The Seasons* had its world premiere to packed houses at Teatro Castro Mendes in Campinas (SP), on April 25 and 26.

The Four Seasons

1. *Movement*. Lock's work is revealed and concealed at the speed of movement and light. His choreography is structured into 12 parts, one for each month of the year,

---

20. Quotations from Édouard Lock are from an interview with Inês Bogéa and myself at Teatro Mars in São Paulo on February 24, 2014.

marking the four seasons.[21] When the curtain rises, five musicians are at the back of the stage; in the shadow; a spotlight front and center shows Yoshi Suzuki standing there, his torso bare, his back to the audience. The movement starts slowly and does not warn what is up next. His head turns forward and his arms and legs quickly slide downward, still in silence. An image resembling a faun's is glimpsed when light leads the viewer's eyes to a different scene. It is registered in a blink of the eye.

It's wintertime, in January. Quick and agile movements reflected on the floor create a double image on the dancer, as if it were his own shadow. As sweat becomes profuse, he takes to the air through pirouettes and disappears in space as two other dancers (Antunes and Reca) come on stage. They share three spotlights in one at the same time, and we can no longer tell where each of them is. Movements are perceived but not deciphered; everything is very fast, gestures scratch space. Basic everyday movements – running one's hand through the hair, touching the corner of the mouth, or bending wrists – gain unparalleled complexity from the speed at which they are performed.

"Lock said he did not want audiences to understand movements; that when they were thinking about what a gesture was, they would not have time to see because it would have vanished into the air. He asked us to put some strength into it in order to do the movements faster and faster," Reca added. At this point, we realize that *The Seasons* is echoed in *Supernova* (2009), Marco Gocke's piece for Rotterdam's Scapino Ballet. This piece was revived for the SPCD in 2011, with the choreographer saying the same things about speed of movement. "You can do it faster and faster, and then it will hardly exist in the end."[22]

Having the Antunes-Lopes duo as protagonists, the month of February presents other performers in the background (Axel and Vieira). This scene includes an excerpt from a Vivaldi piece that Bryars kept in the structure of his choreography so that the composition's living tradition may be recognized in the performers' bodies. The duo performs a bit differently from the previous dance routine; this one is *pas de deux* style, more classical and soft. Legs and spins gain prominence. Classical dance routines are recognized immediately, which is what the choreographer wanted. The movement,

---

21. The work was written to follow the seasons on the European calendar: winter (December, January and February), spring (March, April and May), summer (June, July and August) and autumn (September, October and November).

22. In reply to the author's e-mailed questions for the program distributed at SPCD on August 5, 2011.

for the most part, takes place mid-stage and front, as in the structure of the great classics – in which soloists are placed center stage in front of the corps de ballet –, and the pointe shoe becomes an extension of the ballerina's body; a prosthesis that takes her off the axis, a continuation of her legs. "The hard en pointe work tightened our muscles. In this ballet, we spend hardly any time with our feet on the floor, all the *élevés*[23] work has to be very quick and there is no preparing for rising en pointe," Pamela Valim remarked.

It is in the month of March, with the advent of spring, when the whole cast of the choreography is seen. A line of women and men sitting diagonally on the floor makes way for another duo. Vieira and Cappellari usher a sensation of tension and conflict into the scene. Their breathing seems to change. The other dancers come in and out of focus without viewers seeing them begin their routine, or know where they are going to. It's like searching and not finding. The music once again recalls Vivaldi's piece.

In the next two months, a trio and a quartet perform. The first month (April) features Antunes, Valente and Camargo, with the ballerina's routine needing physical strength and contact with the two male dancers to happen. It is a sort of question and answer of their bodies, as if she had to pick only one of them to remain on stage. Valim, Axel, Veiga and Suzuki form the quartet that follows the scene, representing the month of May. From the encounter, a question arises. Although it appears to be the same, the routine is interspersed with quick and short jumps that light reveals to spectators' eyes.

With the arrival of summer in the month of June, light beams showing the performers' arms and faces direct – at the same time as they baffle – the audience's gaze along the sequences of Camargo, Alencar, Boni and Valente. The central spotlights are turned on and off, in step with movement, and no one knows for sure where each dancer is: sometimes inside, sometimes outside, other times on the edges. Light is actually what moves. The duos for the sequence are lighter and punctuated routines. Movements are clearer, more definite. The dancers switch partners to form a trio or perform solos. Spectators are no longer able to recollect previous formations due to zigzag of entrances and exits through the wings or back of the scene.

---

23. *Élevé* is French word for elevated and refers to the ballerina's en pointe or demi-pointe without flexing the knee.

July is announced with the return of the Lopes-Joca duo. At center, they do a sequence in which legs are launched up in space all the time and loud music leaves tension in the air. As Joca leaves, all the other men come on stage (August) and the ballerina bids them goodbye, one by one, as if her chosen partner were the last left there. There are eight spotlights for six dancers, their bodies entering and leaving in the light. They spin, leap, and drop to the floor. Valim comes running in and chooses Axel for her target. The duo performs a sequence that highlights classical dance routines as in Lopes' previous entrances, but also shows the speed and direction of everyday movements being performed. The duo for autumn (September) keeps spectators on the edges of their seats, not due to the unexpected ending, marked by Valim's loud laughter at Axel, but the duo's interfusion, their vigor and the speed of their hands in the light.

The subsequent (and last) three months are represented by a trio in October (Reca, Antunes and Cappellari) and two duos, one in November (Camargo and Valente) and another in December (Lopes and Antunes). "In the *pas de deux*, Lock combined ten different short sequences we had learned, after discarding another ten, and did choreography of about five minutes. In the last week before the premiere, he changed it again, including and excluding parts, designating four and a half minutes to the *pas de deux*," Valente says. In turn, Camargo claims that when dancing this piece she thinks about speed as result, rather than point of departure. "The dance starts with the energy Lock asked for, then goes on to the choreography, the routine, and finally the speed is the result of this explosion," she notes.

The final duo is the return of Lopes and Antunes, who wrap up the entire ballet, elucidating the theme of memory of classical dance updated by the tempo and speed of movement. Upon finishing their routine, the couple steps upstage as the other dancers come onto the stage from the back and from behind the musicians. The ballet ends with the cast face to face with the audience. "The choreography's structure is the most important part of the dance. It is not about a specific routine, but how it correlates with the whole, through lines and forms. Pointe shoes are a symbol of memory and there are some moments in the choreography that allude to classical ballet structures, but the level of complexity, detail and speed take that structure out of this place, situating it in a different period," Lock says.

2. *Light*. It is in (and by) light that the choreography's structure is built up. The stage is dark and the spotlights, separately, sequential, or one inside another, clear the space

for the action to take place. At times, it precedes movement, starting the path that the performer will travel, other times it leaves the audience in suspense and confused. Without light, dance does not happen.

Lock is an unconventional artist. For two months, he divided his time between rehearsals on the São Paulo Dance Company's premises and at Teatro Mars, where he set up a lighting arrangement for his choreography even before it existed. He felt a need to create on site, to see how the light would dance with the dancers' routines. As a result, there were 668 light changes in the course of the 50-minute choreography. SPCD professor and rehearsal director Milton Coatti reports that Lock would watch some choreographed gestures and then pause to design the light. "It was meticulous work. Each spotlight has a certain angle, a specific part of the body to be highlighted. At times the light does not change place, what changes is the place it is coming from. There are numerous points of view[24]. "Every gesture has its counterpart in a movement of light that slices space as if live editing of what is being seen," adds SPCD director, Inês Bogéa.[25]

"The moment we think of light, our first reaction is to make the scene brighter. Yet shadow is light too, as is darkness. It all means revealing something, showing details of something. Light is much more interesting when you are hiding things, than revealing them. The scene's texture has to be changed. It's not just tracking a dancer. This means that you are basically creating an inner perception of what people see, because they do not see reality, they see parts of what is happening and anything that is not illuminated can be filled out by the spectator's memory, so we have an individual view that is different in each eye," says the choreographer.

3. *Costume / Set design* "The way I work with lighting and the complexity of movement makes me think that the audience has to understand what they are seeing on stage. There is a number of obstacles they must overcome before paying attention to costumes or sets, so these have to be readily available to the eye of the spectator," Lock explains.

Since the 1980s Lock has been a fan of bodices, which emerged in the history of 16th-century fashion to lend more emphasis to women's breasts and waists. He claims they reveal performers' figures and the extension of their movements. More than 30

---

24. In reply to the author's questions e-mailed on August 28, 2014.
25. In *A Dança no Tempo*, a piece written for *The Seasons* program distributed in April, 2014.

years later, he is still using bodices in his works, now with more textures and representations. Lock asked Liz Vandal, who has worked with him for over 25 years, to design the female costumes for the SPCD's production.

"Costumes for dance have to be pretty, functional and harnessed to movement because it's about dance, not fashion," says Vandal[26]. "The female costume is a black bodice with transparent parts to which we have added red accents for the first time in the history of Lock's choreography. The accents are practically invisible inside the black fabric, altering people's perception of it when it is illuminated," says the costume designer. Lock says that he is drawn to doing something that is almost imperceptible in the eye of the beholder, but important for the dancer because he knows what he is wearing. The ballerinas are wearing transparent tights, which lengthen their silhouettes. "When you have bodies with free arms and heads, legs are extensions of clothing and its texture is important for the light and for the dancer. He knows that the costume is as full of accents as the choreography he is dancing is all about details. It is all a same ensemble," says the choreographer.

The traditional male costumes in Lock's works are suits he designs himself. "I think it's interesting when audiences see that they have something in common with the person on stage and they recognize that through clothes. So a man sitting in the audience recognizes the same kind of clothing that he wears, but it's on stage doing very different things to those he does with his suit in his day-to-day routine. So there is a shared trait while there is a distortion too," the artist explained. The dancers wear black pants and sometimes a shirt and blazer of the same color.

Lock did not provide many references for Liz's creative work or for Armand Vaillancourt's set design. "I just told him it should be based on Vivaldi's piece, be interesting and evoke the memory of that score. He created organic forms placed along the aisles that appear and disappear in the middle of the spectacle. If people want to ignore the choreography and look at the set, they can do that. It's just another point of view. It is a very complex set and spectators may enter along unlikely paths," notes the choreographer.

Vaillancourt made 96 different aluminum plaques connected to 12 screens (each containing six plaques), taking the place of the aisle, creating a boundary between stage and backstage. They are moved during the choreography and hung at different heights

---

26. In an interview with the author in São Paulo, April 7, 2014.

off the floor. The screens may be seen from various angles and positions on the set. "I wanted an organic feeling with inspiration drawn from nature. The different drawings represent branches and roots of trees arranged in space," Vaillancourt explains.[27]

4. *Music*. Although the work's title refers to music, it was the last things that the choreographer organized. Lock says there is a tradition in the joining of music and dance, and they need not have been created at the same time in order to happen together. "Music is an emotional medium that makes feelings well up quickly and powerfully. It can make people sad or happy. Emotion is much more present in hearing than in sight. The eyes are cooler, they see the work but when you add music, they change. I prefer to create visual structures that find equivalence in musical structures and lend them pace, before getting dance and music to come together. Dancers do not have to rely on music to be inspired to dance. They have worked in silence at some point," he says.

Valente recalls that Lock did not want dancers to relate to music. "He said we should make an effort to keep the sensation internal, and that the music was there as stimulus for the audience. We rehearsed with many different kinds of music, and in silence too." The result of the movement came from within. "The outside sound was a kind of support to further refine the piece. Our music was our body; we listened to ourselves," a Boni explains. Camargo saw that the challenge was to keep movements going fast in order to avoid being restricted by the music. "Since some parts were slow, you had to pay close attention to gestures so as not to waste energy," said the ballerina.

Lock thinks audiences are initially moved by recalling a piece of music and the memories it may bring back. "An audience does not recognize itself in neutrality. There has to be a symbol to state something and represent it. In the work, we deal with a symbol that is shown in a new way, part of you is involved but another part does not know what is going to happen. That is where tension comes in. And unpredictability."

The piece chosen to give meaning to symbol and memory was *The Four Seasons*, one of the most widely known scores by the Italian musician Antonio Vivaldi (1678-1741), composed in 1723 and published in 1725 as part of *Vivaldi's Twelve Concertos Op. 8* (*The Trial of Harmony and Invention*), and one of the most popular pieces of baroque music. Gavin Bryars reworked *The Four Seasons* for the present day by dividing it into 12 parts,

---

27. In reply to the author's questions e-mailed on April 14, 2014.

one for each month of the year, as did Pyotr Ilyich Tchaikovsky (1840-1893) for his *The Seasons* (1882). "My great challenge was to identify the essence of each part of the original version, and try to follow the structure of the original composition as closely as possible. In some cases, I had to expand the scale because the material the choreographer had chosen only lasted 40 seconds and I needed to turn it into three to four minutes of music. In some parts, citations from the original piece may be recognized," says Bryars.[28] "Two of the scores assigned to autumn, in the months of October and November, are not integral parts of *The Four Seasons*, they belong in Vivaldi's *Concerto in G Major* that Lock selected to complete his choreography design."

At the premiere, the music was performed live by Percorso Ensemble (Lisa Monteiro, Sarah Nascimento [guitars], Douglar Kier and Heloisa Meirelles [cellos] and Pedro Gradelha [bass]), conducted by Ricardo Bologna. Dance and music configure two different ambiences for the set. "You may be fascinated by the movement of the musicians, because they have to produce sound from their instruments, and then by the dance movement. You may also choose to close your eyes and listen to the music. The audience is free to choose where to look and what to listen to. Music is one more option," the choreographer says.

Before yesterday

Lock was born in Morocco in 1954 and moved to Montreal in 1957. He became a Canadian citizen and made his name as one of the most important choreographers of all time. Before founding Lock-Danseurs in 1980, which later became La La La Human Steps, he choreographed his first piece, *Temps volé* (1975) for Le Groupe Nouvelle Aire (a Canadian contemporary dance troupe founded in 1968) and worked for Les Grands Ballets Canadiens de Montréal (1979). "My mother says that, as a baby, I made this *la la la* noise that did not mean anything. Since I believe that a work's power is not in its name or its meaning, but in its structure, in something we make sense of over time, I decided to give the company this name," he said. "I am not very keen on giving names. The danger of giving a work a title before it opens... is that you are steering the audience's opinion, leading them to a pre-conceived idea. I like them to come to the performance without expectations and afterwards I will think of a name I want to use, if there really has to be one," he explained.

28. In reply to my e-mailed questions on April 14, 2014.

After *Lily Marlene in the jungle* (1980), *Oranges or La recherche du paradis perdu* (1981) for which he was awarded the Jean A. Chalmers Award for choreography, and *Businessman in the Process of Becoming an Angel* (1983), which won the Bessie Award in New York and discovered his muse – Louise Lecavalier, who worked with him for 18 years –, La La La was no longer just a sound and it projected Lock onto the world dance scene. The work that started to change this scenario and showcase the choreographer's style was *Human Sex* (1985), which combined postpunk silence, combat sport, and film. The piece toured worldwide for two years. Lock's works also set milestones in 1980s music. In 1988, he started working with Britain's David Bowie on the choreography for *Look Back in Anger* for a London concert; the following year, he was artistic director of Bowie's *Sound and Vision* world tour. He also worked with Frank Zappa in the scores for the album of orchestral music *The Yellow Shark* (1992).

A result from his studies at Concordia University (Montreal), Lock's intimacy with film and literature became noticeable in *New Demons* (1987). In this piece he tested the physical limits of dancers, who seem to be flying between projections. His turning point was when he wrote *Bread Dances* (1988), for Het Nationale Ballet (Amsterdam), using pointe shoes and classically trained dancers for the first time. After creating *Infante, C'est Destroy* (1990) and *2* (1995), a modified classical technique made an impressive appearance in *Étude* (1996) and *Exaucé/Salt* (1999).

In *Amelia* (2002) for the State Opera of Prague, which gained autonomy and also marked Lock's trajectory, La La La's dancers who, despite having come from diverse backgrounds, were by then classical dancers too and had been doing sports to train strength and stamina. In this work, physical limits are challenged by gravity and virtuosity is transformed by the lighting. *Amelia* was adapted for a film version in 2003 and took several awards at events such as the Chicago International Film Festival, Festival de la Rose d'Or, Prague International Film Festival and Banff World Television Festival. The title no longer needs the choreographer's signature. *Amelia* is *Amelia* anywhere in the world of dance. In the same year, Lock choreographed *Les Boréades* for the Paris Ópera Ballet.

Lock's *Amjad* (2007) was his re-interpretation of major works from the classical repertoire such as *Swan Lake* and *Sleeping Beauty*, in which he combined tradition, memory and modernity in a piece that abstractly exploits performers' bodies. For his company's 30th anniversary in 2011, he created an untitled work and then did the piece for the São Paulo Dance Company, in 2014. "I do not usually choreograph for many companies because creating is a full-time job and as company director I have to do it constantly, day and night. I like going into the studio to try and find ways of doing what I'll be putting on stage that I like. And this is a process that I am fully involved with, and I cannot get out of it. I spend a lot of time in the rehearsal room thinking about what I am going to do." He sees the rehearsal room is a natural place, one of vibration, in which effort and work come together. "In the studio many things happen, we give it up for the walls. You could say it's a healthy place and at the same time feel a tension. It is very individual."

After tomorrow

Lock believes that "the future of contemporary dance lies in part in rediscovering its past in the rich history of classical ballet.[29]" In his own words, "What gives dance its power is that it does not show artifices. The impact of what the audience is seeing on stage is happening at that instant. Sometimes it's important to go back to basics and realize the extent to which you can be powerful, interesting and complex by remaining simple. Everything is built on this first impression, this core. We have a tendency to try to find a progression, an evolution, but I think that even though choreographic ideas and experiments change continually, they're always built on the same basic principle. It is important to go back to the source from time to time. Dance is there to constantly remind us of that."[30]

Memory, tradition, and rupture coexist in the interval between past and future, which is where the present pulsates. "Being part of a tradition means being able to renew, cultivate and reinvent the past in the present."[31] *The Seasons* is a meeting between these periods, through the inscription of the moment in the gesture of dance and the eyes of dance spectators, because memory does not build through regression from present to past, but by renewing the past in the present.

---

29. Interview headed *La La La: Edouard Lock's Future of Ballet* published in The Vancouver Sun, January 16, 2012. (http://blogs.vancouversun.com/2012/01/16/la-la-la-edouard-locks-future-of-ballet/). Retrieved May 28, 2014.
30. Interview for Canada's National Art Center's Mediatheque. (http://www.artsalive.ca/en/dan/mediatheque/interviews/transcripts/edouard_lock.asp). Retrieved May 27, 2014.
31. Inês Bogéa in *Passado-Futuro* posted on the São Paulo Dance Company website (www.spcd.com.br)

On Classical Programs
Roland Clauzet

SPCD's program for this year must be especially commended for its perfect balance between contemporary and classical works. In respect to the latter, there is an important new development: the company's repertoire now includes two ballets that have greatly influenced the history of dance: *La Sylphide* and *Spectre de la Rose*, which amounts to major progress in terms of situating the company in choreographic tradition. The brilliant performance of Mario Galizzi's choreography for *La Sylphide* that we have admired in the recent period would show proof – were it needed – of our dancers' ability to tackle challenging classical projects as successfully as they have done with contemporary dance. On the same occasion, they showed a maturing theatrical temperament that left them totally at ease with ballets d'action such as last year's *Romeo and Juliet*.

Our ballerinas have just performed *La Sylphide* could they even imagine how some critics and members of Parisian audiences of the 1830s reacted to what was seen as eccentric dancing? Dancing 'on tiptoe' was often demeaned as absurd and not at all aesthetic. En pointe dance, they claimed, would never be adapted to the choreographic art, as it had been codified during the previous two centuries. However, by 1830 times were changing. Major social and political revolutions were underway: the whole of Europe was in turmoil and the arts were not to be left behind. In that same year of 1830, Romanticism picked up more momentum from a major event when the Comédie Française premiered *Hernani,* a drama by Victor Hugo (1802-1885). Only six months later, the *Symphonie Fantastique* of Berlioz (1803-1869) left the same audiences astounded. In this hothouse of new ideas, the ballerina Marie Taglioni (1804-1884) audaciously used en pointe in a choreography of *La Sylphide* that her father Filippo Taglioni (1777-1871) designed for the Paris Opéra (1832). Such a triumphant success was this production by the Taglionis, father and daughter, that the earlier period's timid experiments with en pointe were no longer decried as dubious. The courts of 16th-century Italian princes had devised gracious and measured steps that had been codified by the kings of France in the following century. Yet, now these steps appeared to be have receded into the distant past, although more recent pastoral pieces à la Trianon were still being danced alongside mythological echoes from the ballets of Versailles and the Sun King – all suddenly swept away by Marie Taglioni's en pointes!

The plot had been a suggestion by the tenor Adolphe Nourrit (1802-1839), in complete awe of Marie Taglioni's performance as one of the shrouded pale-white nuns rising from her tomb at night, in Robert le Diable. This Meyerbeer opera with Nourrit in the lead role had opened at the Paris Opéra in the previous year. For the 1832 premiere of La Sylphide, the costume designer had the dancers wear flimsy muslin skirts that, when uplifted by movement, would give the viewer's a heightened impression of lightness. This led to another no less important development: the tutu, now the ballerina's traditional costume. Moreover the nuns' ghosts of *Robert le Diable* and the winged maidens of *La Sylphide* led to a taste for ballet blanc that has left us many descendants: *Willis*, dryads, shadows, ghosts, swans and many more of their ilk down to the present day. In short, this new ballet was quite unlike anything ever been seen before. In prose and verse, writers were singing the praises of the new style. "Do not ask me what became of Spring this year; it was all thrown at the feet of Mademoiselle Taglioni!" wrote a famous author. The most lyrical of them was the young poet Théophile Gautier (1811-1872), an undisputed champion of Romanticism who developed an obsession for that Sylphide. This true balletomane offered his Giselle story to the Paris Opéra eight years later (1841), leading to another foundational monument for en pointe, ballet blanc and the tutu. Giselle may have been the absolute masterpiece of Romantic ballet, but La Sylphide was its birth certificate or prototype.

Marie Taglioni's rival were stirred to envy; they described her as made of "little flesh and much bone" and even smeared soap on the stage when she was about to perform a solo! Marie was slender with long legs and arms but had a flair for harnessing her physique to the more mellifluous and undulating movements that characterized the new style. Great ballerinas subsequently succeeded Taglioni and made their own marks. My own memory retains the unforgettable Alicia Markova (1910-2004), Rosella Hightower (1920-2008), and Ghislaine Thesmar. Since this work does not tolerate banality and requires great respect for style, I must admit I feared that it was overly ambitious of SPCD to add it to the repertoire. However, my fears were groundless. The two title-role performers[32] earned my admiration for their ability to translate the character's spontaneous coquetry and especially the timeless gracefulness that has to be marked by very

---

32. Luiza Lopes with Emanuel Vasquez and Luiza Yuk with Yoshi Suzuki.

fast leg movements and fluent arm positioning. Théophile Gautier said the arms should be worth more than a long poem, with hands as light as flowers. The sylphs in our corps de ballet were also perfectly imbued with the characteristics of Romantic dance. One might almost say that several of them could tackle the lead role. Which leads me to dreamingly wonder whether there could be revivals of famous pieces such as *Pas de quatre*, created in 1941 by Anton Dolin (1904-1983) as a revival of the ballet presented in London a century earlier, in 1844, by the choreographer Jules Perrot (1810-1892). *Pas de quatre* succeeded in bringing together four of the greatest Romantic ballerinas in addition to Taglioni: Lucile Grahn (1819-1907), who premiered the Bournonville version of *La Sylphide* in Denmark; Carlotta Grisi (1819-1899), the first to dance *Giselle*; and Fanny Cerito (1817-1909), another of the period's absolute stars. All four wore similar sylph costumes and the choreography imitated Filippo Taglioni's. Today we can only imagine what battles for technical perfection must have been waged by those four jealous and aggressive beasts confined to a single cage, leading to extreme refinement of style as a mark of their superiority over their peers. The struggle must have come close to caricature. Reviving this Pas de quatre in 1941, Anton Dollin humorously staged these rivalries in a minor masterpiece that is now seldom performed, unfortunately. Let us hope the success of *La Sylphide* will prompt its addition to the repertoire of the SPCD, which now has dancers of the caliber required. Indeed, it would be interesting to see four dancers contrasting their talents in a tournament of exhibitionism.

The Taglionis' *La Sylphide* eventually fell by the wayside as fashion moved on. The version our dancers have just performed was a reproduction, or more precisely an interpretation that sought to be true to the original. Its author August Bournonville danced the work in Paris and was so taken with it that four years later (in 1836) he decided to stage it at the Royal Opera in Copenhagen, where he became *maître de ballet* (ballet master). However, he had to drop the Taglionis, who were demanding huge fees as well as the rights to the music. Bournonville was an obstinate individual who courageously decided to recreate the choreography from memory in as far as it would allow. No doubt, he remained faithful to en pointe and followed the plot exactly, but it was shortened; most importantly, however, the theatrical action was more vivid and clearer. There was one innovation. Since he had previously been a dancer, his view at the time was that male performers were only foils for ballerinas; therefore he enriched the role of James with a second-act series of demanding sequences that enabled dancers to showcase their skills. Our solo dancers bravely performed this virtuous passage, but more precise landings would be desirable. Finally, Bournonville commissioned a new score from the 20-year-old composer Herman Løvenskiold (1815-1870) and they worked together on the same lines as the Paris production: Løvenskiold gradually delivered small music pieces he had adapted to the steps Bournonville wanted. The ballet was then put together piece by piece in line with the choreographer's wishes, so that the combined music and dance gave the impression of a dancer producing soft sounds while just lightly touching the floor. When watching the SPCD's sylphs with their voluptuous gracefulness, flexible development of arms, movements of the feet and elevations, there is a feeling of this melodious accord. Could there be any better compliment than this? To instill this unusual style and spirit in dancers, Mario Galizzi must have had serious support from ballet instructors and rehearsers, the obscure but crucial artisans behind each new production. This support enhances the quality work done on a daily basis in the SPCD studios on Rua Três Rios. I have the impression that having achieved these results, the company may now think of staging *Giselle* if two dancers sufficiently mature for the role may be selected. This does not seem very difficult given the high levels certain individuals have reached...

* * *

The other new item on the classical program is *Le Spectre de la Rose*, an equally important milestone in the history of dance. In this case too it would perhaps be overly bold to stage this work involving only two performers, but having a male role that requires considerable familiarity with the more traditional classical repertoire, which is not the case here. Over the years, the company's directors have been assessing some of their capabilities and they are now ready to risk giving them solo roles. Their calls have always turned out to be judicious decisions and some individuals are gradually standing out from the corps de ballet as a whole. But overall quality too is constantly improving and being enriched by the experience of wide ranging productions. Almost every member of the company is now ready for a solo role as long as it is one that is suited to a particular kind of performance. The recent *Le Spectre de la Rose* has shown that some performers unaccustomed to leading roles may rival peers who have already had this experience. Different couples danced in each of the three casts[33] and all are to be commended on assimilating the particular style of a ballet that is not often produced.

33. Yoshi Suzuki with Luiza Yuk; Emanuel Vasquez with Luiza Lopes and Vinícius Vieira with Pamela Valim.

Whether one cast was distinguished by a special charm, or another by heightened sensitivity, virtuosity or physical mastery, all three casts gave pleasantly distinguished performances. In this case too, the work put in bore fruit and Mario Galizzi's choreography was inspired while respecting the ballet's original choreography, which was very well executed. Pace, steps and posture were so special – in short, magical; it was all there. My only regret in relation to set design and costume was that they could have wagered more on *démodé* poetry, as the history of this ballet ought to have suggested. Moreover, we could well linger a little over this story.[Léon Samoilovitch Bakst (10 May 1866 – 28 December 1924)] sets and costumes.

The *Le Spectre de la Rose* premiered in 1911 at the Monte Carlo Opéra with the famous Ballets Russes. Established in 1909 in Paris, this company presented very innovative spectacles that had a bombshell effect comparable to *La Sylphide* in its time. The young company's director was Sergei Diaghilev (1872-1929), who had tempestuously broken from the academic dance prevailing in Russia in the hope of finding fresh audiences in Western Europe that would extend a welcome to his new ways of dancing. He was not mistaken. His spectacles drew admiration and enthusiasm for their unusual themes and sets designed by resolutely modern painters [Alexandre Benois (1870-1960), Bakst (1866-1924), Goncharova (1881-1962) and later Picasso (1881-1973) Matisse (1869-1954), Braque (1882-1963) and others], unlike the previously fashionable dull sets. For their music, the Russians brought along Stravinsky (1882-1971) in their baggage, but were soon dancing to Debussy (1862-1918), Ravel (1875-1937), Satie (1866-1925), Poulenc (1899-1963)... Nothing but the unexpected!

However, even amid the new forms then emerging *Le Spectre de la Rose* burst forth in a way that might seem surprising, since Diaghilev had been offered a *démodé* theme that he found attractive. Another charming poem was written by Théophile Gautier no less! Its first four verses lay out the whole story of the ballet:

Soulève ta paupière close
Qu'effleure un songe virginal;
Je suis le spectre d'une rose
Que tu portais hier au bal[34]

---

34. "Open your closed lids that a virginal dream lightly brushes. I am the specter of a rose you wore at the ball last eve."

This Romanticism had already been left far behind. It would be translated in a very original manner to pose a role worthy of Vaslav Nijinsky, the exceptional dancer that Diaghilev had just signed. Nijinsky had been excluded from the St. Petersburg Ballet due to the "costume scandal"! Just imagine: Nijinsky wore a waist-length leotard and rejected regulatory-type shorts that covered the whole pelvis to mid-thigh. What would our young SPCD dancers think if that fashion were revived today?

With *Le Spectre de la Rose*, not only its subject had originated in a poem from the past, but also the selection of its music – Invitation to the Waltz, by Weber (1786-1826) – was backward looking. Let us not forget that Stravinsky's *Petrushka* was on the same program and that *Rites of Spring* would be played for the first time in the following year. The choreography was by Michel Fokine, who also rebelled against the conservatism of Russian audiences and joined Diaghilev's company in the West, where he knew his innovative concepts would get a hearing.

In a sense, this ballet was Romanticism's swan song. The idea of a sleeping girl seeing only the specter of her dream in pink was quite conceivably a poetic one in 1911, but casting a man in the role of the pink ghost – when everyone was used to spirits being played by dainty ballerinas – was a shocking departure, to say the least. However, Fokine imagined this specter in the same unique and new way as the *wilis* and sylphs of yesteryear. He wanted this character to have "arms that need to sing and live" – or, to be more precise, arms showing undulating flexibility and controlled gracefulness; in short, an androgynous creature. Note that on this occasion the key role was given to a man, whereas the usual fashion was to cast a ballerina. Another point to bear in mind is that the dance Russians brought to the West in 1911 was more vigorous than the French or Italian style and required powerful leg muscles as in the grand ballets of Marius Petipa (1818-1910). Therefore Fokine's ghost with its almost effeminate arms surprised audiences with successive leaps showing virile strength exerted without respite from start to finish.

Clearly most big strong lads with flexible calves could play this Specter role. The performers on those last days did not disappoint audiences with as many leaps as they could manage, keeping up that pace for the ballet's ten-minute duration without apparent fatigue: quite a feat! Perhaps there were fewer whirls and spins than in Fokine's original choreography, thus making the performer's aerial virtuosity lighter on the viewers' eyes. These steps are adornments like vocalizations that opera composers abhor, but deft singers like to add in order to enhance their aptitudes. Most remarkable, however, were the dancers' arms moving with an undulating flexibility and controlled gracefulness that corresponded exactly to Fokine's "arms that need to sing and live" – which is just as crucial as having powerful leg muscles. Strength has to be disguised behind gracefulness, thus turning this androgynous being into a new and unique poetic dream. If not easier, the girl's role was at least more normal, and from the outset the performers imprinted a Romantic image directly from La Sylphide. As each one came on stage showing dreamlike nostalgia even before actually dancing, there was one of those magical moments in which a ballerina's talent is fully expressed. After its latest success, SPCD is ready to strike out for new adventures!

But let us return to the history of ballet. Nijinsky (1890-1950) performed that role with great distinction. When the specter had to leap out of the window he jumped "so high and so far that we can never imagine him coming back to earth" in the words of an admirer. When someone asked about his exceptional elevation, he replied: "I rise and then pause briefly up there." There we have it: apparently a simple recipe for the young men of today! Seriously though, dance rather than circus is expected of today's performers. The Russian dancer achieved considerable fame in this role. His previously timid choreographic work evolved to have a terribly non-conformist effect in the following year's *Afternoon of a faun* (1913), another basically male ballet, in fact almost a solo: masculinity was taken to such an extreme that some spectators were outraged by the faun's 'vile movements of erotic bestiality and gestures of heavy shamelessness'. The dancer was unconcerned; on the contrary, his popularity gained from it. A few months later, he sailed off to South America with the company. A young Hungarian countess got herself hired and came on board bent on seducing the star performer during the voyage – and succeeded in doing so. The couple got engaged in Rio de Janeiro and married in Buenos Aires. Back in Paris, Diaghilev heard the news and became so furiously jealous that he immediately sent a message stating that the dancer had been fired. Nijinsky remained unflustered; such was his fame that only an endless series of successes could await him. However, his subsequent career never attained the glory of the previous brilliance he had shown over five years with Ballets Russes.

As noted above, the crucial turning point for the end of the ballerina's supremacy came with *Le Spectre de la Rose*. Until 1950 or thereabouts, small companies still had a "transvestite solo ballarina" for princes or other male roles, while some corps de ballet girls would just put on a man's suit to show a male presence in group scenes, thus saving the cost of retaining male dancers who were of little use for the fashionable ballets blancs, while women dressed as men wore *tutus*. What a contrast with our own period, in which Matthew Bourne's Swan Lake cast men as swans rather than ballerinas! What might be called the 'men's liberation movement' in choreography had the disguised aim of imposing itself at all times. We have already mentioned Bournonville, who adorned the dancer's role in *La Sylphide* with entrechats. Shortly afterwards Marius Petipa at St. Petersburg's Mariinsky Theater took this further with young men dancing brilliant variations in pas de deux. Male dancers were taking more roles and the trend developed to the point that today's ballets feature women who have relinquished past daintiness and evolved along the same path as men. Women are now energetically dancing choreographies that highlight the virile robustness our ballerinas are showing so well in the contemporary repertoire. But the SPCD's spirit is really that of a neoclassical company that posits elegance and flexibility as core qualities. Its valor in coping with difficulties would prove – if proof were needed – that it is reaching the highest level, at which great choreographers will not hesitate to submit their works. The best companies today are like the SPCD, ready to stage contemporary programs but not rejecting passionate experiments with novice choreographers while steadily conserving the high technical level of their performers through regular forays into the classical repertoire. *Torniamo all'antico* – said Verdi – *sarà sempre un progresso*.[35]

Plagnole-Grande Carrère (France), August 2014

---

35. Torniamo all'antico, sarà un progresso = Let us get back to the old, that will be progress.

The unconscious fingers
Felipe Chaimovich

Classical ballet has retained an ancestral set of gestures. Dancers' finger positioning today comes from the habits of French nobles back in the period when the first academic annotation of dance originated in ballet de cour. Ever since that canonical configuration was designated, dancers' hands have had to follow a precise geometrical form with the thumb near the middle finger and a raised index. Even methods derived from Russia's Imperial Ballet School during the 20th century took this same configuration as their starting point to pose the variants that led to today's practices.

In the work of the São Paulo Dance Company there has been a visible contrast between classical-ballet finger positioning and contemporary-dance variations, as we noted early in 2014. Since the corps de ballet was rehearsing for *La Sylphide* (originally choreographed at Académie Royale de Musique in 1832) while also preparing for the world premiere of Édouard Lock's *The Seasons*, we were able to watch dancers alternating between classical and contemporary disciplines so we asked them about this subject in the first quarter of the year. The group's work routine always includes ballet lessons, whatever the repertoire being performed, so they are all accustomed to switching back and forth between classic and contemporary gestualities.

However, some members of the corps de ballet started strictly classical training as children, whereas others started as adolescents and have been quick to identify with contemporary dance. Therefore ballet's finger and hand positions are second nature to those who had to learn this gestuality as children. Their facility for hand positioning was apparent when Luiza Lopes was rehearsing for her prima ballerina role in one of the *La Sylphide* casts: as she concentrated on a leg movement that required tighter focus, her wrists would curve inward as if her hands would always end up in the right place at the right time without even thinking about it. Once a sequence had been learned, her hands immediately followed her full-body movements the next time she danced it. Asked how she had learned to hold finger positions, Luiza Lopes told us of her thumb being taped inward from the age of eight – a discipline not found in every ballet school, but not so unusual either.

The body conditioning that facilitates hand positioning, as in the case of Luiza

Lopes, harks back to the society that originally created ballet. Classical ballet started with the codification of dance at the French court in the reign of Louis XIV (1638-1715) from 1654 to 1715. Courtiers were constantly taking dance lessons and from early childhood they trained for the bodily habits that would later be expected of them at court. From an early age their bodies were disciplined to tone limbs and avoid what was seen as inappropriate flabbiness or *molesse*.[36] French nobles had their children wear a stiff bodice to train the silhouette they would need when wearing adult clothes.[37] So today's practice of constricting children's bodies to train dancers reflects children's grooming for life at the court of Louis XIV.

Dancing was a habit among French courtiers as part of 'salon' social life and performances known as *ballet de cour*. Classical ballet emerged when the Royal Academy of Dance, founded in 1661, started to collect and codify the court's choreographic repertoire. Since the previous century, the French monarchy had been aware of the nexus between dance and academic studies. The country's first academies followed the Florentine model of groups of scholars primarily studying *Plato's Dialogues* and his philosophical heirs from the 1400s onwards. When Catherine de Medici (1519-1589) wedded King Henry II (1519-1559), the French Crown was the patron for the first group of self-styled 'academies' in mid-16th century Paris. Parisian academies then took to versifying French language and music; academicians believed that the ancient Greeks were able to overlay mathematical meter on language and music and in this respect agreed with the key role of geometry for Plato's conception of the world in *Menon* and *Timaeus*. In Parisian academic circles, Balthasar de Beaujoyeulx (formerly known as Baldassare da Belgiojoso, or Baldassarino for short) choreographed the first *ballet de cour*: *Le ballet comique de la reine*, which was performed on October 15, 1581 as one of 17 court divertissements celebrating the queen's sister marriage to the Duc de Joyeuse (1560 or 1561-1587). For this piece, groups of dancers joined to compose geometric figures such as triangles or circles.[38] Balthasar (or Belgiojoso) wrote this choreography in prose according to the liter-

---

36. LEFERME-FALGUIÈRES, Frédérique, "Corps modelé, corps constraint: les courtisans et les normes du paraître à Versailles", in LANOË, Catherine et al. (eds.), *Cultures de cour, cultures du corps XIVe – XVIIe siècle*. Paris: PUPS, 2011, p. 142.

37. LEFERME-FALGUIÈRES, Frédérique, "Corps modelé, corps constraint: les courtisans et les normes du paraître à Versailles", in LANOË, Catherine et al. (eds.), *Cultures de cour, cultures du corps XIVe – XVIIe siècle*. Paris: PUPS, 2011, p. 129-131.

38. YATES, Frances, *Les académies en France au XVIe siècle*. Paris: PUF, 1996, p. 342-343.

ary genre found in a book among the royal family's in a book among the royal family's possessions: a copy of *De pratica seu arte tripudii* [On the Practice or Art of Dancing] by Guglielmo Ebreo da Pesaro (c.1420-c.1484) that Louis XII had taken from the Visconti-Sforza library in Milan to the royal library at Blois in 1499, thence transferred to the royal library at Fontainebleau. Written in 1463, this was the third treatise on dance after two previous tomes submitted to the court of the Sforza in the 1450s.[39] Following this precedent, French court choreographies were to be described in prose through 1700.

Pierre Beauchamp (1631-1705) and his disciple Raoul-Auger Feuillet (1659 or 1660-1710) devised the first notation specifically for French court dance, which was published by Feuillet in 1700: *Chorégraphie ou L'art de décrire la dance par caracteres, figures et signes desmonstratifs* [Choreography, or the art of describing the dance by characters, figures and demonstrative signs]. This Royal Academy of Dance codification posed the precedents for today's classical ballet foot, leg, arm and hand positions. However Feuillet's notation does not show the fingers' positions relative to each other. The hand sign shows the presence of thumb and forefinger, and the following finger positions are depicted as symbols: "point the finger [index] once threateningly", "point the finger [index] thrice threateningly", "point the finger [index] once as if beckoning toward oneself" and "point the finger [index] thrice as as if beckoning toward oneself".[40] Arms are described rather succinctly in contrast with close attention to other parts of the dancer's body. Feuillet recommends the arm's usual positions and each dancer choosing to suit their own taste: "Although the Carriage and Movement of the Arms depend more on the Taste of the Performer, than on any certain Rules, I shall nevertheless lay down some Examples."[41] His appeal to taste as criterion for arm positioning can be extended to fingers too, since there was no specific sign for their positions in relation to each other.

After Feuillet's notation had been introduced, Pierre Rameau (1674-1748) published the first illustrated treatise on dance, with drawings of court dance positions: *Le maître à danser* [The Dancing Master] (1725). Rameau drew different illustrations for body positions and rotations of wrists, but fingers as such were once again omitted.

---

39. SPARTI, Barbara, "Introduction", in GUGLIELMO EBREO DA PESARO, *On the Practice or Art of Dancing*. Oxford: Clarendon Press, 1995, 3-7.

40. FEUILLET, Raoul-Auger, *Recueil des contredances mises em chorégraphie*. Paris: Feuillet, 1706, unnumbered. Translated for this edition.

41. FEUILLET, Raoul-Auger, *Chorégraphie ou l'art de décrire la danse*. Paris: Brunet, 1700, p. 97.

Illustrations show hands with thumbs turned out from index fingers and other fingers aligned, except for positions in which the dancer curtsies or bows to offer a hand to a partner, or the position after hopping or jumping, *contradanza* (contredanse) or *chassé*, in which the middle-, ring- and little fingers are held below the index. Rameau advises against joining thumbs with other fingers since this would cause slow other articulations and undermine facility.[42]

Given the precarious state of recommendations for relative positions of fingers in the foundational texts of French academic dance, the norm followed was Feuillet's notion that fingers – being the ends of arms – should express the dancer's own "taste". His use of the word 'taste' suggests that ballet's canonical finger positioning may well have originated from table manners and gestures.

During Louis XIV's reign, the French notion of "taste" extended from gastronomic vocabulary to philosophical debate.[43] All royal dinners became official ceremonies held in public and attended by any appropriately dressed person who had been searched and disarmed by the royal residence's guards. Louis XIV's table manners were public matters, as were the newly evolving mealtime habits of his court. This repertoire of finger positions during meals at the French court happens to coincide with the positioning of the three fingers codified for classical ballet. If this was the origin of the finger positions in ballet today, Feuillet's recommendations may well have prompted dance to adopt the courtly taste in finger positioning at table that went on to become canonical.

Training children's fingers was a means of preparing them for meals in court society. French nobles read instructional literature that showed them how to restrain the body at table, specifically the hands. In the time of Henry IV (1553-1610), Louis XIV's grandfather and France's first Bourbon king, three fingers used as if they were tongs lifted food to the mouth, as prescribed in Claude Hours de Calviac's 1559 pedagogical treatise on *La civilité puerile et honnête*.

> "When the child would like salt, he shall take it with the point of his knife, and not with three fingers. [...] The child [...] should always do so with his right hand, taking the

---

42. RAMEAU, Pierre, *Le maître à danser*. Paris: Villete, 1725, p. 199. Translated for this edition.
43. FLANDRIN, Jean-Louis, "Distinction through Taste", in *A History of Private Life*, vol. 3, Philippe Ariès and Georges Duby (ed.). Cambridge: Harvard University Press, Bel-knap Press, 1989, p. 295–96.

bread or meat decently with the three fingers only. And so each nation has something of its own, different from the others. So that the child will proceed in accordance with the place where he is. The Germans use spoons when eating soup and everything liquid, and the Italians little forks. The French use either, as they think fit and as is most convenient. The Italians generally prefer to have a knife for each person."[44]

Calviac's treatise on children's education compares the use of three fingers to the use of cutlery. While the latter differs regionally, lifting meat and bread to the mouth with three fingers is a constant rule for decent table manners in any situation. Using three fingers as tongs prioritizes the act of articulating the thumb, index and middle fingers, thus allowing one to balance the food in a stable form. This position is not only functional but ornate too. It pleasantly sets off the multiplicity of fingers by varying their relative heights in an effect which may be emphasized by raising the ring and little fingers higher than the middle finger.

However, the reign of Louis XIV was marked by strict control over the court nobility in response to the political threat they had posed for the future monarch during the regency, when he was a minor. The king imposed a series of physical restrictions on courtiers, sometimes directly related to control of violence, such as his strict ban on impetuous dueling at court. Table manners were equally affected by instruments such as individual cutlery and plates that insulated diners from physical contact with each other. In 1680, the Marquis de Coulanges (1633-1716) described the changes he had seen during his life at court:

> "In times past, people ate from the common dish and dipped their bread and fingers in the sauce. Today everyone eats with spoon and fork from his own plate."[45]

Finger-on-food contact was restricted at court through the predominant use of fork and spoon. Coulanges does not mention knives, so we may assume that forks and spoons were substitutes for fingers deployed as tongs and bread dunked in liquid, also held by three fingers. Forks and spoons increasingly prevailed over the use fingers as tongs, along with the development of French cutlery makers in the 18th and 19th

---

44. ELIAS, Norbert, *The civilizing process*. Oxford: Blackwell, 2003, p. 78
45. Idem, ibid., p.78

centuries: the proliferation of cutlery required more dexterity to handle these instruments for mediating food-body contacts.

But French aristocrats were reluctant to stop touching common foods such as asparagus, which were eaten using three fingers as if they were tongs, rather than holding a fork, knife or spoon. From the 1860s, however, individual asparagus tongs mean that the restriction of direct finger contact spread to this vegetable too. For a time, people continued to use three fingers in the manner Calviac had prescribed 300 years previously, as shown by the 1882-model asparagus tongs made by the French firm Maison Christofle, with specific rings for thumb, indicator and middle fingers in the precise position of tongs; this model was made until 1994.[46]

At *La Sylphide* rehearsals, SPCD dancers were using the same finger positions required for Christofle tongs, supporting the hypothesis that ballet has retained the finger positions of table manners defined by those French courtiers, despite the many variations in dance since that time. How does today's corps de ballet training relate to the ballet derived from the French Academy?

Four of the major ballet teaching methods devised during the 20th century were based on practices from Russia's Imperial Ballet School, which in turn took its precepts from France's Royal Academy of Dance. Agrippina Vaganova (1879-1951), Enrico Cecchetti (1850-1928), and George Balanchine (1904-1983) danced in St. Petersburg where they learned the technique under the classical ballet canon; when they went on to develop their own methods, they proposed variations of the canonical tong-like finger position. Vaganova thought the thumb had to be held near the middle and index fingers, with a slightly raised ring finger. Britain's Royal Academy of Dance mainly followed Vaganova but differed in recommending a long line from the shoulders to the fingers with no "broken" wrist. Cecchetti preferred fingers to be curved as if holding the hem of a tutu; this reference to a holding gesture related to the use of tongs. Balanchine's method differed most in relation to the other three: the finger position had to show each finger separately and the thumb was raised higher.

Irrespective of these methodological variations, SPCD dancers actually held their fingers in canonical positions during their classes with instructor Ilara Ferreira Lopes. Their finger positions were the same as those used to handle Christofle tongs. This was clearly seen in Vinicius Vieira's movements when his fingers unhesitatingly found

---

46. ALLAN, David, *Le couvert et la coutellerie de table française du XIXe siècle*. Dijon: Faton, 2007, p. 147.

the same positions even when he altered the positions of his hands. Vieira was educated at the Bolshoi Theatre School in Brazil, so his classical ballet training came from Russia. His movements are outlined with great precision. When we talked about his view of his own hand positions, he was able to confirm that his finger position when dancing would be a good fit for Christofle tongs. His thumb, index and middle fingers effortlessly grasped a pair of tongs as if handling them at table. The position of his fingers when dancing was exactly the one used for asparagus tongs.

Despite its surviving in dance, the fingers-as-tongs position is no longer part of the everyday gestural repertoire of table manners. The use of cutlery proliferated from the 17th century onwards as industry developed and several different finger positions have been used to handle these instruments for mediating finger-food contact.[47] Therefore dancers' finger positioning diverged from the table-manners repertoire. Although habitual for dancers due to their classical ballet training, the 'finger-tong' position is no longer identified with everyday manners: it is just one more position in the broad repertoire of today's dance. Ballerina Roberta Bussoni easily transitioned between rehearsals for *La Sylphide* and SPCD's contemporary choreography. Having been educated in classical ballet as an adolescent, she is aware that its discipline facilitated her canonical finger positioning. When we talked, Bussoni did not identify the canonical finger position with everyday gestures, although the discipline required for the profession's exercises prompts her to hold this position normally.

The canonical finger position became the rule for dancers through the discipline of ballet exercises, reiterating a gesture that had been part of everyday routine for their dancer-ancestors but now has no specific function, such as eating with three fingers. The contrast between this classical ballet rule – retained for no apparent reason – and the many different contemporary-dance hand-finger positions prompts a sensation of freedom for dancers switching back and forth between them, as Joca Antunes explained: "Contemporary ballet has normal hand positioning. The hand in contemporary dance is like a rebel child: some things have to be done in a certain way, others can be done your own way, as you wish. There is a whole range of hand positions in contemporary dance."

---

47. VON DRACHENFELS, Suzanne, "The design of table tools and the effect of form on etiquette and table setting", in Coffin, Sarah et al. (orgs.), *Feeding Desire: Design and the tools of table 1500-2005*. New York: Assouline, 2006 (exhibition catalogue, Smithsonian Institute, Cooper-Hewit National Design Museum).

Classical ballet's canonical finger positioning retains our corporeal memory from the historical period in which society transitioned from directly touching food to using cutlery as a way of mediating contact. Because of classical ballet's emphasis on the 'tongs' position for dancers today, even for its derivations found in 20th-century methods, a growing repertoire of hand and finger positions has emerged in contemporary dance as ballet's reaction to itself as the canon associated with the discipline from their early training. People perceive this wide range of positions as the consequence of a contrast between a repressive ancestral force and gestures that reflect those of everyday life, without any canonical social positions, leading to free individuation through movement.

Dance, rhythm and silence – a sound has no legs to stand on[48]
Cacá Machado

Perhaps due to an acoustic phenomenon or some distortion of my own perception, I could only hear the sounds made by dancers' bodies and stage noises during the premiere of *La Sylphide* performed by São Paulo Dance Company at Teatro Sérgio Cardoso in June 2014. My first reaction was to check with the person sitting next to me. From curtain up, she had been visibly magnetized by the overall visual beauty of the spectacle – perhaps the realism and magic of the first and second act scenarios, or the uncomplicated romantic drama of the bewitched young man spurning his bride-to-be to take up with a sylph, not to mention the alluring music of the Norwegian composer Herman von Lovenskjold, or again the stage as a whole making the theater's big black-square shape look like a dainty music box. Particularly when ballerinas gracefully floated en pointe, their tutus wafting, I saw her eyes fluttering.

But not mine; what enthralled me was the dull thud of bodies hitting the stage after jumping or spinning, or the scraping friction sound of as slippers braked movements, or the stage vibrating under pounding feet picking up speed to jump agilely and precisely. Seized by a certain unease, I felt I had to be conveyed by the ballet's classical beauty. At the same time, however, I began to take pleasure in the sensations produced by these sounds that seemed to be insistently taking over the foreground instead of music, gradually taking shape and developing. Rhythmic figures becoming recurrent; identifiable melodic heights; clearly defined dynamics of intensity; and I could even hear the contrast between delicate textures of noises. So I was creating a parallel soundtrack in my delirious mind. The resulting abstract musical structure was free from any plot, although based on *La Sylphide*. Now it was not the spectacle's narrative (scenario, costumes, music, etc.) prompted me to compose "my" soundtrack; it was precisely the detachment it established in relation to the ballet that allowed me to hear a different dance. I left the theater replete with that sensation.

In a different context, the poet João Cabral de Melo Neto wrote of a similar experience:

---

48. I am grateful to Guilherme Wisnik and Vadim Nikitin for pleasant conversations and suggestions on the topic.

In Rio, I went to see a ballet and sat in the front row. It was the biggest disappointment of my life! Because if you are too close, you hear dancers landing on the stage after those jumps: A "thud" and their spell is suddenly broken! You realize that gravity is much stronger than that make-believe. Ballet should be shown in cinemas only.[49]

Here the classical ballet is suggested as an illusion, hence its association with the cinema – the grammatical "compositional element" *cine-* comes from Greek *kinesis*, meaning motion, the act of moving or moving oneself, change, agitation of the soul, the movement of dance. The (*cine-*)matograph camera was invented in the late 19th century to project snapshot photographs and provide an illusion of motion. So figuratively speaking, 'cinema' involves faking or simulating [50]. In general terms, João Cabral always showed more sensibility for the plasticity of things rather than their musicality. So notorious was his lack of interest that Caetano Veloso wrote "Outro retrato" [*Different portrait*] (Minha música vem da/ Música da poesia de um poeta João que/ Não gosta de música) [My music comes from the music of the poetry of a poet João who does not like music].

In short, the dull thud or antimusical noise of a foot on the stage plastically denounces the illusion of gravity-defying dance. In the eyes of the poet, there is no gracefulness able to get over the disappointing reality of pretense. In contrast, he saw flamenco's percussive foot movements as plastic gesture constituting dance itself: real rather than simulated. "In Flamenco, it is exactly the opposite. It is dance of stomping on the floor. Dancers pound their feet on the floor.[51]" The poet-diplomat from Pernambuco adopted Seville as his home ("I have Seville in my home. / It is not me who is chez Seville. / It is Seville inside me, my room. / Seville and all that it hones")[52] and made a certain restrained lyricism favoring rigidity and symmetry a fundamental aspect of his poetry, so his choice between these dances is understandable.

---

49. "João Cabral de Melo Neto". Interview with Luiz Costa Lima, Sebastião Uchoa Leite, Carlito Carvalhosa, and Lana Lage. In: *34 Letras*, Rio de Janeiro, March 1989; p. 29. Thanks to Nuno Ramos for reminding me of João Cabral's words about ballet.

50. Cine and Cinema entries in HOUAISS, Antônio. *Grande dicionário Houaiss da língua portuguesa*. Rio de Janeiro: Objetiva, 2009.

51. "João Cabral de Melo Neto", p. 30.

52. "Sevilha em casa". In: MELO NETO, João Cabral de. *Sevilha andando*. Rio de Janeiro: Nova Fronteira, 1989.

Although prompted by the same situation, João Cabral's experience led to the opposite of my own. However, watching a classical work, fascination, rejection or detachment – even as stimulus for delirious metalinguistic recreation in my case – recur as perceptions of the contemporary gaze in relation to a past crystallized as canonical language. A topos that is indeed thoroughly revisited by critical thinking in the Western cultural tradition. Here, I have attempted to pull a certain strand of the relationship between dance, rhythm and silence in modernity.

A bird flies

The article "Grace and Clarity" by the composer John Cage (1912-1992) published in *Dance Observer*, in 1944, may come as a surprise to anyone expecting an unequivocal defense of modern dance from the renowned avant-garde musician and a lifelong close collaborator of Merce Cunningham (1919-2009) as of the 1950s . His initial diagnosis gets straight to the point.

> The strength that comes from firmly established art practices is not present in the modern dance today. Insecure, not having any clear direction, the modern dancer is willing to compromise and to accept influences from other more rooted art manners, enabling one to remark that certain dancers are either borrowing from or selling themselves to Broadway, others are learning from folk and Oriental arts, and many are either introducing into their work elements of the ballet, or, in an all-out effort, devoting themselves to it. Confronted with its history, its former power, its present insecurity, the realization is unavoidable that the strength the modern dance once had was not impersonal but was intimately connected with and ultimately dependent on the personalities and even the actual physical bodies of the individuals who imparted it.[53]

Cage's dialogue here is addressed particularly to Martha Graham (1894-1991) and her method of course, but his remarks are made from an insider's point of view rather than combatively, since he goes on to add: "Personality is a flimsy thing on which to build an art (this does not mean that it should not enter into an art, for, indeed, that is what is

---

53. "Grace and Clarity". In: CAGE, John. *Silence.* Hanover, N.H.: Wesleyan University Press, 1961; p. 89.

meant by the word *style*)". The fragility of modern dance was, at that moment, the lack of something that abounded in classical ballet: grace and clarity. Nonetheless, that spectacle created by 19th-century culture was anachronistic (dusty) for the contemporary sensibility of the mid-20th century, both in its narrative and in its scenic conceit:

> Ballets like *Le Sylphide*, *Swan Lake*, almost any pas de deux or quatre, and currently, the exceptional Danses concertantes have a strength and validity quite beyond and separate from the movements involved, whether or not they are done with style (expressed personality), the ornamented condition of the stage, quality costumes, sound of the music, or any other particularities, including those of content. [54]

However, the crux of the problem identified by John Cage was rhythm. As the organizing element of discourse, rhythm lent clarity and grace to the structure of classical dance, which It was the best and most universal, thus should serve as a model for modern experiences:

> Good or bad, with or without meaning, well dressed or not, the ballet is always clear in its rhythmic structure. Phrases begin and end in such a way that anyone in the audience knows when they begin and end, and breathe accordingly. It may seem at first thought that rhythmic structure is not of primary importance. However, a dance, a poem, a piece of music (any of the time arts) occupies a length of time, and the manner in which this length of time is divided first into large parts and then into phrases (or built up from phrases to form eventual larger parts) is the work's very life structure. The ballet is in possession of a tradition of clarity of its rhythmic structure. Essential devices for bringing this about have been handed down generation after generation. These particular devices, again, are not to be borrowed from the ballet: they are private to it. But the function they fulfill is not private; it is, on the contrary, universal.[55]

---

54. Id., ibid., p. 90.
55. Id., ibid., p. 91.

Throughout the article, rhythm is clearly identified as organizer of discourse in different artistic expressions:

> Oriental dancing, for instance, is clear in its phraseology. It has its own devices for obtaining it. Hot jazz is never unclear rhythmically. The poems of Gerard Manley Hopkins, with all their departure from tradition, enable the reader to breathe with them. The modern dance, on the other hand, is rarely clear. [...]
> Hindu music and dancing are replete with grace. This is possible because the rhythmic structure in Hindu time arts is highly systematized, has been so for many ages, and every Hindu who enjoys listening to music or looking at the dance is familiar with the laws of tala.[56]

By the end of the piece, it has taken on the air of a manifesto:

> The opinion expressed here is that clarity of rhythmic structure with grace are essential to the time arts, that together they constitute an aesthetic (that is, they lie under and beneath, over and above, physical and personal particularities), and that they rarely occur in the modern dance; that the latter has no aesthetic (its strength having been and being the personal property of its originators and best exponents), that, in order for it to become strong and useful in society, mature in itself, the modern dance must clarify its rhythmic structure, then enliven it with grace, and so get itself a theory, the common, universal one about what is beautiful in a time art.[57]

John Cage understands the question from within. In the late 1930s, after traveling with their family, the young composer and former student of Henry Cowell (1897-1965) and Arnold Schoenberg (1874-1951), returned to his hometown of Los Angeles taking various jobs but mainly working as musician accompanying dances at the local *campus* of the University of California (Ucla). There, he produced music for chore-

---

56. Id., ibid., p. 91.
57. Id., ibid., p. 92-93.

ographies and taught "Musical accompaniments for rhythmic expression".[58] His first experiments with unconventional instruments, such as household utensils or sheets of metal, dated from this period. Before going to New York in 1942, where he would broaden his relations in the world of the plastic arts to include Max Ernst (1891-1976), Peggy Guggenheim (1898-1979), Piet Mondrian (1872-1944), André Breton (1896-1966), Jackson Pollock (1912-1956) and Marcel Duchamp (1887-1968), Cage had spent time in Chicago, San Francisco and Seattle, always around universities, attracted by invitations that allow you to develop what most interested him: acoustic experiments driven by rhythm at that time.

Bacchanale (1940) is an exemplary piece from that period. While working at the Cornish School of Allied Arts in Seattle, the black ballerina Sylvilla Fort (1917-1975) asked him to compose a piece for her new production. According to musicologist David W. Bernstein, the composer started from the idea that an "African accompaniment" would suit Fort's dance.[59] Since there was no room big enough for a percussion group, Cage decided to write a piano piece based on a twelve-tone series of "African" inspiration. But he soon became frustrated by the limitations of the instrument's sound texture for his project. Cage was familiar with Henry Cowel's string piano pieces that used a technique involving leaning over the piano as the performer would strum the 'strings' or run their fingers directly over them. Cage's *Bacchanale* built on this idea by placing small screws, nuts, washers and fibrous strips (cork or hard fabrics) between the piano's strings and hammers, or even the dampers. The result was a collection of 12 "preparations" that Cage called gamut (musical scale), making the piano sound like a small percussion group. From that came his prepared piano.

After the 1940s, of course, John Cage came under the influence of Zen Buddhism with a perspective of incorporating chance into artistic creation. His piece *4'33"* (1952), in which the performer sits silently at the piano for four minutes and 33 seconds, as the title suggests, so that random sounds made music, subsequently became iconic of American art heavily influenced by Duchamp with a certain rationalist, hermetic and aloof trend.[60]

---

58. MILLER, Leta E. "Cage's collaborations". In: NICHOLLS, David (ed.). *The Cambridge Companion to John Cage*. Cambridge: Cambridge University Press, 2002; p. 154.

59. BERNSTEIN. David W. "Music I: to the late 1940s". In: NICHOLLS, op. cit., p. 78.

60. On this subject, see WISNIK, Guilherme. "Dentro do nevoeiro". In: NOVAES, Adauto. *Mutações – o futuro*

However, Cage's arguments in the "Grace and Clarity" article suggest that, on the contrary, the lack of grace and clarity is what made modern dance a fragile art in the 1940s. In light of the magnitude that the figure of John Cage's has gained as "one of the major influences" of modernity, I see his article as an important document and a kind of "missing link" for our understanding of artistic creation in the United States during the 1950s, generically labeled as an "abstract expressionist" period. What Cage created in the 1960s and 1970s from his artistic and emotional partnership with choreographer Merce Cunningham in productions such as *Solo suite in space and time* (1953), (1953), not forgetting interdisciplinary collaborations with visual artists Jasper Johns and Robert Rauschenberg (1925-2008), was a path that became more radical with the next generation in the 1970s and 1980s, the Pop Art of Andy Warhol (1928-1987) on one hand, and the minimalism[61] of Donald Judd (1928-1994) and Carl Andre on the other – of whom the latter two were indeed rational, hermetic and aloof.

Augusto de Campos notes Umberto Eco's precise definition of John Cage: "The most paradoxical figure of all contemporary music."[62] Paradoxical is the right word. For Cage is not posing classical ballet's grace and clarity as a model for modern dance, but as an extract, or rather an essence. The idea of the artistic avant-garde as a radical

não é mais o que era. São Paulo: Sesc Editora, 2013; p. 247-268. From the musical point of view, this theme was taken up by the critic Julio Ramos in an original and revealing look at the famous percussion concert directed by John Cage at New York's Museum of Modern Art (MoMA) in 1943, when percussion pieces by composers from the Americas, such as the Cuban Amadeo Roldán, were performed. Ramos wrote: "Cage's MoMA concert was a linkage point or a transcultural intersection prompting a reexamination of the relationship between aesthetics and racial inscription in modernity's divergent poetics. Without ever ending their tensions or quelling disagreements, these divergent poetics have interacted on their course along the rough and uneven paths of Cuban music's globalization since the 1920s [...] However, there is no need to ignore power relations traversing maps of 'intercultural' appropriations in North-South relations in order to recognize certain aspects of these materials that complicate Cage's significance for the history of contemporary music. On approaching Afro-Cubanism, he spelled out a historically racialized elaboration of acoustic materials that complicates his much diminished identification as the figurehead of a 'white-coded experimentalism' in the words of African American composer and musicologist George Lewis". RAMOS, Julio. "Disonancia afrocubana: John Cage y las *Rítmicas v y vi* de Amadeo Roldán". In: Revolución e Cultura, 1, La Habana, enero/febrero/marzo 2014, época v; p. 53. Translated for this edition.

61. Cf. KRAUSS, Rosalind. "Double negative: uma nova sintaxe para a escultura". In: *Caminhos da escultura moderna*. São Paulo: Martins Fontes, 1998; p. 306-311.

62. CAMPOS, Augusto de. "Cage: chance: change"(preface). In: CAGE, John. *De segunda a um ano*. Rio de Janeiro: Cobodó, 2013.

break with the classical past meets with a dissonant note here. This is the point I am interested in. In general, historical processes turn out to be richer and more paradoxical when seen against the grain. Some will say John Cage's oeuvre contradicted the ideas he expressed in this article. But did it?

Ears?

Returning to my initial point about *La Sylphide* performed by São Paulo Dance Company. I am thinking of its rhythm and silence. Like art in time, music vanishes in the very instant of gaining form. But it leaves traces. The soundtrack I composed in my head over the cadence of sounds of the classical ballet's moving bodies disappeared as soon as I left the theater. There remained the clarity of the rhythmic force of the sounds. The gracefulness of the silence of the dancers' toes. Fragments of John Cage's poem *2 pages, 122 words on music and dance*: "[...] A sound has no legs to stand on. [...] A bird flies. [...] ears?"[63]

---

63. CAGE, John. In: *Silence*, op. cit., p. 96-97.

SPCD – Expanding the audience for dance in Brazil
Peter J Rosenwald

Dance runs in the blood of Brazilians.

In the streets, on the beach, even in the jungle, one hears a constant beat and feels the energy that infuses our bodies and invites us to dance. It's as natural as the warmth of the sun or a friendly smile.

Translating and interpreting that energy into what we call 'performance dance' – grasping and giving a formal structure to the natural movement that permits consistent repetition and the building on its foundations of unique creative works of art, is what performance dance all about. In the six year old São Paulo Dance Company (SPCD) Brazil is fortunate to have the living realization of what SPCD artistic director Inês Bogéa, former dancer, dance critic and author calls her "passion and dream", a company trained both in classic and modern dance technique, with an eclectic repertory of classic and contemporary works but a troupe unrestrained in its display of that uniquely Brazilian energy.

Dance in Brazil is moving from an 'elite' to a more popular form of entertainment, thanks partly to dance festivals which present important overseas companies and give Brazilian audiences the opportunity to experience a wide range of dance styles. They add international flavor to what we see from the best known Brazilian dance companies, Grupo Corpo[64] and Deborah Colker[65] and the 46 year old Balé da Cidade de São Paulo. In just the last few seasons, São Paulo, Rio but too few other Brazilian cities have been able to enjoy the vibrant black inspired, modern Alvin Ailey American Dance Company, Ushio Amagatsu's Japanese Sankai Juku Dance Company, the eclectic multi-media CIE DCA – Philippe Decouflé from France and the exciting young Batsheva Ensemble from Israel, among others.

Seen much less frequently than contemporary works, are full length versions of the great 19th century romantic classics such as *Giselle* and *La Sylphide*, or the later masterpieces of Marius Petipa, *The Nutcracker*, *The Sleeping Beauty* and *Swan Lake*. With the

64. 40 Years old in 2015
65. 20 Years old

exception of the Corpo de Baile do Theatro Municipal do Rio de Janeiro which has been performing since 1936 and regularly performs much of the classic repertory and the periodic visits of the touring companies of the St. Petersburg Kirov and Moscow Bolshoi, not much of it is seen by a wider audience.

Lincoln Kirsten, the founder of The American School of Ballet and the person who brought George Balanchine to America and was at his side throughout his life with the New York City Ballet said famously: "The service of art is the perpetuation of order and tradition, professionalism and craftsmanship."

Although Kirsten might disagree that it is a good thing, the purism reflected in his comment which dictates that all professional dance must pay homage only to the 18th and 19th century traditions as represented by its classic masterpieces, is fast being replaced by a less rigid view as more accessible, if less traditional dance works are performed to new audiences.

No longer do we see only the 'dance junkies' – the same recognizable faces at every dance performance. Although there is no data to confirm it, it appears that more and more new dance enthusiasts are filling the theaters for performances. Popular prices and subscriptions to seasons rather than just tickets for individual performances seem to be fueling this growing popularity.

It has always seemed ironic that dance 'performances' have often been seen as an elite something 'other', when dance itself is so much a part of the popular culture and tradition, so much a part of each of us. Where would Carnival be without the samba? Whatever the nature of the barrier that kept audiences away, it happily appears to be breaking down.

If the opportunity of ballet goers to be photographed in the theater lobby with one of the companies' leading ballerinas in full costume seems a bit out of character for a traditional 'ballet' performance, the line-up of children and adults to have their pictures taken at recent SPCD performances suggests a new and less self-important audience. If it takes promotional efforts like this to engage an increasingly wide spectrum of Brazilians and give them the chance to experience both classic and contemporary choreography and dance styles there can certainly be no harm in that.

Less flamboyant and more serious has been SPCD's development and promotion of a wide program of performances throughout Brazil and abroad and an innovative and rich pre-performance program of videos to give essential and interesting context to each dance performance. Without activities like these which carry dance beyond the footlights, the historic chasm between dance and the general public might be much more difficult to bridge. That SPCD has for a number of years produced extensive archival materials for dance lovers adds to the total impact.

Creating that bridge between past and present and giving an increasingly wide spectrum of Brazilians the chance to experience both classic and contemporary choreography and dance styles has been central to SPCD's mission. So too has the development and promotion of a wide program of performances throughout Brazil and abroad and a rich program of lectures and archives to give essential and interesting context to dance performance.

SPCD's recipe is to continually mix the old and the new, taking chances on new choreographers and giving its dancers and audiences new challenges.

This season's remounting by Mario Galizzi of *La Sylphide*, the great Bournonville romantic classic first performed in 1832, is a good example of SPCD's commitment to revisiting the classics. The ballet, with its floating sylphs in their ethereal white dresses and shimmering wings is every little girl's dream. Mostly on point in the second act, the dancers' graceful movement is full of the choreographic magic of Bourneville's elegant design which created the standard for romantic choreography. Ballet in the 19th century was about beautiful form and nowhere more than in *La Sylphide* can we experience the magic of that form.

Since its first performance, it has become a hallmark of classical technique and belongs in the repertory of any company wishing to showcase its classical dancing. It is a masterpiece that demands the dancers meet a very high standard and against which they can be judged. It takes courage to perform it but when performed well, it is a joy to watch.

As Inês points out, the 'classics' are too seldom seen in Brazil: there is no question that they draw large audiences many of whom have not yet become fans of more contemporary works.

Presenting the *Grand Pas de Deux O Cisne Negro*, SPCD's effort to give audiences a taste of Marius Petipa's *Swan Lake*, is like choosing a single jewel from a crown. *Swan Lake* is arguably the most performed ballet in the classic repertory along with the Nutcracker, the perennial family Christmas favorite. The *pas de deux* between the prince Siegfried and Odette gives lead dancers the opportunity to go full out and show what they can do, leaping higher and spinning faster to delight the audience and earn maximum applause. If this sparkling jewel of choreography normally looks better in the setting of a large corps de ballet, the economic reality of today's dance funding make it all but impossible to support the company, the scenery and the costumes that are required.

Le Spectre de La Rose is best known for the last thirty seconds when the male dancer, the unrivalled Vaslav Nijinski who first performed the role in 1911, makes a spectacular leap out the window at the rear of the stage and appears to vanish into the night. The short work to music by Carl Maria von Weber, choreographed by Michel Fokine for the Diaghilev Company's 1911 season and with décor by Jean Cocteau has stunned and delighted audiences ever since.

No one knew the Diaghilev Company better than its long-time régisseur Serge Grigoriev. In his memoir, *The Diaghilev Ballet 1090-1929* he provides this contemporary description of *Le Spectre de La Rose*.

> "So unearthly, so romantic was it, this valse, one could scarcely believe it was not a dream. At its end the figure floats out again through the window – the leap managed by Nijinsky with such art as to create a feeling of actual flight."[66]

Curiously, none of the contemporary critics mentioned the leap out the window, an unforgettable balletic moment, more often remembered than the lovely romantic ballet itself, a story about a girl, home from a ball in whose dream the rose she carries is transformed into the spectra of itself and with whom she dances until the dawn.

In many ways, presenting great works like these which have earned their place in artistic history is less dangerous than launching new ones. For each masterpiece of the previous eras that has survived the test of time, there are graveyards full of works that didn't. Tastes and judgments change. Audiences that booed Stravinsky's *Sacre de Printemps* when it was first presented in Paris and caused a near riot in the theater, have come to cherish it. That doesn't mean that new works should be ignored and the company become a museum. Quite the contrary: the combination of 'classical' and 'modern' techniques and choreography is to dance what 'fusion' is to cuisine. The result can be unexpectedly delicious.

SPCD is continually mixing the old and the new, taking chances on new choreographers and giving its dancers and audiences new challenges.

66. *The Diaghilev Ballet 1909-1929* by S.L. Grigoriev; Constable, London, 1953; page 50.

The choice of repertory for 2014 has been particularly rich and demanding including as it does in the 12 works, classics such as *La Sylphide, Le Spectre de la Rose* and the *Grand Pas de Deux* de *O Cisno Negro* and contemporary works like Jiri Kylián's *Petite Mort, In the Middle, Somewhat Elevated* and *www (workwithinwork)* choreographed by William Forsythe and Giovanni Di Palma's new choreography for *Romeo and Juliet* that the company premiered in 2013. Add to that new pieces by Rafael Gomes and Cassi Abranches for the company's Ateliê de Coreógrafos Brasileiros and you have a very full plate.

With a total of 53 dancers, a substantial increase from 36 dancers in 2012, and a dedicated support staff, doing justice to that full plate is admittedly something of a challenge. But that is exactly what it is supposed to be if the company is to grow and mature and make good on its ambitions. It is well known by dance professionals and enthusiasts that only by providing excellent teaching and choreography, a professional atmosphere and by pushing dancers to the limit of their abilities do companies succeed in captivating, engaging and enlarging their audiences and assure their future.

If Giovanni Di Palma's modernist setting of *Romeu e Julieta,* premiered in 2013, didn't engage its audience, it may be because 'Romeu' with its familiar Sergei Prokofiev score creates expectations of a more traditional choreography. The original dance work to Shakespeare's compelling story by Leonid Lavrovsky and presented by Kirov Ballet in 1940, provided an ideal platform for corps, soloists and principal dancers. Later versions have been set by such greats as Frederick Ashton, John Cranko, Sir Kenneth MacMillan and Rudolf Nureyev to mention only the best known. In each we have large ballroom scenes and robust sword fights as well as lyrical duets for the lovers. The ballet's failing as a subject for lyrical dancing is that after the famous passionate bedroom pas de deux, it's all downhill with the deaths of Romeu and Julieta. As one American critic mused, "Dead people don't make for exciting dancing."

More successful has been Jiri Kylián's *Petite Mort*. A former Stuttgart ballet dancer and protégé of Stuttgart's artistic director John Cranko, Kylián has emerged as one of our foremost contemporary choreographers. That dancers thrive on performing his work can be clearly seen in performance. That's what turns audiences on.

Inês's focus is much wider than just having a superb performance company that turns audiences on. She has a passionate belief that dance should be seen in the context of all the arts, not just in performance. She would say that the vision of the Associação Pro-Dance, the umbrella organization for SPCD, is reflected in the promotion of the art of dance and its place in enriching the cultural life of the community. The company's stated mission is "to expand, stimulate, offer and publicize the dance universe through contemporary creations and remakes of classics, the development of educational programs and registry and memory, encouraging and democratizing the access to art of dance for different and expanded national audiences and taking the dancing art of Brazil abroad."

SPCD's trajectory to becoming a major international dance institution has been well planned and reflects its management's vision that given the proper facilities and adequate multi-year funding, it could meet its ambitious objectives.

Municipal companies they argued in their five-year plan, those associated with the great city theaters in São Paulo and Rio are government institutions subject to the politics of the moment and the dancers and other artists are civil servants with accompanying bureaucracies and hierarchies within the ballet company. These constraints unfortunately limit who gets to dance what roles; an essential nourishment for dancers. The incentive of competition to constantly improve your artistry is often diminished when you know you have a job with a State pension at the end. While SPCD dancers have regular work contracts with a range of benefits, they do not have this lifetime job security. SPCD has searched for a middle way.

It is to accept that dancers and the artistic and administrative team with the talent and focus to make a company succeed need a long-term commitment to excellence and the expectation that this excellence will be supported with the needed resources. As in any artistic institution, a certain degree of insecurity is essential: those who are most gifted, work hardest and perform to increasingly high standards, get the best parts. However seemingly heartless, those not as naturally gifted or committed fall by the wayside. It is cruel and perhaps unfair. But, as the saying goes, that's show business.

In December 2009 Inês and former co-director Iracity Cardoso (who left the Company in April 2012 and was appointed artistic director for Balé da Cidade de São Paulo in March 2013), managed to sell the São Paulo state government an ambitious five-year plan, a plan that was approved and completed this year. In September, the State Government of São Paulo renewed renewed: the contract with Associação Pró-Dança that, in turn, had its management mandate extended for another five year period until 2019, assuring the company's existence and the uninterrupted continuation of its work.

If it is true that as Inês says: "Dance in Brazil is at a transformational moment", she and her colleagues have no intention to let the moment pass. "Why she asked, shouldn't dance be just as important as football?"

That millions of Brazilians followed every moment of this year's 'Copa' and total dance audiences numbered only a tiny fraction of this, doesn't negate the legitimacy of the question. Managing even a comparatively small increase in the number of people who will regularly attend dance performances, learn about the art and provide cultural support is critical.

However 'transitional' the moment, the evidence clearly points to an expanding horizon for classical and contemporary dance in Brazil. SPCD's energy and leadership will continue to be an important factor. As more and more Brazilians learn to listen to the rhythmic beat that is so much a part of the culture, there is every likelihood that performance dance will continue to grow and provide pleasure to everyone.

What kind of a country is this?
Amanda Queiros

There was dance in Brazil long before the country was named by its Portuguese discoverers. But dancing on a stage – that is to say, scenically ordering nation-thought, based on movement – was not seen until 1835, when the Romantic ballet master Filippo Taglioni (1777-1871) wrote *Brézilia*, the first Brazilian-themed choreography, for the Paris Opera.

Almost two centuries have gone by and we now see a transition in which discourse about us Brazilians is no longer a colonizing strategy exclusively for foreign eyes; instead, it has become a tool for proactivity and comprehension of our place in history. Therefore, dancing Brazil overrides thematic outlines to become a concern capable of constructing a logical thinking of our own – rather than just trying to fit us into one or another of the pre-existing schemes. This stance implodes the modernist ambition of encompassing the entire nation, making way for a multiplicity of statements and an understanding of this concept as one that may be discussed only in the plural.

This is the Brazil that São Paulo Dance Company has been showcasing since the company was founded in 2008. Brazil is a continental country and inevitably a multiple one. It is urban, modern and globalized while retaining provincial bases. Mestizo and singular at the same time, it is capable of processing a supposed weakness – its vulnerability to all sorts of cultural contamination – and turning it into strength, creativity and identity.

Coming from different parts of the country and having diverse life histories, 13 Brazilian guest choreographers have to date been asked to make works so that as a whole they will pose a panorama of the infinite variety of ways in which dance and the body respond to the provocations that are very much part of our everyday lives. The easygoing mood and fragmentation of movements instigated by Henrique Rodovalho's *Inquieto* (2011), the rounded cinematic gaze posed by Paulo Caldas' *Entreato* (2008), the reflections on sharing with the Other conveyed by Maurício de Oliveira's *Os duplos* (2010)...

This reality does not exclude the sublime, as seen in the sensitive and romantic sashay-swagger of Rodrigo Pederneiras *Bachiana n° 1* (2012), or the abstraction in which Daniela Cardim's *Passanoite* (2009) is immersed when it toys with classical ballet technique.

By investing in these fresh works by these choreographers, SPCD is doing much more than merely organizing self-reflective thought based on the Other. The company is also reflecting on this language and its means of production in present-day Brazil. By building relations with these dance makers, the troupe is drawing attention to its public character. It is operating at the same time as both agency for the development of dance, and platform for its outreach. It is turning dancers into witnesses and propagators of specific ideas and practices that must be constantly brought up to date to ensure their perpetuation, since they can only be materialized in the present.

SPCD held its first Brazilian Choreographers Workshop in 2012, hoping to boost contacts and exchanges of ideas between troupe members and people thinking contemporary dance in Brazil, with three works revealing a dance that speaks to many different aspects.

In *Pormenores*, Alex Neoral takes a musical reference that is only apparently unrelated to Brazil: compositions for violin by Johann Sebastian Bach (1685-1750) played live alongside dancers. Rio de Janeiro-born Neoral danced with the Deborah Colker dance company until 2005 and then left to found and direct Focus. Pormenores explores one of the most mature elements he has developed since then: multiple combinations of movements derived from interactions between duos.

In Neoral's work, performers switch partners on stage. For this reason, they have to listen to the specificities of the other's body very carefully, even when the "details" mentioned in the title reside in the refined finishing of the sensitively sculpted gestures proposed. These details emerge in the very intimate dialogue between duos, who in turn overlay singular poetics on the choreography, transforming it at each time partners are switched.

Jomar Mesquita from Minas Gerais is also fascinated by this difficult and fascinating art of coming together as ongoing negotiation of possible forms of existence in society. However, his way of accessing this thought takes a different path from Neoral's. Mesquita's work at the head of the Mimulus dance company since 1990 involves authorial research based on ballroom dancing, which has traditionally been for couples.

Mamihlapinatapai (2012) is a piece about desire between a man and a woman, a proposal that could hardly be any simpler. Yet the desire that the choreographer addresses is special, in that it fails to materialize, however much it seethes, hallucinates and suffocates the surroundings. This vital impulse dominates the stage scene from the beginning, when the group of dancers comes on in duos crowded downstage in a red-hued penumbra. Then there is a continuous rhythmic movement while the hands of the couples cling to each other to the sound of a beating heart. This stylized living organism is a powerful image that from the outset sets the work's emotional high voltage, enhanced by the momentum of boleros and romantic standards charged with affective memory.

The sequence of leading your partner or letting yourself be led is characteristic of the ballroom and folk dancing so typical of Brazilian culture. This custom is deconstructed and reworked to formulate a different take on love as couples' clinging bodies become one with the music and hardly let go of each other. The simplicity of the piece works by keeping to the bare essentials of this kind of situation that prompts immediate identification. The outcome is a happy coincidence between the choreographer's idea and its resonance in the dancers. It was so successful that *Mamihlapinatapai* was revised to produce an extended version in 2014, with new scenes added to the sound of the song "As rosas não falam" [Roses do not talk] by Cartola (1908-1980). Its poetic potential, however, remains unchanged.

The latent passion in Mesquita's work spills over into *Azougue* (2012). The choreographer Rui Moreira, however, takes this energy to a place that is easier to identify with what one expects from a "Brazilian dance" – from the outset he uses his own original music inspired by Lobi Traoré (1961-2010), based on drums and other percussion instruments related to the African influence in the shaping of Brazilian culture.

Moreira's authorial option was chosen for political reasons, in particular making dance that questions the identities and place of black culture in a highly hybridized country like Brazil. After working with dance companies in Brazil and other countries, this was the path the São Paulo native now based in Belo Horizonte took for the troupe named for him.

The work is essentially masculine and makes use of the fact that its male dancers are noticeably more ethnically mixed than the female performers. With its sinuous torso movements, loose hip movements and limp "rag-doll" body, *Azougue* requires a kind of energy quite unlike the one traditionally harnessed for classical and contemporary pieces in the company's repertoire. It is a power or strength that comes from physicality rather than virtuosity and resounds even more when the ensemble works well in unison.

This immersion in dynamics so deeply rooted in Brazil's cultural origins readied the performers for Ana Vitória's *Vadiando*, which was featured at the second Brazilian Choreographers Workshop in 2013, together with Luiz Fernando Bongiovanni's *Utopia ou o lugar que não existe* [*Utopia or non-existent place*].

For her piece, Bahia-born Ana Vitória drew her inspiration from *Vadiação* (1954), a film made by Alexandre Robatto Filho (1908-1981), also from Bahia, which portrayed the lives of capoeira masters in Salvador. By selecting a point of departure so closely identified with this capital city and its culture, Ana Vitória was almost going back to her origins after working with several troupes in Brazil and France to build the basis for the company she founded in Rio de Janeiro, in 1996. In doing so, she is showing one aspect of her method: taking autobiographical particularities and using them to build bridges to universal truths.

The blows aimed for this rehearsed fight are reconstituted choreographically. The dancers' relationship to the floor gets special attention and takes on strong presence on stage. The fact of their moving with four supports or working on their hands to get their legs in the air transforms the dynamics and also reverberates on the vertical plane.

The body proposed by Ana Vitória, as it is in play, is in a constant state of alert and readiness to respond to any surprise – a parallel with the dancer's stage posture, ready for improvisation.

Despite its title, *Vadiando* is far from evoking the cheerfully rakish attitude easily associated with the term. On the contrary, the film is projected downstage while performers are dancing and features capoeira 'players' concentrating on their bouts most of the time. Their dedication is reflected in the somewhat somber music of Jorge Peña and Célio Barros that enhances the ritual dimension of this manifestation.

Unlike Ana Vitória, Luiz Fernando Bongiovanni goes back to his time as a dancer in Europe to find a contemporary movement rooted in classical ballet. In the case of *Utopia...*, technique is the bridge used build a discourse about beauty in a period of impoverished ideas. Piano music by Camargo Guarnieri (1907-1993) is played live on stage and adds to the feeling of melancholy exalted by the dancers. This feeling is also conveyed in the black and white costumes scattered on the stage, the only coloring of which is added from outside through lighting.

Bongiovanni showed accurate timing when portraying a certain malaise in contemporary Brazilian society: his work premiered in precisely the same week as demonstrators took to the streets in Brazil in June 2013 to oppose the country's political course.

His concern for the formalism of ballet, however, left no room for a choreographic response to the activists' ideological concerns posed during the protests themselves. The work portrays a previous period, one of pre-ebullition, and wagers on the use the dancers' gently elongated figures to create the "non-existent place" referred to in the title. According to the choreographer, art therefore has a role to play as a key weapon in the struggle against this malaise.

Two very new members joined the Workshop in 2014. Unlike others taking part in the project, who have already consolidated trajectories, those selected were young people in the process of creative discovery and vocabulary building. They displayed a unique freshness and energy usually found only in those going through this period of transition in which their choreographer persona is still very much rooted in their past as dancers.

One dancer was Cassi Abranches from São Paulo, who had been a ballerina with Grupo Corpo for over a decade when she started experimenting on the other side by making dance in 2009. Initially an unpretentious exercise, her creative project stirred a desire that had remained dormant when she was working on her performing career. The team accompanying her consists of her husband Gabriel Pederneiras in charge of lighting and former ballerina colleague Janaína Castro for wardrobe. The same group was behind *GEN*, Abranches' entirely new work for the SPCD.

Cassi Abranches does not deny her roots. As Rodrigo Pederneiras' daughter-in-law, she inherited not only the recognizably Brazilian gestuality developed by his Grupo Corpo, but also a profound musicality interspersed with movements and a special awareness for the occupation of stage space.

In her work, a desire to be creative precedes any need to hastily show a consolidated authorial profile. Experiencing the freedom to make this choice leads her to borrow certain choreographic tools impregnated into her body from her time with the Minas Gerais dance group she left in 2013, which she does without guilt feelings of any kind. Instead of rejecting the past to assert the present, she updates memory – thus transforming it with new references – to favor a more enduring and ongoing personal project. Her key to accessing the future lies precisely in comprehension and recognition of her origins.

In *GEN* the movement is rounded, fluid and liquid, following the melodic rhythm in the original music composed by Marcelo Jeneci and José Nigro. Their first score for dance focuses on the required dramaturgical nuances, but also impresses the harmonic marks that projected them onto the music scene, collaborating with the project's current activities.

These two elements do not make for such an obvious match. "I don't like it when I realize what's going to happen," the choreographer says. If a certain step clearly shows what the next one will be, she comes up with something quite unexpected. The persistent element of surprise leaves room for chance and discovery and she feels this makes up for having retired from performing on stage. "This creating thing is much more fun than dancing," she adds.

Having danced with a major professional troupe, Cassi Abranches was also prompted to develop a special eye for the kind of choreographic production involving large casts that is now increasingly rare in Brazil. Putting 14 dancers on stage at the same time, as she does here, requires a mastery of stagecraft that can only come from long practice. With meager funding almost exclusively from government-backed programs, few troupes have the capability and audacity to wager on this level of quality work. *GEN* therefore helps to maintain the dance-making ecosystem's diversity in Brazil.

The gentleness and plasticity sculpted in the piece contrast with the slightly upbeat tone of the piece by Rafael Gomes, the company's first dancer to take on the responsibility of acting as choreographer for his colleagues.

The design of *Bingo!* started in 2012, when Gomes joined the company's Future Skills program which help dancers develop the abilities needed to find an occupation in the market after they retire from the stage. There Gomes developed *Como eu, só* [Like me, alone] as an exercise inspired by the 'action' on Rua Augusta, one of São Paulo's main alternative or Bohemian districts. With more time and resources for research, the young choreographer is now plunging deeper into this realm, spawning a very urban and current piece designed by a Rio de Janeiro native who has been embraced by the gray chaos of the metropolis that inspires his passion.

This attraction led him to get music from underground scene of the 1960s-80s to convey the mood of the production. Different versions of *The End* by The Doors were mixed by DJ Hisato: one by the band's lead singer Jim Morrison (1943-1971); another by the German singer Nico (1938-1988). Gomes is interested not only in their musical input, but also the friendship between Morrison and Nico, like the choreographer's relations with other artists involved, such as the visual artist Kleber Matheus (whose set design was based on the neon signs on Rua Augusta nightclubs) and the dancers. Paraphrasing Gomes himself, working with them was like getting a number picked out for a bingo card, meaning his choreography, like a mosaic of references that is not valid until all the pieces are found.

The complicity established in this process is crucial for the freshness in which it is operates. With stiff, crude and almost violent movements, *Bingo!* is a direct product of its time. Its approach to materializing movements on stage, however, does not cause a punch-in-the stomach effect. As in the case with Rafael Gomes, the work reflects the inexplicable attraction this environment has for those who frequent it. "In dance and fashion, everyone wants to look beautiful; knowing how to make ugly look pretty is what I find interesting," he explains. This aspiration matches the choreographer's choice of costume: Alexandre Herchcovitch's street wear, ankle boots, heeled boots and skater's shoes that create new relationships for dancers and their stage roles. Far from being mere scenic artifice, the energy catalyzed by this mixture is real and speaks to how the younger generation of dancers in the cast – the same age as the choreographer's – see their role in the contemporary world.

By incorporating this piece in its repertoire, SPCD is opening a space for a particular way of reviewing everyday life in Brazil with an approach that is quite different from that of Henrique Rodovalho or Alex Neoral. Like all the others at the workshop: a snapshot of transient moments is reconfigured each time the curtain rises. To dodge the snare of reducing everything to stereotypes, what better than to wager on Brazilianness, this trait that is so porous, pluralistic, mutant – and so our very own.

Outward Body – Trio in 15 movements
Rodrigo Lacerda

I

A body constructed from childhood gets its stability from the backbone, held upright by small but strong lower-back muscles. Feet and legs *en dehors* become second nature. This body has learned to live with a high diaphragm and taut buttocks. While spreading weight well, it is always relaxed. When going onstage, it highlights the flexible stem of the neck and its face opens to the light.

Sound travels slowly, bodies respond faster. By the time you hear a shot up in the bleachers, the race has already started down on the track. Even the time sound takes to reach different bodies on the track will vary. In the past, a judge stood next to them and pulled the trigger. Nowadays a hundredth of a second is critical, so a body in the lane furthest from the starting pistol needs a handicap, otherwise the race will start earlier for the others.

Like in a marriage that has gone wrong but cannot be ended, its option was for day-to-day torture. Now, at the age of 45, my body can no longer put up with the person I have become.

II

For en pointe work, the body has to be strong and supple at the same time. The instep is solid and of the ideal height, with a full arch. No toe may be much longer than the others, and the choice of shoe must be just right, a snugly fit that will ensure maximum confidence and freedom. When ankles leave the floor, the body floats.

If a runner's body were to be trained like a weightlifter's, repeatedly doing squats and lifting heavy weights to strengthen calves and thighs, he would have a much better sprint start. On the other hand, overly pumped muscles would interfere too much when it's time to move legs as fast as possible, which is essential for the rest of the race.

III

My body is like the Indian extra's in the film *The Party*. There is a battle on a mountain and the bugler Hrundhi V. Bakshi is supposed to die in the first scene, hit by the first bullet. The shot is fired but he does not die. There is second shot, and again he does not die. Several shots are fired but the bugler is still on his feet making dramatic gestures and grimacing in pain, still sounding his bugle. Soon even his own army is shooting at him so that the film can move on. Although riddled with bullets and stumbling, he's still alive. Then he falls down and you think he has died. But then, from behind a rock the sound is heard:

"Toot-toot-toot-toot-toot-toot…"

IV

Everything will make a difference: altitude, atmospheric pressure, humidity, temperature, equipment (superlight sneakers, elasticated clothing, aerodynamic glasses), but the body will decide the race. The 100-meter sprint seeks the ideal human body to run it.

A real ballerina never steps on a hole.

V

My use of my body is utilitarian. All I need is a brain for thinking, fingers to type what the brain has thought, and eyes to read what my fingers have typed. These three parts of my body have to be in place; the rest I can do without, most of the time.

Other than that, I got used to submitting it to everything. I drink a lot and still smoke a little too. Of hard drugs, I've had my share in this incarnation, and I really appreciate McDonald's. But it was none of these things that destroyed our coexistence.

While everyone is sleeping, I am mercilessly nibbling away my body. Literally, biting myself. Destroying my muscular chains gnaw by gnaw. Lately, however, it has been reacting.

I use only slightly more of my body than Stephen Hawking does and I demand far less of my brain, so I'm not asking for much: if the parasitic remainder will not die from being masticated by my fierce nocturnal jaw action, at least let it stop playing the fucking bugle!

VI

The ballerina's body highlights expressions better than anyone. Foundation cream same tone as skin, neck and stomach the same color. *Blush* on cheekbones lifting up her expression. Colored lips slightly fuller than real ones. Larger than life mascara, pencil, eyebrows and shadow. The body wants its eyes opened wide for the audience.

Less than two seconds after the starting shot, runners should have covered ten meters at 15 km/h. In two seconds they are already doing 40 km/h. Accelerating like the most powerful Maserati. By 20 meters, their peripheral vision clicks in to see where the others are. Gradually they move to a more upright position in a mind-blowingly fast choreography. Their heads are shaved since there is an invisible barrier that will quadruple in size every time a runner doubles his speed.

VII

I am a tyrannical, strict punishment-meting teacher that humiliates young ballerinas in front of their peers, brusquely correcting postures, arms, torsos, legs, position of each muscle, each finger. I discipline bodies and I am irritated by anybody who is easy to please.

I am the implacable coach who presses the stopwatch button. I flay my athletes to the bone and then palpate their muscles. They are mine and they will reach their peak potential under my orders.

I am such a righteous judge that my own body cannot take it any longer and condemns it to go back. Aches and pains sentence me to conduct the great trial on my feet. The purpose of my case is not only about me, it is infinite and inextricable, which makes the pressure for a decision feed on everything, including possible innocence and my muscle fibers. My rigidity betrays me, denounced by the perfection of its very disguise.

VIII

I imagine a ballerina with a tail, an articulate and intelligent one like a cat's. What choreographies would be invented for her? What effects could be drawn from this curious bodily specificity? This tail would be her magic wand.

If it could, my body would fuse together art history's arbitrary periodization in the huge cauldron of human creativity free of aesthetic labels or chronological boundaries. The body alone is capable of giving life to the past and the future. The body of all things, the fragile time-traveler. Touch, skin, muscles, organs, blood, bones, cells; all part of the only possible happiness: health, the present of the body.

IX

Now bodies are fully erect and their legs have to move as fast as they can. But different muscles are needed for this. Reaching 40 km/h from a sprint-start is relatively easy, but then it takes super-trained bodies to go 3 km/h faster.

A returning space shuttle cleaves through the atmosphere at over 24,000 km/h for 15 minutes and then falls at a mere 400 km/h. Slowed down by the atmosphere.

X

In my augural childhood play, dolls were held together by elastic hidden inside their bodies. It was a sad moment when one of those rubber bands snapped due to age or overuse. Suddenly, an arm of a leg would come off in my hand.

Yet when you hug me, your arms are relaxed, your legs are generous muscles and your kiss is a kaleidoscope. You are nature's way of tricking me into liking fruit.

XI

My body hates me. Not for demanding too much from it or coveting high performance, but for annulling it. That's what it does not forgive. Fear of dying made me disown it beforehand. Denying my body is my passport to eternity.

If Beethoven, Mozart, Bach, Shakespeare, Homer or Michelangelo were alive today, would they do acupuncture or Pilates? Would Nijinsky have problems with his craniosacral chain? Beethoven went deaf, of course, but deafness did not mean the steady torture of a sciatic nerve inflammation can cause. Nor did Homer's blindness.

By the 50-meter mark, the body has reached peak speed. From there onwards, if you still have any strength left in you, the best you can do is lengthen your stride. Normally it takes 43 or 44 strides to reach the finishing line. To beat the record mark 41 strides is all it took. Your speed is measured as a split for each 10-meter length. Reaching your maximum at the 40- or 50-meter split is normal. Keeping it up for another two or three splits is what makes a difference. Keeping up maximum speed as long as possible.

XII

My body talks all the time. I never listened to it; nor was I going to do anything different. The body is full of urges. It makes thousands of demands – postural, behavioral, physiological, sexual, aerobic, anaerobic etc.

At the age of 40, my physiotherapist said I was doing everything wrong – walking, sitting; amazingly, even my breathing was incorrect. How do you get so far doing everything wrong? Young people's bodies are peaceful and absent.

What will the coup de grace be for my body? I have a morbid prescience: tremors, involuntary spasms. My muscles are taut now, so one day they will be set off. My body will finally be rebelling against equilibrium imposed by a cerebral metropolis, asserting its independence and autonomy from colonies.

XIII

The body gobbles down anabolic steroids, fills up on hormones, gets by on uppers. Feeds on itself. It alters its own central nervous system, spends more energy, burns off fat, diminishes appetite, boosts metabolism, speeds up glands, powers hormones, thickens blood viscosity, obstructs circulation, produces tachycardia, sends blood pressure sky high, clamps shut intestines, and denies sleep.

When the body is pushed past its limits like a good sprinter, it produces its own cancer, heart attack or stroke.

XIV

Psychosomatic phenomena produce real-life effects. Freud let me down. Vertebrae are squashed together by tautly gnawing musculature, pinching nerves at the bottom of the spine and causing inflammation. Pain descends to the sole of the foot, hard cords crossing under the skin.

These phenomena do not respond to any treatment – I have tried Marx, Adam Smith, shiatsu etc. too – because they have are out there. Since they have been let out, they will soon be back in a different form, rather than just a pain in the leg.

XV

The script writer was admitted to the psychiatric clinic to cure depression. There he met a pretty young ballerina. Why was she there? Childhood trauma caused by her ballet teacher? Exhausting rehearsals? Chronic shortage of money or recognition?

One day he went out to smoke in the yard and there she was dancing, *tutu* and all. When she finished, she came over, asked for a cigarette and sat on the bench beside him.

She took two drags from the cigarette and with the embers still glowing between her fingers asked him:

"Want to see what I do with it?"

Before the writer could answer, a small ring of fire spread over her tights revealing old marks.

"What do you make of that?" she asked.

"I think you should quit smoking."

The São Paulo Dance Company: past and prospects

ROLAND CLAUZET, *La Danse*

Although it was founded only five years ago, the São Paulo Dance Company has produced 27 or 29 choreographies as the fruit of wise and diligent work. Only yesterday, it was successfully tackling the challenge of Forsythe's *In the middle, somewhat elevated* which is in a sense the prototype for the successful combination of classical and contemporary dance, thus favorably situating the company's potential. There are just over 40 dancers, but all are perfectly capable of masterfully working with either means of expression.

Today, for the first time, the company has added a major ballet d'action to its repertoire, and it is not a minor piece but *Romeo and Juliet* to Prokofiev's score. The young Italian choreographer Giovanni Di Palma, whom I believe is little known in France despite having danced with the Nice Opéra and with the Dresden and Leipzig ballets, designed this exemplary new production. His directing career is less known to the French because he has been working mainly as a professor and choreographer in Japan since 2005. In any case, with this choreography he shows a true theatrical talent for building links between sequences and for lending strength and cohesion to plot, as well as easy legibility to the work. In this respect, he is assisted Jérôme Kaplan, whose unpretentious and fluent scenarios follow each other at a harmonious pace under lighting arrangements that make them more evocative. Kaplan, whose fine and skillful work deserves special mention, also designed lavish costumes that agreeably define the ballet's Renaissance setting. However, Prokofiev's opulent score had to be pared down to 90 minutes to enable a relatively small troupe to render it without affecting the pace. This excision of almost an hour is a real loss musically, but the choreographer has turned it in his favor by tightening up the dance and drama of this shortened version. Each role is highlighted and much better characterized than it would be in a full-blown production with countless extras swamping the stage. The dancers' training included drama classes and fencing instruction, which were not wasted on them judging by the young men's swordsmanship in the duels.

Decidedly lacking in innovative pretension, Giovani Di Palma's choreography is none the less intelligent, while constantly expressive and pertinent – qualities demeaned by many contemporary dance "geniuses" whose dozy admirers have no idea how much they are missing. In one word, this is exquisite choreography.

I could not say whether it shows the influence of *Romeo and Juliet* by John Cranko [1927-1973], which Di Palma danced and even directed (I have yet to see this choreography, but it is said to be exemplary). On the other hand, I can assure that the natural air and fluency of Cranko's work are the foremost qualities expressed by Di Palma here.

We are looking into the terribly difficult variations that [Kenneth] MacMillan [1929-1992] and [Rudolf] Nureyev [1938-1993] in particular have sprinkled throughout this work. Perhaps the choreographer wanted to make it slightly easier for this young troupe: no reason for complaint, since the theatrical action has become more vivid and the dance more rounded and refined. I would note that the two protagonists' *pas-de-deux* are not at all easy, particularly in the tomb scene, which does actually bring to mind MacMillan's production, or Nureyev's even more so.

Two couples take turns in alternating casts on stage, one of them characterized by a black Romeo. Whether or not deliberately selected for this reason (in addition to his qualities), the fine dancer Nielson de Souza enriches Juliet's psychological behavior when she discovers this sudden love, and the sentiment of difference. At this point, I regretted that the choreographer had not placed more emphasis on love at first sight as other productions have done.

Aline Campos as Juliet is very beautiful, with her exceptional legs and feet; she is persuasive in moments of abandonment in the arms of her lover and their tragic end is absolutely fitting. With their magnificent bodies, the couple poses perfect images of the Veronese lovers. The only criticism one could raise would be an excess of endeavor that sometimes transpires in the performance, perhaps due to a concern to reconcile dance with theatrical expression.

The other couple is less physical but, on the other hand, the dancers convey the image of passion itself; one senses in them the rapture that is carrying them away. Luiza Lopes has wonderful freshness with leg and arm action and the flexible upper torso seen in accomplished ballerinas. Lúcio Kalbusch is a brilliant Romeo with fully developed technical qualities. In the final tomb scene, believing Juliet to be dead, he handles her limp body not only with virtuosity (Nielson Souza, in the other cast, did it very well too), but adds expressions of deep despair, which is a difficult thing to do in that extremely perilous choreographic instance. In the magnificent finale, Kalbusch and Lopes have the audience in tears! So beautiful are these young people, so well together, so steeped in lyricism, that we cannot imagine either of them so perfectly matched with any other partner.

We have to praise the casting of the other two couples unconditionally. To begin with, the male dancers in the role of Mercutio (Diego de Paula and Rodolfo Saraiva) are brilliant, charming and funny, the latter perhaps showing more teasing or mockery. Both of the Lady Capulet performers (Ana Paula Camargo and Fabiana Ikehara) are very good at expressing hatred and aggression, and both are perfect in the character's lament over Tybalt's corpse. A unique performer with an air of gallantry, strength and virtuosity, Geivison Moreira plays the role of Tybalt. Recently arrived in the company, he is a recruit of great quality. The role of Juliet's Nurse is given to another sole performer, Beatriz Hack, who plays a part that is more elaborate than customary, making it particularly attractive. Getting Friar Laurence to dance in his monk's habit was never easy in any of the previous productions, but Lucas Valente pulls it off with great aplomb while eschewing grandiloquence. André Grippi's Benvolio polishes off the *pas-de-trois*, perfectly in step, while Joca Antunes' Paris is fittingly aloof and noble. I would like to point to the role of a wily young servant or pageboy, probably Juliet's childhood playmate, whom I have no recollection of seeing in other productions of the ballet: perhaps a happy innovation from the choreographer. This character's usefulness is limited to serving as knight to the young woman for her first appearance, in her chambers; or to justify the amused mimicking of the Nurse, whose concern was to keep him within the bounds of good manners. As I have mentioned, Giovanni Di Palma sketches each character's personality and thus enhances them; as in the case of this young pageboy, who ends with a very brief virtuoso variation in which each of the two performers of this role – the brilliant and delightful Yoshi Suzuki and Murilo Gabriel – draw applause from the audience. Regrettably, however, the role of Rosaline is hardly differentiated from that of the other girls and does not give the excellent Isabela Maylart an opportunity to show her worth.

What more can one say of this remarkable spectacle? For sure, there is always a higher level to be reached. After another year's work, the troupe will presumably shine still brighter in *La Sylphide* (Bournonville) scheduled for 2014. Henceforth, we must affirm that there is probably no other troupe in Brazil showcasing classical dance and, concurrently, contemporary dance better than the São Paulo Dance Company. One could never overstate the admirable merit of SPCD director Inês Bogéa, who guides her troupes with a steady hand while building an exceptionally rich and judiciously chosen repertoire for them. This brilliant result has been obtained in five years and is particularly commendable for coming from this small-built woman of such delicate appearance that we would more easily imagine her in the dancing role of Giselle.

La Danse, *Paris, January 2014*

Elegant Classical Dance

São Paulo Dance Company presents Romeo and Juliet. *Giovanni Di Palma features, for the first time as a solo piece in a program, Shakespeare's classic in its full-length version*

VOLKMAR DRAEGER, *Tanznetz.de*

São Paulo is a long way from the romantic town of Verona, in Italy. Yet, even in Brazil, Romeo and Juliet's love story – recreated and choreographed by Giovanni Di Palma – is being revived for thrilled audiences. For many years the protagonist in choreographies by Uwe Scholz [1958-2004], in Leipzig, Giovanni Di Palma is now choreographer and metteur en scène of the dance company created by the State Government of São Paulo in 2008, which has hosted special guests such as contemporary choreographer Marco Goecke.

Romeo and Juliet is the first classical ballet in Giovanni Di Palma's repertoire, as well as his first full-length ballet presented as a sole piece in a program. Unlike the original two-and-a-half hour story, the choreographer sought a leaner structure by paring it to a performance of 80 minutes: Brazilian audiences are not accustomed to lengthy productions.

Without an overture, the first act begins with young men contending in an ancient setting characteristic of the period, which Jérôme Kaplan recreated mainly with light fabrics, gates and rounded pillars. The Montagues' peaceful dance ends with Tybalt drawing his rapier when Mercutio and his gang harassed him and his peers. Friar Laurence seeks to appease the rivals, although he knows there is a gun trained on his back Di Palma has imparted much technique to his young, talented and well-trained classical dancers; their costumes and performance are delightful to watch. Even the servant, who just takes care of masks in the house of Capulet, delivers a solo performance with lightness. At the party, the men of the Capulet family join in the knights' dance with their rapiers at the ready, always ready to fight. Belatedly, Juliet, who had been promised to Count Paris, sees "her" Romeo. Unexpectedly, the young Montague takes her in his arms. This changes everything. Their duet continuously aligns the group – the world in constant motion, so that the entire group forms a vibrant scene.

The open stage with two-story columns, replicating those in the marketplace in Pompeii, Italy, is the site for the balcony scene. In an older version of the same scenario, Tybalt pursues Mercutio and Benvolio as an ever-latent threat. Juliet on her balcony swing cannot resist temptation and goes to meet her admirer, dancing passionately until their first kiss. Like other scenes, this one switches between emotional moments already seen in other versions of the ballet. Brief appearances open the second act. Romeo is behind a transparent curtain as Juliet sends a letter to her Nurse. The loved one takes the note and runs to Friar Laurence's cell, indicated by a door and a beam of light. The Friar blesses the couple, who could have a happy ending. However, the longstanding rivalry has a familiar outcome: Tybalt strikes Romeo's hand three times and kills Mercutio as soon as he tries to protect him. With God's blessing, Mercutio breathes his last breath with a celebrated solo, followed by Tybalt being killed by a choleric Romeo. Juliet watches the duel through the transparent curtain – a new idea – and learns of two deaths just as Romeo reappears. In this tense atmosphere charged with anguish, the first night progresses with lots of engaging dance and elevations.

That Count Paris was not rejected outright by Juliet may be regrettable: now he quickly grasps the hand of the reluctant betrothed. Friar Laurence greets the girl in his cell, ready with a potion of poison he has prepared for a comforting end. The dance of the lilies with the maidens on their wedding day and the carnival imagery distinguish the dramatic musical instances. The spectator's gaze harmoniously shifts to the two poisoning scenes: at the back, stage left, Juliet is fighting for her life while at the front her dancing friends await her with her mother and Paris. Hooded creatures learn of her destiny and lead her lifeless body for burial.

Romeo in despair finds Paris mourning at the grave of his beloved and attempts to revive her by dancing; he sips the poison and joins an awakened Juliet in their last moments of the duet before he dies in her arms. The solitary ending is serene and yet tense: Juliet takes Romeo's dagger and stabs herself in the heart just seconds before lights dim and music ends. The rival families will never be reconciled.

With a well-conducted classical version, Giovanni Di Palma shows the benefits of rigorous dance pared to the essential actions. That some points could be more explicit may be noted. However, a choreographer who chooses as his first narrative ballet an intriguing international story with as many re-interpretations as *Romeo and Juliet*, and yet provides his own consistent interpretation of it, he is worthy of great consideration. The young dancers are to be congratulated, especially the dainty and self-assured Aline Campos as Juliet; the elegant Nielson Souza as Romeo; Diego de Paula as the intense Mercutio, and Geivison Moreira as the enthusiastic Tybalt. Even Paris – often characterized as a not very attractive aristocrat – is also important, as are all the other dancers: lean, long-legged and well prepared – a true feast for the eyes.

Tanznetz.de, *Germany, January 14, 2014*

São Paulo Dance Company – A Box-Office Sucess
How the revolutionary quickly becomes trite

GABI ELDOR, *Haaretz*

At the simple mention of the word Brazil, people immediately fall in love with its music, its language and its rhythm. It's as if we all knew precisely what the visual and auditory sensation of being in Brazil is like, how its people are beautiful, how they show themselves to be musical and sensitive. And how there is much poverty and what the favelas are like, and how their soccer is to die for, if you're passionate about soccer.

So expectations run high when a São Paulo company comes here. The São Paulo Dance Company is performing in the dance program at the Performing Arts Pavilion in Hertzliya [Tel Aviv metro area], which already has a captive audience – people true to the art who will be happy to enjoy dance performances without raising existential questions or trying to define what they are watching. Beautiful dancers, exceptional technique, renowned music and a diversified program. A true box-office hit.

One of the issues with the SPCD repertoire is that it awakens in dancers a desire to dance as well as possible, in the most precise and "beautiful" way – it's the only thing they want to do. They need not a motivating idea, a world view, or the originality of shared experience of the space, stage, or movement.

Established choreographic concepts

This time the company is performing three pieces, the first being to the well-known and much appreciated *Bachiana n° 1* by Villa Lobos.

The dance [choreographed by Rodrigo Pederneiras] is governed by musical structure and adapts to it. The dance is abstract; it does not tell a story, except when there is a duet between a man and a woman on stage, which is immediately called love duet.

A vigorous performance, fit and flexible dancers, familiar choreographic concepts that do not require an effort for their interpretation. Flexible hips enable virtuosity with high and rapid elevations of the legs. The third part, the pause, was less impetuous and something about its sensitivity and sudden silence prompted a different state of attention, perhaps even more interesting.

The second piece was Nacho Duato's *Gnawa*, which from the outset gave the impression of an ancient religious ritual. However, there was nothing very religious in the imposing entrance of the entire company, with dancers carrying small oil lamps and distributing them in the darkness, which was then lighted by candles lined up in front stage as the dance performed behind them.

Women in black dresses and men with bared torsos wearing pants made expansive and touching movements magnificently performed in unison. Details of movements disappeared in the dimmed stage areas, although their range of motion and the dedication with which they are performed could still be detected.

Near the end, the lovers performed another acrobatic duet with explicitly sexual innuendos; however, since it is a ritual, as mentioned above, one has to deduce that this was a religious ceremony. Slowly approaching the candles, the dancers picks them up and retreats as a group to the back of the stage where they crouch, or perhaps kneel. Sanctification is accomplished.

Interval

After a long interval, the third dance to be performed on stage is William Forsythe's masterpiece *In The Middle, Somewhat Elevated*.

Forsythe was one of the 20th century's most interesting choreographers. He wrote of this work, which was first performed at the Paris Opera in 1987: "Dance is a theme and variations in the strictest sense. Exploiting the vestiges of academic virtuosity that still signify 'the Classical,' it extends and accelerates these traditional figures of ballet. By shifting the alignment and emphasis of essentially vertical transitions, the affected *enchaînements* receive an unexpected force and drive that makes them appear foreign to their own origins."

Indeed, the company does follow choreographic instructions faithfully and precisely, although in this case that does not suffice. The performance still misses the academic perpendicularity that ballet audiences are accustomed to seeing, and cuts out a few minutes that lack both the poignancy and fury which populate Forsythe's brilliant work.

The audience was certainly delighted, and I noticed how the revolutionary quickly becomes trite, how Thom Willems' harsh percussion and metallic beat no longer disturbs the educated public, and how it has actually become normal to derive pleasure from watching dance.

Haaretz, *Tel Aviv, May 14, 2014*

Three Pleasant Surprises

The São Paulo Dance Company has adapted the best choreographers' designs for the general public and done so successfully, boldly and excitingly.

ANAT ZAHARIA, *Yediot Ahronot*

The São Paulo Dance Company has a varied repertoire. The company does not write its own pieces but is certainly capable of using pieces from the best choreographers and adapting them to its dancers to offer an accessible program for the public. This artistic stance is validated in its own right with mainstream choices that cover the entire spectrum, from neoclassical to contemporary dance, without slipping into excessive populism. That in itself is impressive.

This time, the company performed three pieces: the first [choreographed by Rodrigo Pederneiras], was set to *Bachiana nº 1* by Heitor Villa-Lobos, one of Brazil's greatest composers, which in a sense combines Bach's counterpoint style with popular Brazilian motifs to create an impetuous space.

Like continuously hatched brushstrokes, the dancers slice through the air, elevating their legs with ease and lightness, until it all is combined and yields a result that seemingly might go on forever or be cut off at any moment. Meanwhile, a tense and rather long duet is performed by a man and a woman – there is no distance; bodily closeness is almost mandatory, full of matches and mismatches, certainties and hesitations. At the end, a body rocks over another body in a hollow space on the stage, the pace is stepped up, and the body is then sucked into the darkness, disappearing.

The second piece, *Gnawa*, by the Spanish choreographer Nacho Duato, created the sensation of an ancient religious ritual. The finest moment had the corps de ballet being trapped in a circle of light at the back of the stage, turning in a sudden vortex. Their circular motion created a feeling of camaraderie and mutual trust.

The third piece was William Forsythe's masterpiece *In The Middle, Somewhat Elevated* Forsythe took traditional forms of classical ballet to use them as a school, which is to say, he created variations on them. The en pointe technique is an enduring axis or anchor for grand dance, and then there is a constant feeling that Forsythe moves away from the original line and comes back to it at certain times. Everything moves between the urge to dance and the ability to be audacious to the sound of metallic music, which is almost impossible. It was wonderful.

Yediot Ahronot, *Tel Aviv, May 15, 2014*

Ethereal Love

PETER ROSENWALD, *Brasil Post*

Everybody loves fairy tales, even those with sad endings. They call us to escape into the magical world of spirits where anything is possible.

When luxuriously staged for ballet productions, they draw eager audiences. Why else would the perennial Christmas favorite *Nutcracker* or *Sleeping Beauty* or *Coppelia* be so successful with both young and mature audiences?

At the comfortable Teatro Sérgio Cardoso, in São Paulo, far from all the World Cup's furious noise and excitement, the São Paulo Dance Company (SPDC) has staged a sumptuous *La Sylphide*, with the Argentinean choreographer Mario Galizzi sensitively revisiting the original 1836 masterpiece by Danish ballet master August Bournonville. By any criteria, *La Sylphide* is a touchstone of romantic ballet that requires dancers to perform to a high level of artistic and technical ability. Its performance is a supreme test for ballet companies and their members.

The SPCD passed the test with flying colors to enthusiastic applause from a packed house drawn from the broad and diverse audience that the company has worked to develop. In the words of SPCD artistic director and guiding beacon, Inês Bogéa, "It is uncommon for us to see really classical ballet here. With classics like this one, we could fill the theater every night. They are much easier to sell than modern works."

Bogéa is totally dedicated to promoting her dance company, dance in general and, not incidentally, its rightful place in the firmament of dance in Brazil. Her explanatory videos precede each performance, contextualizing dance with the "backstory" for what we see on stage as an important innovation that enriches the experience. Perhaps giving ballet lovers a chance to have their photograph taken in the theater lobby with one of the principal dancers in stage costume might not set the right tone for a traditional ballet, but the children and adults waiting in line to have their picture taken with a dancer reveals a new and less formal audience. Bogéa is delighted by SPCD's success and has pledged to present its program in São Paulo and all over Brazil next year – an experience not to be missed.

What could be more attractive than this simple story of James, an unfortunate Scottish farmer, who on his wedding day falls in love with the vision of a beautiful sylph [a kind of winged fairy]? Ignoring the terrible soothsaying witch Old Madge, he spurns his Effie, beloved since childhood, and flees from the wedding party to join the forest spirit. It is his passion for the unknown and his selfish desire to possess the fairy forever that leads to her death and his own ruin. First, however, we watch some wonderful dancing.

La Sylphide, with its floating sylphs in ethereal white dresses and bright wings is the dream of every young girl. In the second act, particularly, the dancers' graceful movement is full of the choreographic magic of the elegant design by Bournonville, who set the standard for Romantic choreography. The 19th-century ballet was about beauty of form and *La Sylphide* more than any other piece allows us to experience the magic in this way. The narrative does little more than provide a pretext for solos, group dances and corps de ballet pieces. Although it is James' human love for an ethereal spirit that drives the action and poses an interesting philosophical subplot, he does not really dance much except for some brave solos and a second-act duet (unlike the traditional *pas-de-deux* for dancer and ballerina, James never actually touches the ethereal sylph). The 19th-century choreography gives the other male dancers even less work to do.

We shall never know how faithful Galizzi's choreography was to Bournonville's original, not that this is particularly important. Choreography is a living art form that is continuously changing and adapting to many influences, from size of stage to the dancers' skills, not to mention budgets. Even if there were videos of the great 19th-century masterpieces, just dancing them step by step, movement by movement, would be boring for dancers and audiences.

Watching *La Sylphide* brings to mind the poignant song Chorus line: "Everything was beautiful at the ballet. Graceful men lift lovely girls in white."

Even the sad ending encloses a graceful feeling. As James sees his best friend marry Effie and sylphs apparently floating on air carry away La Sylphide's body, we know that even if some dreams do not come true we like to dream, anyway. And, let us not forget that ultimately it is all just a fairy tale.

Brasil Post, *São Paulo, June 30, 2014*

Rambazamba / without samba

Rhythmic greetings from Brazil: the São Paulo Dance Company presents a show of sensuality at Tanzsommer Festival.

CHRISTIANE FASCHING, *Tiroler Tageszeitung*

INNSBRUCK – Tonight, as the Brazilian soccer team struggles to get through to the World Cup final, the São Paulo Dance Company will be ending its season in Innsbruck. At the Tanzsommer Festival (Sunday and Monday), this exceptional Brazilian cast directed by Inês Bogéa featured two short performances in which it conveyed an idea of its qualifications, not leaving aside any emotion, and showed not just gracefulness and tenderness, but also absolute sensuality. If anyone was expecting a relaxed samba, as embarrassingly seen in the last program at the ORF-WM studio, they went home disappointed. The group founded in 2008 does not show carnival or folklore, but contemporary fusion between classic and modern choreography – the São Paulo Dance Company expresses great art, and Brazilian rhythm too.

Peekaboo is divided into three acts and refers to the children's game of the same name. To the sound of Benjamin Brittens' touching *Simple Symphony* combined with the Finnish choir Mieskuoro Huutajat, the dancers explore their childishness while the formal stage reveals fantasy, hiding adulthood dynamically and powerfully. In Marco Goecke's choreography, performers bodies act as the sound of an orchestra. Every so often, hats dance gracefully across the stage and lead you to a mystical world of fairy tales.

The second act is also magical – *Bachiana n° 1* from the Bachianas Brasileiras series composed by Heitor Villa-Lobos and choreographed by Rodrigo Pederneiras. Here Brazilian lightness meets the sound of Bach – a musical oasis for the soul. In the *pas-de-deux* performed by Luiza Lopes and Joca Antunes, there is sheer romance culminating in passion running across the stage like a red thread. The actors' significant breathing is repeatedly heard as they dance to their utmost; this is real strength.

At the end, there is the slowness of William Forsythe's classical choreography for *In The Middle, Somewhat Elevated*, as well as agility. The most demanding part of the evening will be accompanied by the mechanical sounds of Thom Willems, in which classical dance is smoothly deflected, as expected. An arduous ending to a champion performance night free of Brazilian clichés.

Tiroler Tageszeitung, *Innsbruck, July 8, 2014*

With homburg, charm and golden cherries

JASMINA SCHEBESTA, *Oper*

For its last dance production of the season, with the revealing perception that "soccer fever in Brazil has quietened" the Cologne Opera offers Brazil's most renowned dance company. At the time of designing the program, no one could have imagined that many Brazilians would prefer to lurk around the darkened audience area after their sadly mourned defeat by Germany. So the time has come for the citizens of Cologne to enjoy this young Brazilian product "for export".

In its artistic baggage, the troupe has brought three pieces. The first is the 20-minute *Peekaboo* choreographed by Marco Goecke in 2013. On stage, eight male and female dancers wear straight-legged pants and black vests, covered in buttons. Some women wear light blue corsets from which non-functional stays hang. The lighting produced by Uwe Haberland shines over dancers in a bright but cold hue. Accompanied by Britten's *Simple Symphonie*, the night starts furiously: the group assembles on stage and, in the middle, a dancer moves into an impressive solo. Uneven music and stabbing arm movements clamor for more. The choreography's themes are hiding and invisibility in playful children's tones. The dancers' energetic choreography of arms moving ever faster and their self-directed gazes are not very inviting elements for a Cologne audience. Dancers waving charming hats do not help things. A homburg hat flying over the floor is more evocative of dark Dali prints. Applause is proportional; the Cologne audience is not attracted by this piece.

In its turn, Nacho Duarto's *Gnawa* gets a merrier response. This piece also lasts for 20 minutes and is inspired by the "natural setting of Valencia, the Mediterranean sea and sun, smells, colors and flavors." There's no accounting for taste. While some viewers saw this piece as perfect choreography for "Cologne's long warm night with incense, Mediterranean lighting and Moroccan mint tea," most of the audience devotedly followed the quick but smooth movements. *Gwana* "is a type of popular musical from the Maghreb, ritualistic and popular" and it evokes an Arab "flair". The stage and costumes by Luis Davota and Modesta Lomba are more discreet: long and black for the ladies, and light colors for the men. The *pas-de-deux* performed by Ammanda Rosa and Nielson Souza showed impressive technique: their fast movements are clear, precise and fluent.

Then the curtain lifts for the last time this evening. Suddenly bright light floods the stage and low notes resonate from the loudspeakers. The dancers' limbs are taut and twisted, the women wear pointe shoes; bottle-green bodysuits, and tights. *In the Middle, Somewhat Elevated* is the striking classic piece written by William Forsythe in 1987. Thematically and in its variations, the movements of the formal language of classical ballet are taken to the extreme. The dancers spin on the stage, slowly at first then faster and faster; they fly, jump and spin on the stage, reaching all the tonality desired by Thom Willems' seductive music.

Above the dancers, two golden cherries ironically stand for their place in the exuberant classic scenario. If one really has something to say, there is no need for ornamental attributes or protection.

It ended just as abruptly as the previous piece had started. The audience was happy: after all, there was something for everyone. The three pieces showed a high level of performance. Body movements were as fast as on a soccer field, where players run after the ball at incredibly high speeds. It is not easy for those who ask for an encore. Understandingly, the ballet pieces are so short that there can be no encore. Farewell, São Paulo Dance Company... Thanks!

Opernetz.de, *Germany, July 10, 2014*

A dance model propped on three axes
São Paulo Dance Company releases products meant to offer a register and a fruition of their works in articles and videos.

MAYARA DE ARAÚJO, *Diário do Nordeste*

It is a fact that, in the Ceará art scene, collectives are active in only a few areas other than artistic production itself. Their work concerns attracting future audiences, compiling records of the group's work, writing articles on artistic processes and developing workshops. These ventures usually come up against financial issues since publishing books and videos about their repertoire – or even taking the company to perform elsewhere – requires investment that is not always forthcoming.

Yet this does not mean that these stages are less important. On the contrary, they too are part of artistic construction and therefore of each collective's evolution within its specific language. Inaugurated in January 2008, the São Paulo Dance Company (SPCD) is an example of an artistic group specifically working along three axes: artistic production, education and training, and memory conservation.

With a staff of 99 employees, 45 of them dancers, SPCD has attained some impressive figures not only for artistic conception (29 choreographies and 390 performances for audiences totaling 340,000 viewers), but also the products meant to support training and development. In five years, it has produced 26 documentaries in the *Figuras da Dança* [Figures of Dance] series, six documentaries for its *Canteiro de Obras* [Work Site] series, five films for educators, and five books of essays.

"Here we emphasize the importance of the past. We believe the present thrives on the past – not without successive and challenging passages. Therefore, we have to be capable of cultivating a tradition," says the company's director, Inês Bogéa.

Being part of the cultural apparatus of São Paulo's state government, SPCD emerged with the conditions – including finance – to act on these three axes, but a concern for memory and outreach is crucial for any collective, as its director emphasizes.

"Every company creates its own history. Perhaps less systematically, but they all have the possibility to tell their story and record their journey. We have many mechanisms such as the internet now, so anyone can post videos or keep a file of newspaper reports. When I was producing *Figuras da Dança*, I realized the importance of people having organized their own contents," Bogéa argues.

To celebrate its fifth anniversary this month, the company is publishing the book *Jogo de Corpo – Ensaios Sobre a São Paulo Dance Company* [*Body Play – Essays on the São Paulo Dance Company*], which is the fourth book in the collection; and a documentary called *Canteiro de Obras 2013* [*Work Site 2013*] directed by Kiko Goifman and Jurandir Muller. The book launched and film screening take place on the 28th – the company's anniversary date, at the Martins Fontes bookstore in São Paulo.

Rigor and sensitivity

On perusing the book *Canteiro de Obras 2013* [*Work Site 2013*], even readers who are unfamiliar with the company's history will appreciate the company's creative output in the last year as shown by excerpts from performances and rehearsal records.

To bring choreographies into line for the annual program, the troupe's management takes a theme around which productions harmonized.

As *Canteiro de Obras* demonstrates, last year's theme was Love, life and death. "These three elements are very closely related to one another and to the dancer's process of conception. Our productions in the 2013 season reflected this close relationship. *Romeo and Juliet* is perhaps the greatest story of love, life and death ever written; Jirí Kylián's *Petite Mort* speaks to the everyday deaths, small beginnings and endings that are very much part of an artist's life; and in Nacho Duato's *Por Vos Muero*, surrender and desire contribute to self-effacement too," Bogéa adds.

As part of this set of themes, SPCD's technical and aesthetic capillarities enable it to perform more classical than contemporary pieces, from the frantic *Peekaboo* (2013), made specifically for them by the german Marco Goecke, to *Romeo and Juliet* (2013), written by Giovanni De Palma and the first full-length ballet performed by the group.

According to Bogéa, all directors are involved in the process of preparing, rehearsing and directing dancers. In the video, troupe members underline the importance of this cycle. Indeed many of the reflections dancers, directors and viewers develop in the documentary turn out to useful solutions for groups in general. Rotating choreographers, wherever possible, is one of them.

Participatory

One of the most interesting projects SPDC has developed, which choreographers from Ceará found interesting, was the Brazilian Choreographers Workshop. It provides a space for experimentation with choreographies that Brazilians create for the dance company.

"This space is for any work developed by a Brazilian choreographer that dialogues with the company's profile. We assess each production and develop it if approved, just as we did with *Peekaboo* in 2013," Bogéa said. She further explains that, from this point of view, if choreographers from Ceará are interested in submitting work for the company to assess, they will be welcome.

On the DVD, Kiko Goifman and Jurandir Muller have included a section especially focusing the company's education program, with initiatives worth replicating.

As part of the series of performances for students and seniors, the directors prepare a unique opportunity for audience-dancer interaction. Dance routines are created for them to assimilate notions of spatiality, and some members of the audience are taken to the stage, to have their ability tested to help, for example, a dancer balance on a pointe slipper. Since this contact takes place before the actual performance, people in the audience empathize with the dancer's work because they have understood – even partially – the challenge of being on stage.

Another initiative focuses on the teachers who attend dance workshops and lectures. "Our contact with teachers is also valuable because we learn more about our student audience from them. In the workshops, we emphasize the importance of being in harmony with one's body, which is also the instrument that teachers and students use for self-expression," the director points out.

Multidisciplinary thinking

In addition to the documentaries *Canteiros de Obras* [*Work Site*] covering the company's annual dance program, and *Figuras da Dança* [*Figures of Dance*], featuring profiles of leading dance personalities in Brazil, the company's production of essays and written work also deserves special attention.

Once again, the motive for publishing this collection of books is this concept of the company as public heritage, thus the group gives back to society in order to help develop the dance scene in general, beyond its own routine. This is because although essays are based on a theme chosen by SPCD for a given year, and on the cultural heritage itself, their dialogue is based on very broad gazes.

"Through books, we take over a space for writing and reflection about dance, but we bring in other professionals too, including musicians, photographers, journalists, and philosophers. There are always several authors looking at the art of dance from different standpoints, instigated by some issue raised by SPCD; so, even if they are looking at our work, it is dance as a whole that is being discussed," Inês Bogéa explains.

Gazes

To speak of *Love, life and death*, for example, the semiotician Lucia Santaella compiles various thinkers' theories about this triad that philosophy has so frequently revisited. Evaldo Mocarzel's Essays on movement speaks of his desire to produce a documentary around the creation of a dance, starting from the first rehearsals but eschewing interviews (spoken ones), and providing a lesson in theory of dance by looking at it as ancestral mimetic expression, a rudimentary scenario for the fruition of thought.

"I am not only a filmmaker, I am a playwright who obviously loves language. However, I must admit that in terms of transcendence, the broad nature of dance engulfs the theater's history of thousands of years," the author says.

Theoretical articles and contributions from partners blend in a chapter of their own for media reports and reviews as a way of perpetuating the gaze of the specialized press and revisiting reviews of their works.

Diário do Nordeste, *Ceará, January 13, 2014*

Essay on balance

Dance writers and critics launch Jogo de corpo *nationwide*

BIANCA BITTELBRUNN, edited by CLÁUDIA MORRIESEN, *A Notícia*

The world of art is immense and its potential, infinite. Having successfully mastered over this scenario, today the São Paulo Dance Company launches the fifth edition of its book *Jogo de Corpo – Ensaios sobre a São Paulo Dance Company* that, together with the series *Figuras da Dança* and documentary *Canteiro de Obras*, has made the company's trajectory and that of Brazilian dance part of Brazil's cultural heritage.

Founded by the São Paulo's state government, the SPCD celebrates its sixth anniversary on the date of the book release. The publication was organized by Inês Bogéa, SPCD artistic director, documentary filmmaker and longstanding member of Joinville Dance Festival juries. Contributors include writers and critics from the dance world such as Lucia Santaella, Nelson Ascher, Paulo Caldas, Evaldo Morcazel, Kathya de Godoy, Maria Eugênia de Menezes, and Inês Bogéa herself. This issue of the publication also features pictures of works performed for the first time in 2013, and a novelty: Marcelo Maragni's photographic essay *Rastros do corpo no espaço* [*Traces of the Body in Space*], an extensive compilation of different approaches to a same theme. Work on the book started in the previous year, when authors and researchers were asked to take a close look at the SPCD's everyday routine or to focus on a specific work – it was up to them to choose. In the course of 2013, the company explored three sensitive topics on stage – love, life and death – that informed the book's concept. The SPCD director explains that it was a different period, especially due to the combination of meanings:

"It was a special period for the company, in which we celebrated our fifth anniversary and, on examining this period, we revisited our reasons to carry on and maintain this joy, as we give ourselves to the world of dance. Death is always with us in various ways in our everyday lives, and life is made of shadow and light," Inês Bogéa stated.

Trajectory beyond the stage

Dialogues with dance give proof that it can go well beyond the stage. This idea is behind the project for the book and the DVD series *Figures of Dance*, which tells the stories of dance personalities in each edition, as does the DVD titled *Canteiro de Obras*. This footage presents the backstage process of creating the works that debuted in 2013, within the three divisions of the Company that involve staging performances and ensuring their outreach; educational programs and campaigns to reach new audiences; and recording dance in image and memory. Having danced over 29 choreographies in 390 performances, the SPCD has reached more than 340,000 people and is documenting this trajectory, which shows the amplitude of the dance scene.

Dance is present in many aspects of society and we are posing different ways of experiencing it. I believe that recording traces of these trajectories is important not only to the people who worked for that moment and lived that experience, but for future generations too.

A Notícia, *Joinville, January 28, 2014*

A Brazilian game of emotions

CORRIERE DELL'ALTO ADIGE

What an effervescent opening it was at the 30th iteration of Bolzano Dance. For the first time, on its last night in Italy for the official festival opening, the São Paulo Dance Company, directed by Inês Bógea, lived up to expectations. The company left in Bolzano an esteemed calling card represented by a program of three quite different choreographies, performed with extraordinary talent and freshness by the prestigious young Brazilian dancer troupe.

Opening the triptych was *Peekaboo*, designed by the German choreographer Marco Goecke specifically for this company. To the music of Benjamin Britten, the eight dancers on stage lured the audience into a compelling game of emotions, making fear and awe come together and emerge from their movements, as childhood became a metaphor for inexorable innocence. Of another genre, but equally engaging and evocative, the second choreography was Nacho Duato's *Gnawa*: more mystical and spiritual, and perhaps easier to understand due to its explicitly Mediterranean atmospheres. Finally, the dancers exerted themselves in Forsythe's *In the Middle, Somewhat Elevated*, a contemporary dance classic, showing a great personality besides the required technique.

Corriege dell'Alto Adige, *Germany, July 16, 2014*

Conceived for SPCD by Édouard Lock

São Paulo troupe to stage The Seasons *world premiere, combining classical and contemporary ballet technique.*

MARIA EUGÊNIA DE MENEZES, *O Estado de S. Paulo*

"Choreography of light" would be a fitting description of the proposal from Canadian-born artist Édouard Lock, whom SPCD commissioned to conceive *The Seasons*. Due for its world premiere in Campinas on the 26th of this month, the work features intense, precise movements that have won acclaim for its choreographer. It features a transfiguration from classical ballet and the intense use of light with hundreds of changes silhouetting dancers' gestures. "Usually we think of how light can show things. But it is interesting to see how it hides them too. For every part the audience does not see, they have to use their imagination. This prompts more active involvement," says Lock, who is choreographing dance in Brazil for the first time, although he had already been here in the 1980s and 90s with his own company, the renowned La La La Human Steps.

With such a meticulous lighting proposal, every least movement in the choreography had to be photographed. An extremely extensive lighting plan was devised to cover its countless changes.

For Lock, who has also been a filmmaker, the resource also fulfills another function: "Concepts such as zoom and close up are not just for the cinema. They are natural forms of perception, irrespective of cameras. When you place an unstable light on stage, it is encouraging this," he said.

Another crucial element of Lock's creative process is music. For a long time, he had a partnership with Frank Zappa, and with Lou Reed too. For over 15 years, he has worked with British composer Gavin Bryars.

For *The seasons*, the duo repeated formula used for *Amjad* (2007), when they transfigured some of Tchaikovsky's pieces such as Swan Lake and Sleeping Beauty. Now, Vivaldi's concertos for violin and orchestra are underpinning the work. Bryars has conceived his own particular version of *The Four Seasons* that resembles the original but also demarcates its differences. "My idea is to take something recognizable and introduce alterations to create something unknown," says Lock. "Even an audience that is not familiar with classical music will know *The Four Seasons* and will have heard it in different contexts. I love this situation in which the audience thinks they know it but do not. It creates this tension." To enhance the experience, five musicians from Percorso Ensemble – consisting of two cellos, two violas and a bass – provide live accompaniment for the troupe.

The choreographer's way of using the dance repertoire is not unlike his partner's approach to the musical score. Classical ballet too has features modified for *The Seasons*. A *pas de deux* danced en pointe may even suggest revisiting the past. But that is not the case here. Instead, a game is proposed in which different memories are amalgamated. "Classical ballet is something that people think they have mastered. But they have not. So if we take historical symbols such as the ballet or this music, we can create something new and unpredictable for audiences," says Lock, who founded La La La Human Steps in 1980. Lock has already made dance works for companies such as Nederlands Dans Theater and Ballet de l'Opéra de Paris.

The 12 movements from Vivaldi's original score marked the creation of the choreography, which oscillates between moments of soft languor and others of great speed and technical virtuosity. On stage, dancers switch from solos to duos and trios.

The premiere is now taking place in Campinas, but the new work will not reach São Paulo until November.

O Estado de S. Paulo, *April 18, 2014*

La Sylphide, the first romantic ballet staged onde again

IARA BIDERMAN, *Folha de S.Paulo*

São Paulo Dance Company will be opening its 2014 season a day before the World Cup starts by wagering on the power of a great ballet classic.

La Sylphide, the 19th-century work chosen to open the season, was the first great Romantic ballet.

It was also the first choreography made for en pointe slippers and introduce the white-tulle tutu that has come to symbolize the classical ballerina.

"As is the case for well-known operas or musicals, audiences do really want to see these works live," says the troupe's director Inês Bogéa.

Last year, the company staged another classic, *Romeo and Juliet*, and one of its most successful productions ever with a full house in every session. The 2014 season is beginning by setting another record: the number of full season subscriptions is up from 433 in 2013 to 783 this year.

Sylph

Made in 1832 by the Italian Filippo Taglioni (1777-1871), this work marked the beginning of Romanticism in dance. However the version now being revived by SPCD was adapted by August Bournonvillle (1805-1879) for the Danish Royal Ballet in 1836.

La Sylphide is one of the few choreographies that have remained intact over the years.

"This was when a good system for annotating dance had yet to be devised, and the Danish ballet was handing down the piece as oral tradition, from one generation to another," says the Argentine choreographer Mario Galizzi, who made the revival for SPCD.

The story uses the structure of fairy tales and elements from pre-Christian mythology or mortal combat. Everything revolves around the good old unrequited love.

"This ballet endures in time because it speaks of desire, revenge and love triangles – themes that are still current today," says Bogéa.

Technically, it is a difficult piece to perform. "The choreography is very meticulous, like embroidering with ultra-fast moving feet and the body always slightly off balance, as if the girls were levitating," Galizzi says.

Another feature is its use of special effects that make dancers fly (for real) or magically appear or disappear from the stage.

"Being romantic may seem rather kitsch, but everyone wants something that takes them out of their everyday reality in order to experience the dream of an ideal world," Galizzi concluded.

Folha de S.Paulo, *São Paulo, June 3, 2014*

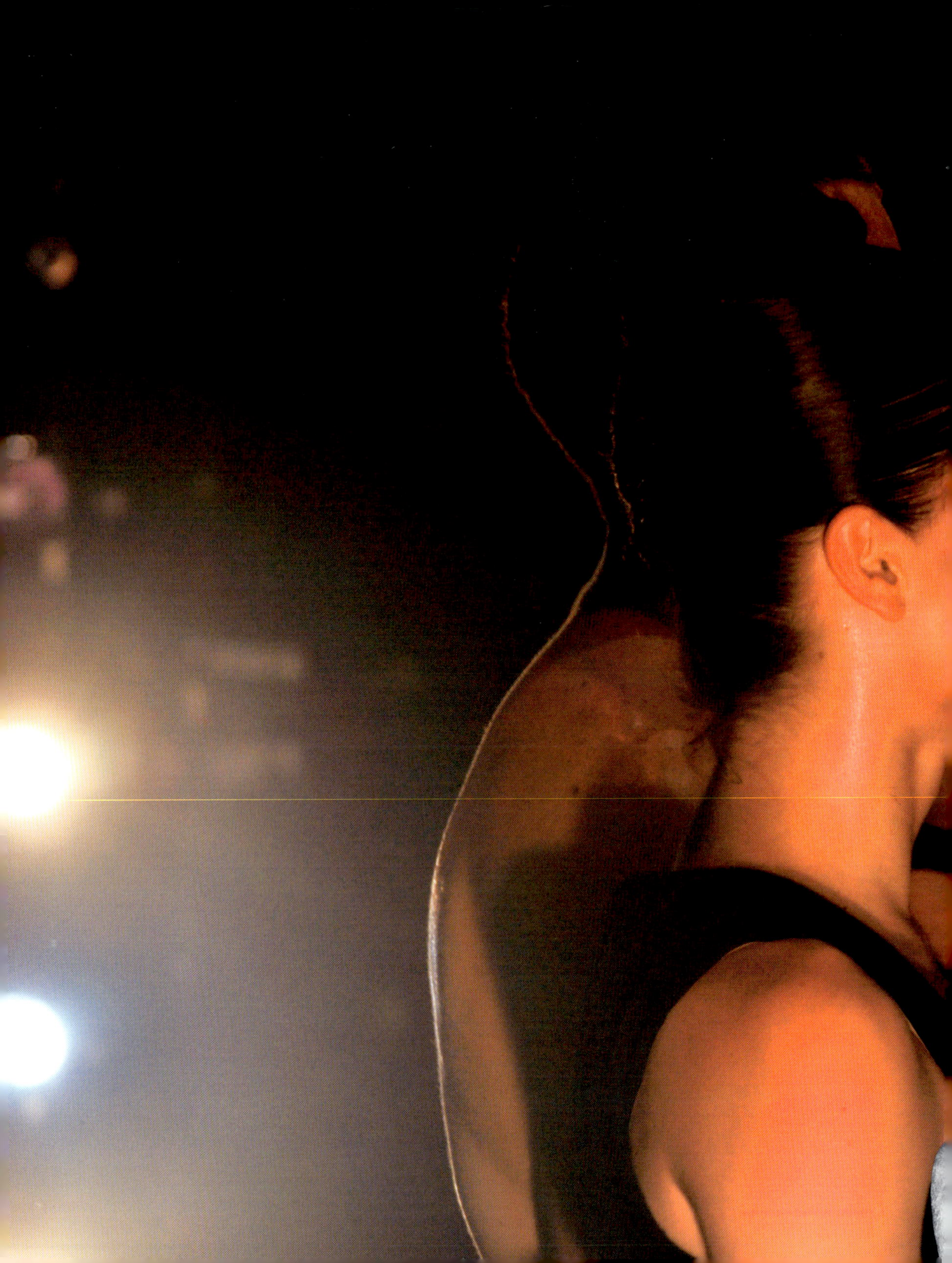

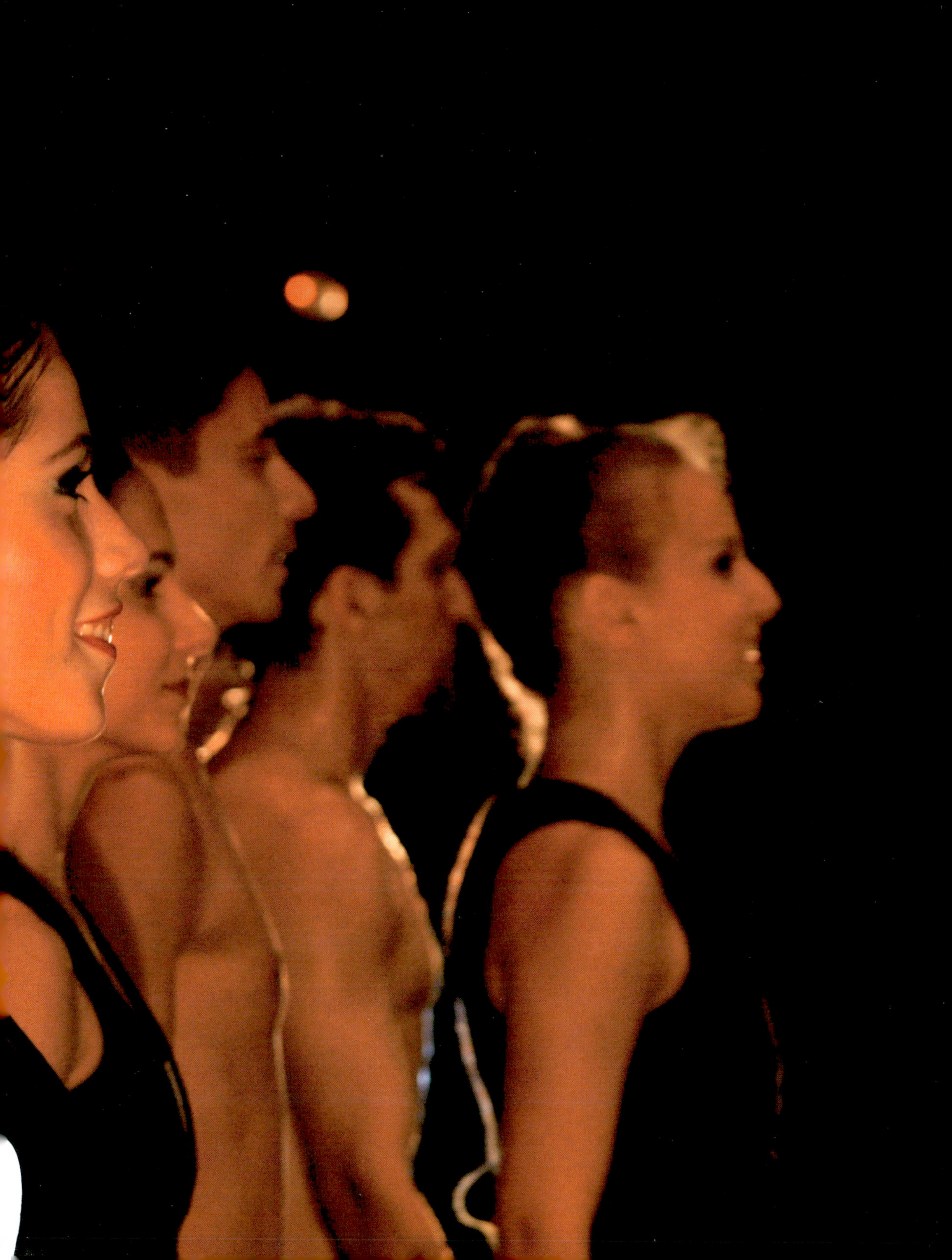

Sobre os autores / About the Authors

Amanda Queirós É jornalista especializada em dança e mestre em Comunicação e Semiótica (PUC-SP), tendo sido formada pelo curso Dança e Pensamento (UFC) e pelo Colégio de Dança do Ceará. Colaborou como pesquisadora para o site *Enciclopédia Itaú Cultural de Arte e Cultura Brasileira* e o *Dança em Rede* e escreveu para *O Povo* (Fortaleza), *Folha de S.Paulo* e *Revista de Dança*. Atualmente é editora de cultura do *Metro Jornal* (São Paulo). Journalist specializing in dance, holds a Master's degree in Communication and Semiotics (PUC-SP), trained by the 'Dance and Thought Program' (UFC) and Colégio de Dança do Ceará. Formerly a researcher for Itaú Cultural's Dance Encyclopedia and the *Dança em Rede* website; has written for *O Povo* (CE), *Folha de S. Paulo*, and *Revista de Dança*. Currently editor of the culture section of *Metro Jornal* (SP)

Cacá Machado É compositor e historiador. Autor do CD *Eslavosamba* (YB Music, 2013) e dos livros "O enigma do homem célebre – ambição e vocação de Ernesto Nazareth" (Instituto Moreira Salles, 2007), "Tom Jobim" (Publifolha, 2008) e "Todo Nazareth – obras completas" (Água-Forte, 2011). Doutor e pós-doutor pela Universidade de São Paulo nas áreas de história, música e literatura, é atualmente professor e pesquisador visitante do Departamento de História da FFLCH-USP e do Departamento de Música da Columbia University (Nova York). Foi diretor do Centro de Música da Funarte/MinC (Rio de Janeiro, 2008-2010) e do Centro de Estudos Musicais do Auditório Ibirapuera (São Paulo, 2011). Composer and historian. Authored the CD *Eslavosamba* (YB Music, 2013) and the books "O enigma do Homem célebre: ambição e vocação de Ernesto Nazareth" (Instituto Moreira Salles, 2007), "Tom Jobim" (Publifolha, 2008) and "Todo Nazareth, obras completas" (Água-Forte, 2011). Holds a doctorate and a post-doctorate degree in history, music and literature from Universidade de São Paulo, at which he is currently a lecturer and visiting researcher with the History Dept. of the School of Arts (FFLCH-USP) SP, Brazil, and Columbia University's Music Dept. (NYC, USA). Formerly director of the Music Center at Funarte/MinC (RJ, 2008/2010) and the Musical Studies Center at Auditório Ibirapuera (SP, 2011).

Felipe Chaimovich É curador do Museu de Arte Moderna (MAM) de São Paulo, doutor em filosofia pela USP e professor titular pleno da Faap. Foi curador das mostras e eventos Jardim do Poder (CCBB de Brasília, 2007), 29º Panorama da Arte Brasileira (MAM, 2005), Festival de Jardins do MAM no Ibirapuera (2010), Encontros de Arte e Gastronomia (MAM, 2012) e Paulo Bruscky (MAM, 2014). É autor de "Iran do Espírito Santo" (São Paulo: Cosac Naify, 2000); "Objects or reflexion: Brazilian cultural situation, em On cultural influence" (New York: Apexart, 2006); "Greenberg after Oiticica, em The state of art criticism" (New York: Routledge, 2007); "Mirrors of society: Versailles and the use of flat reflected images", *Visual Resources*, v. 24, #4 (Routledge, 2008); e "Die brasilianischen Institutionen der Kunst und das Bild der Natur als etwas, das es zu bewahren gilt, em Diversity of development(s)? – New concepts of sustainability in Latin America" (Berlin: Matthes & Seitz, 2013). É membro do Conselho Internacional de Museus (Icom), do Comitê Brasileiro de História da Arte (CBHA), da Associação Internacional de Críticos de Arte (Aica) e da Associação Brasileira de Críticos de Arte (ABCA). // Curator of Museu de Arte Moderna de São Paulo, holds a PhD in Philosophy from the Universidade de São Paulo. Full professor at FAAP. Curated the exhibitions Jardim do Poder (CCBB de Brasília, 2007); 29º Panorama da Arte Brasileira (MAM, 2005); Festival de Jardins do MAM no Ibirapuera (2010); Encontros de Arte e Gastronomia (MAM, 2012); and Paulo Bruscky (MAM, 2014). Authored "Iran do Espírito Santo" (São Paulo: CosacNaify, 2000), "Objects or Reflexion: Brazilian cultural situation", in On Cultural Influence (New York: Apexart, 2006), "Greenberg after Oiticica" in The State of Art Criticism (New York: Routledge, 2007), "Mirrors of society: Versailles and the use of flat reflected images", in *Visual Resources*, vol. 24, #4 (Routledge, 2008), and "Die brasilianischen Instituitionen der Kunst und das Bild der Natur als etwas, das es zu bewahren gilt in Diversity of development(s)? – New Concepts of Sustainability in Latin America" (Berlin: Matthes & Seitz, 2013). Member of the International Council of Museums (ICOM), the Brazilian Art History Committee of the International Association of Art Critics (AICA), and the Brazilian Art Critics Association (ABCA).

Inês Bogéa é diretora da São Paulo Companhia de Dança, documentarista e escritora. Doutora em artes (Unicamp, 2007), é professora no curso de especialização Arte na Educação: Teoria e Prática da Universidade de São Paulo (USP); foi professora no curso de especialização em Linguagens da Arte da Universidade de São Paulo/Maria Antônia. De 1989 a 2001 foi bailarina do Grupo Corpo (Belo Horizonte). Escreveu crítica de dança para a *Folha de S.Paulo* de 2001 a 2007. É autora de vários livros, entre eles "O livro da dança" (Companhia das Letrinhas, 2002), "Contos do balé" (Cosac Naify, 2007), "Outros contos do balé" (Cosac Naify, 2012) e organizadora de "Oito ou nove ensaios sobre o Grupo Corpo" (Cosac Naify,2000), "Kazuo Ohno" (Cosac Naify, 2003), "Sala de ensaio: textos sobre a São Paulo Companhia de Dança" (Imprensa Oficial, 2010), entre outros. Dirigiu mais de 25 documentários sobre dança, entre eles *Renée Gumiel: a vida na pele* (2005), *Maria Duschenes: o espaço do movimento* (2006) e *Lenira Borges: uma vida para a dança* (2011). Na área de arte-educação, foi consultora da Escola de Teatro e Dança. Site oficial: www.inesbogea.com.br // Artistic director for São Paulo Companhia de Dança, documentary filmmaker and writer. Holds a PhD in Art (Unicamp, 2007), is professor for the 'Art in Education: Theory and Practice' specialization program at Universidade de São Paulo (USP); was professor for the "Languague and Art" specialization course at Universidade de São Paulo/ Maria Antônia. Ballerina with Grupo Corpo (Belo Horizonte) from 1989 to 2001. Wrote reviews as dance critic for the *Folha de S. Paulo* newspaper (2001-2007). Wrote several books including "O Livro da Dança" (Cia. das Letrinhas, 2002), "Contos do Balé" (CosacNaify, 2007); "Outros Contos do Ballet" (Cosac Naify, 2012) and organized "Oito ou nove Ensaios Sobre o Grupo Corpo" (Cosac Naify 2000); "Kazuo Ohno" (Cosac Naify, 2003); "Sala de Ensaio" (Imprensa Oficial, 2010), and others. Directed more than 25 dance documentaries, including *Renée Gumiel – A Vida na Pele* (2005); *Maria Duschenes – O espaço do movimento* (2006); and *Lenira Borges – Uma Vida para a Dança* (2011). In the field of art education, acted as consultant for Escola de Teatro e Dança. Official website: www.inesbogea.com.br

Marcela Benvegnu É coordenadora de Comunicação (2010-) e Educativo (2012-) da São Paulo Companhia de Dança, em que também foi coordenadora de Memória (2012-2014). Mestre em Comunicação e Semiótica pela Pontifícia Universidade Católica (2007), é pós-graduada em Estudos Contemporâneos em Dança pela Universidade Federal da Bahia (2004) e graduada em jornalismo pela Universidade Metodista de Piracicaba (2002). É codiretora do Congresso Internacional de Jazz Dance no Brasil (2009-) e do site *Revista de Dança* (2011-). Atuou como repórter e editora assistente do caderno de Cultura do *Jornal de Piracicaba* (2004-2009), quando também assinou a coluna "Tudo É Dança" (2007-2009). Atua como jurada e crítica de dança em diversos festivais no país. Publicou textos em livros e revistas acadêmicas, como "Na dança" (Imprensa Oficial, 2005), "Acervo Mídia Online" (Produção Científica em Ciências da Comunicação, 2009), "Terceiro sinal – ensaios sobre a São Paulo Companhia de Dança" (SPCD, 2011), "Sala preta – ensaios científicos sobre arte e comunicação" (USP, 2011), "Experiências compartilhadas em dança" (Unesp, 2013) e outros. É coautora do documentário *Roseli Rodrigues – poesia em movimento* (Festival de Dança de Joinville, 2011). Coordinator of Communication (2010) and Education (2012) with São Paulo Companhia de Dança, and former SPCD coordinator of Memory (2012). Holds a master's degree in Communication and Semiotics from Pontifícia Universidade Católica (PUC-SP, 2007); postgraduate degree in Contemporary Studies in Dance from Universidade Federal da Bahia (UFBA, 2004) and degree in Social Communication – Journalism from Universidade Metodista de Piracicaba (Unimep, 2002). Co-director of the International Congress of Jazz Dance in Brazil (2009) and the *Revista de Dança* website (2011). Formerly reporter and assistant editor of the Culture supplement of Jornal de Piracicaba (2004-2009), for which she also wrote a column called 'Everything is Dance' (2007-2009). Active jury member and critic for various dance festivals in Brazil. Has written for books and academic journals such as "Na Dança" (Imprensa Oficial, 2005); "Acervo Mídia Online" (Produção Científica em Ciências da Comunicação, 2009); "Terceiro Sinal – Ensaios Sobre a São Paulo Companhia de Dança" (SPCD, 2011); "Sala Preta – Ensaios Científicos Sobre Arte e Comunicação" (USP, 2011), and "Experiências Compartilhadas em Dança" (Unesp, 2013). Co-authored the documentary *Roseli Rodrigues – Poesia em Movimento* (Joinville Dance Festival, 2011).

Peter Rosenwald Americano, reside no Brasil há muitos anos. Ex-vice-presidente do Grupo Abril, combina uma carreira como consultor em estratégia de *marketing* para grandes empresas brasileiras e estrangeiras com o trabalho de escritor de artigos sobre dança e cultura. Antes de ter-se mudado para o Brasil, foi durante 13 anos crítico de artes sênior do *Wall Street Journal*; colaborou também com veículos como *The Guardian, New York, New West, Dance Magazine, Dance News* e *European Travel & Life*. No Brasil, atuou como crítico de dança para a revista *Bravo!*, é colaborador de *Viagem e Turismo* e escreve para o "Gringo View", blog amplamente seguido do *Brasil Post* que fala sobre cultura brasileira e artes. É membro do Conselho Consultivo do Mozarteum Brasileiro.

U.S.-born critic, longtime resident in Brazil. Former vice-president of Grupo Abril, combines a career as marketing-strategy consultant for major Brazilian and foreign corporates with his work as a writer on dance and culture. Formerly *The Wall Street*

Journal's senior art critic for 13 years before moving to Brazil; also wrote for *The Guardian*, *New York Magazine*, *New West Magazine*, *Dance Magazine*, *Dance News*, and *European Travel & Life*. In Brazil, he has been dance critic for *Bravo!* magazine and written for the travel magazine *Viagem & Turismo* and the popular "Gringo View" Brazilian culture and arts blog for *Brasil Post*. Peter Rosenwald is a member of Mozarteum Brasil's Advisory Board.

Rodrigo Lacerda Nascido em 1969, no Rio de Janeiro. Escritor, tradutor, professor e editor. É autor dos seguintes livros: "O mistério do leão rampante" (novela, 1995, prêmio Jabuti e prêmio Certas Palavras de Melhor Romance), "A dinâmica das larvas" (novela, 1996), "Fábulas para o séc. XXI" (livro infantil, 1998), "Tripé" (contos, 1999), "Vista do Rio" (romance, 2004, finalista dos prêmios Zaffari & Bourbon, Portugal Telecom e Jabuti), "O fazedor de velhos" (romance juvenil, 2008, prêmio de Melhor Livro Juvenil da Biblioteca Nacional, prêmio Jabuti e prêmio da FNLIJ), "Outra vida" (Melhor Romance no prêmio Academia Brasileira de Letras, segundo prêmio de Melhor Romance da Biblioteca Nacional e no Portugal Telecom) e "A república das abelhas" (romance, 2013). Finalista dos prêmios Portugal Telecom 2014 e São Paulo de Literatura 2014. Como tradutor, verteu para o português autores como William Faulkner, Alexandre Dumas e Raymond Carver, entre outros, tendo recebido o prêmio Jabuti de Melhor Tradução de Língua Francesa (2009) e Melhor Tradução (2010). Trabalhou em algumas das mais importantes editoras do Brasil, como a Nova Fronteira, a Editora da Universidade de São Paulo e a Cosac Naify. Atualmente é membro do conselho editorial da Zahar. É doutorado pela USP em Teoria Literária e Literatura Comparada. Mora em São Paulo. Born in Rio de Janeiro, 1969. Writer, translator, lecturer and editor. Author of the following books: "O mistério do leão rampante" (novel, 1995, recipient of the Jabuti Award and Certas Palavras 'Best Novel' Prize), "A dinâmica das larvas" (novel, 1996), "Fábulas para o séc. XXI" (children's book, 1998), "Tripé" (short stories, 1999), "Vista do Rio" (novel, 2004, shortlisted for the Zaffari & Bourbon, Portugal Telecom and Jabuti awards), "O fazedor de velhos" (young adult novel, winner of Biblioteca Nacional's 2008 'Best young adult book' prize as well as Jabuti and FNLIJ Awards), "Outra vida" ('Best Novel' award from the Brazilian Academy of Letters, second place in 'Best Novel' awards made by Biblioteca Nacional and Portugal Telecom), and "A república das abelhas" (novel, 2013), shortlisted for Portugal Telecom and São Paulo 2014 Awards. He has translated works by authors such as William Faulkner,

Alexandre Dumas and Raymond Carver, and been awarded the Jabuti 'Best Translation from French' prize in 2009 and 'Best Translation' in 2010. Lacerda has worked for some of Brazil's leading publishers, including Nova Fronteira, Editora da Universidade de São Paulo, and Cosac Naify. He is currently on the editorial board of the Zahar publishing house. He holds a PhD in Literary Theory and Comparative Literature from Universidade de São Paulo. Lives in Sao Paulo.

Roland Clauzet Estudou na Faculdade de Letras da Universidade de Aix-Marselha, com especialização em história e geografia; paralelamente, cursou história da arte. No Brasil, lecionou história no Curso Francês do Liceu Pasteur (São Paulo) e língua francesa na Aliança Francesa de São Paulo (tendo feito parte da companhia teatral da Aliança). Em seu país, escreveu durante cinco anos para a revista semanal *France-observateur* crônicas e críticas de ópera e balé (no caso da dança, com a ajuda de um especialista). Também atuou no Ministério da Defesa francês, como responsável por um departamento cultural que cuidava de bibliotecas e cinema (nessa condição, participou do Festival de Cannes durante três anos). Hoje aposentado, mora durante quatro ou cinco meses por ano no Brasil. Além de ter interesse por literatura e cinema, a ópera e, sobretudo, o balé sempre foram sua paixão essencial. Em todas essas disciplinas, foi diletante. // Studied at the School of Arts, Aix en Provence, Marseille, majoring in History and Geography while taking the Art History course too. In Brazil, taught History on the French Program at Liceu Pasteur, in São Paulo, and French at Alliance Française in São Paulo (where he was a member of the Alliance theater company). In France, he wrote for the weekly *France-observateur* for five years contributing commentary and reviewing opera and ballet (with the help of a dance specialist). He also worked with the French Ministry of Defense as head of the cultural department involving library and cinema (at the Cannes Film Festival for 3 years). Currently retired, spends four or five months of the year in Brazil. In addition to his interest in literature, film, opera and, in particular, the ballet have always been his essential passion. In all these disciplines, he has been a dilettante.

FOTOGRAFIA

André Porto Formado em arquitetura, atua como fotojornalista desde 1998. Nascido em São José dos Campos (SP), já trabalhou em diversos veículos de comunicação, como os jornais *Agora São Paulo* e *Folha de S.Paulo* e as revistas *IstoÉ*, *Bravo!* e *Rolling Stone*.

Em 2003, venceu o prêmio Folha de Jornalismo e recebeu menção honrosa no Wladimir Herzog de Direitos Humanos. Atualmente é fotógrafo do *Metro Jornal* (São Paulo). // Holds a bachelor's degree in Architecture; has worked as photojournalist since 1998. Born in São José dos Campos (SP); has contributed photographs to several media vehicles such as newspapers *Agora São Paulo* and *Folha de S. Paulo* and magazines *IstoÉ*, *Bravo!* and *Rolling Stone*. In 2003, won the Folha journalism award and an honorable mention from the Wladimir Herzog Human Rights Awards. Currently photographer for *Metro Jornal* in São Paulo.

Referências bibliográficas

"La La La: Édouard Lock's future of ballet". *Vancouver Sun*, January 16, 2012. http://blogs.vancouversun.com/2012/01/16/la-la-la-edouard-locks-future-of-ballet/. Acesso em 28/5/2014.

ALLAN, David. *Le couvert & la coutellerie de table française du XIXe siècle*. Dijon: Faton, 2007.

BERNSTEIN. David W. "Music I: to the late 1940s". In: NICHOLLS, David (ed.). *The Cambridge companion to John Cage*. Cambridge: Cambridge University Press, 2002.

BOGÉA, Inês. "Passado-futuro". www.spcd.com.br.

CAGE, John. *Silence*. Hanover, N.H.: Wesleyan University Press, 1961.

CAMPOS, Augusto de. "Cage: chance: change"(prefácio). In: CAGE, John. *De segunda a um ano*. Rio de Janeiro: Cobogó, 2013.

ELIAS, Norbert. *O processo civilizador*. Rio de Janeiro: Zahar, 1990; v. 1.

FEUILLET, Raoul-Auger. *Chorégraphie ou l'art de décrire la danse*. Paris: Brunet, 1700.

_____. *Recueil des contredances mises em chorégraphie*. Paris: Feuillet, 1706.

FLANDRIN, Jean-Louis. "A distinção pelo gosto". In: CHARTIER, Roger (org.). *História da vida privada*. São Paulo: Companhia das Letras, 1991.

GAUTHIER, Théophile. *La comédie de la mort*. Paris: E. Laurent, 1838.

GRIGORIEV, S.L. *The Diaghilev Ballet, 1909-1929*. London: Constable, 1953.

KRAUSS, Rosalind. "O duplo negativo: uma nova sintaxe para a escultura". In: *Caminhos da escultura moderna*. São Paulo: Martins Fontes, 1998.

LEFERME-FALGUIÈRES, Frédérique. "Corps modelé, corps constraint: les courtisans et les normes du paraître à Versailles". In: LANOË, Catherine et al. (eds.). *Cultures de cour, cultures du corps XIVe-XVIIe siècle*. Paris: Pups, 2011.

LOCK, Édouard. Entrevista à mediateca do Dance National Art Center (Canadá). www.artsalive.ca/en/dan/mediatheque/interviews/transcripts/edouard_lock.asp. Acesso em 27/5/2014.

MELO NETO, João Cabral de. *Sevilha andando*. Rio de Janeiro: Nova Fronteira, 1989.

_____. Entrevista a Luiz Costa Lima, Sebastião Uchoa Leite, Carlito Carvalhosa e Lana Lage. In: *34 Letras*, Rio de Janeiro, março de 1989.

MILLER, Leta E. "Cage's collaborations". In: NICHOLLS, David (ed.). *The Cambridge companion to John Cage*. Cambridge: Cambridge University Press, 2002.

PEREIRA, Roberto; MEYER, Sandra & NORA, Sigrid. *História em movimento – biografias e registros em dança*. Caxias do Sul: Lorigraf, 2008.

RAMEAU, Pierre. *Le maître à danser*. Paris: Villette, 1725.

RAMOS, Julio. "Disonancia afrocubana: John Cage y las *Rítmicas V y VI* de Amadeo Roldán". In: *Revolución y Cultura*, 1, La Habana, enero/febrero/marzo 2014, época v.

SPARTI, Barbara. "Introduction". In: GUGLIELMO EBREO DA PESARO. *On the practice or art of dancing*. Oxford: Clarendon Press, 1995

SUCENA, Eduardo. *A dança teatral no Brasil*. Rio de Janeiro: Ministério da Cultura; Fundação Nacional de Artes Cênicas, 1988.

VON DRACHENFELS, Suzanne. "The design of table tools and the effect of form on the etiquette and table setting". In: COFFIN, Sarah et al. (eds.). *Feeding desire: design and the tools of table 1500-2005*. New York: Assouline, 2006 (exhibition catalogue, Cooper Hewitt, Smithsonian Design Museum).

WISNIK, Guilherme. "Dentro do nevoeiro". In: NOVAES, Adauto. *Mutações – o futuro não é mais o que era*. São Paulo: Sesc Editora, 2013.

YATES, Frances. *Les académies en France au XVIe siècle*. Paris: PUF, 1996.

CRÉDITOS DAS IMAGENS/IMAGE CREDITS

[CAPA] Luiza Lopes e Daniel Reca [CONTRACAPA] Morgana Cappellari e Vinícius Vieira _ [FOTOGRAFIAS] ÉDOUARD LOCK

THE SEASONS [P.1 A 3] Lucas Axel, Pamela Valim e Yoshi Suzuki; [P.4-5] Lucas Axel e Luiza Lopes; [P.7] Pamela Valim e Leony Boni; [P.30] Joca Antunes e Ana Paula Camargo; [P.120-123] Lucas Axel, Pamela Valim e Yoshi Suzuki; [P.124] Renata Alencar e Leony Boni; [P.125] Daniel Reca e Luiza Lopes _ [FOTOGRAFIAS] ÉDOUARD LOCK E WILIAN AGUIAR

WWW [P.8] Mariana Carossa e Nielson Souza; [P.10] Roberta Bussoni e Yoshi Suzuki; [P.29] Danyla Bezerra, Fernanda Verardo e Rodolfo Saraiva; [P.126-127] Nielson Souza, Letícia Martins, Artemis Bastos, Andre Grippi, Ana Paula Camargo; [P.128] Aline Campos e Rafael Gomes; [P.129] Renata Alencar e Joca Antunes; [P.130] Morgana Cappellari e Lúcio Kalbusch; [P.131] Jonas Moraes e Lucas Axel; [P.193] Artemis Bastos e Ana Paula Camargo; [P.205] Nielson Souza e a Renata Alencar; [P.320] Diego de Paula _ [FOTOGRAFIAS] CLARISSA LAMBERT

LA SYLPHIDE [P.46] em pé: Renata Alencar e Olivia Pureza; abaixo: Aline Campos, Ana Roberta Teixeira, Danyla Bezerra, Morgana Cappellari e Luiza Yuk; [P.50-51] em primeiro plano: Morgana Cappelari, Aline Campos, Ana Roberta Teixeira, Danyla Bezerra; em frente: Luiza Yuk e Yoshi Suzuki; ao fundo, elenco SPCD; [P.62-63] Luiza Yuk e elenco SPCD; [P.64] Luiza Lopes; [P.76] Emmanuel Vazquez e elenco SPCD; [P.132-133] Ana Paula Camargo, Emmanuel Vazquez e elenco SPCD; [P.134-135] elenco SPCD; [P.136-137] em primeiro plano: Olivia Pureza, Roberta Bussoni, Carolina Pais, Letícia Martins, Morgana Cappellari, Ana Roberta Teixeira, Andressa Ribeiro, Renata Alencar, Ammanda Rosa, Aline Campos; ao fundo, elenco SPCD; [P.185] Michelle Molina _ [FOTOGRAFIAS] JOÃO CALDAS

[P.72] FOTOGRAFIA: ACERVO SPCD

LE SPECTRE DE LA ROSE [P.88] Yoshi Suzuki e Luiza Yuk; [P.142-143] Luiza Lopes e Emmanuel Vazquez; [P.144-145] Luiza Yuk e Yoshi Suzuki; [P.146] Luiza Lopes; [P.147] Yoshi Suzuki _ [FOTOGRAFIAS] CLARISSA LAMBERT

BINGO! [P.98] Renée Weinstrof e Olivia Pureza; [P.108-109] Lucas Valente e elenco SPCD; [P.148-149] à frente: Rafael Gomes; ao fundo: Danyla Bezerra, Andressa Ribeiro, Artemis Bastos, Renée Weinstrof, Tendo Pereira, Morgana Cappellari, Mariana Carossa, Andre Grippi, Ana Paula Camargo, Joca Antunes, Ana Roberta Texeira, Michelle Molina; [P.150] Lucas Valente e Michelle Molina; [P.151] Michelle Molina; [P.152-153] Ana Paula Camargo e Morgana Cappellari _ [FOTOGRAFIAS] SILVIA MACHADO

GEN [P.110] Nielson Souza e Letícia Martins; [P.118-119] Yoshi Suzuki; [P.154-155] primeiro plano: Morgana Cappellari; ao fundo, elenco SPCD; [P.156] Joca Antunes e Renata Alencar; [P.157] Luiza Lopes; [P.158-159] Everson Botelho e Yoshi Suzuki; [P.213] Yoshi Suzuki; [P.320-321] em primeiro plano, Morgana Cappellari; ao fundo, elenco SPCD _ [FOTOGRAFIAS] ARTHUR WOLKOVIER E WILIAN AGUIAR

GRAND PAS DE DEUX DE O CISNE NEGRO [P.138-140] Morgana Cappellari e Lúcio Kalbusch; [P.141] Thamiris Prata e Diego de Paula _ [FOTOGRAFIAS] JULIANA HILAL, MARCELA BENVEGNU E ROGÉRIO ALVES SOBRADO

A foto publicada na página 169 deste livro é de *Por Vos Muero*, de Nacho Duato, e não de *Petite Mort*, de Jirí Kylián, como citado.

PEEKABOO [P.160-161] Aline Campos; [P.168] Nielson Souza e Morgana Cappellari _ [FOTOGRAFIA] MICHELLE MOLINA

MAMIHLAPINATAPAI [P.162] Pamela Valim e Bruno Veloso; [P.180] Elenco SPCD _ [FOTOGRAFIAS] ARNALDO J.G.TORRES E MARCELA BENVEGNU

SUPERNOVA [P.163] Rafael Gomes _ [FOTOGRAFIA] WILIAN AGUIAR

IN THE MIDDLE, SOMEWHAT ELEVATED [P.164-165] Yoshi Suzuki e Roberta Bussoni; ao fundo, elenco SPCD _ [FOTOGRAFIA] JOÃO CALDAS

POS VOR MUERO [P.166-167] elenco SPCD _ [FOTOGRAFIA] JOÃO CALDAS

PETITE MORT [P.169] em destaque: Rafael Gomes e Luiza Yuk; ao fundo: Leony Boni e Ana Paula Camargo _ [FOTOGRAFIA] JOÃO CALDAS

GRAND PAS DE DEUX DE DOM QUIXOTE [P.170] Artemis Bastos e Everson Botelho _ [FOTOGRAFIA] NANAH D'LUIZE

BALLET 101 [P.171] Yoshi Suzuki _ [FOTOGRAFIA] WILIAN AGUIAR

BACHIANA N°1 [P.172] Luiza Lopes e Samuel Kavalerski _ [FOTOGRAFIA] WILIAN AGUIAR

VADIANDO [P.173] Rodolfo Paiva, Lucas Valente, Daniel Reca e Felipe Camarotto _ [FOTOGRAFIA] SILVIA MACHADO

ROMEU E JULIETA [P.174-175] Aline Campos e Nielson Souza _ [FOTOGRAFIA] SILVIA MACHADO

GNAWA [P.176-177] elenco SPCD _ [FOTOGRAFIA] MARIANO CZARNOBAI

OLHARES [P.178-179] Joca Antunes (foto 1); Beatriz Hack (foto 2); Acervo SPCD (foto 3); Diego de Paula (foto 4) _ [FOTOGRAFIAS] CLARISSA LAMBERT, MICHELLE MOLINA E SILVIA MACHADO

ACERVO SPCD [P.214] Nielson Souza e Morgana Cappellari _ [FOTOGRAFIAS] MICHELLE MOLINA

JOGO DE CORPO [P.214-215] elenco SPCD; [P.216-217] Leony Boni; [P.218-219] Daniel Reca, Binho Pacheco, Jonas Moraes, Leony Boni, Lucas Valente e Igor Renato; [P.220] Lucas Valente, Leony Boni e Igor Renato; [P.221] Lucas Valente; [P.222-223] Tendo Pereira; [P.224-225] elenco SPCD; [P.226-227] Jonas Moraes _ [FOTOGRAFIAS] ANDRÉ PORTO

© 2014 São Paulo Companhia de Dança

Dados Internacionais de Catalogação na Publicação (CIP)
(Câmara Brasileira do Livro, SP, Brasil)

Passado-futuro : textos e fotos sobre a São Paulo Companhia de Dança /
 Inês Bogéa (org.) – São Paulo : Editora WMF Martins Fontes, 2014.

 Vários autores.
 ISBN 978-85-7827-918-9

 1. Arte 2. Dança 3. Expressão corporal 4. São Paulo Companhia
de Dança – História I. Bogéa, Inês.

14-12639   CDD-792.80981

 Índice para catálogo sistemático:
1. São Paulo Campanhia de Dança : Artes : Ensaios   792.80981

Proibida a reprodução total
ou parcial sem a autorização
prévia dos editores

Direitos reservados e protegidos
(lei n° 9.610, de 19.2.1998)

Todos os direitos desta edição reservados à
Editora WMF Martins Fontes Ltda.

Impresso no Brasil | 1ª edição

wmf **martinsfontes**

Editora WMF Martins Fontes Ltda.
R. Prof. Laerte Ramos de Carvalho, 133
São Paulo | 01325-030
tel. (55 11) 3293 8150 | fax (55 11) 3101 1042
info@wmfmartinsfontes.com.br
www.wmfmartinsfontes.com.br

SÃO PAULO
COMPANHIA DE
DANÇA

R. Três Rios 363 | 1° andar | 01123-001
São Paulo SP Brasil
tel (55 11) 3224-1380
www.spcd.com.br

Projeto gráfico
Mayumi Okuyama

Tratamento de imagens
Fábio H. Mendes

Versão para o inglês
Izabel Murat Burbridge

Revisão de texto em português
Mário Vilela

Impressão
Leograf (São Paulo, SP)

FORMATO 170 x 220 mm TIPOLOGIA Absara PAPEL miolo Couché Fosco 150 g/m², guardas Colorplus Los Angeles telado 180 g/m², capa Couché Fosco 150 g/m² NÚMERO DE PÁGINAS 336 TIRAGEM 1.000

**GOVERNO DO ESTADO
DE SÃO PAULO**

Governador do Estado
Geraldo Alckmin

Secretário de Estado da Cultura
Marcelo Mattos Araujo

*Coordenadora da Unidade de Fomento e
Difusão da Produção Cultural*
Maria Thereza Bosi

**ASSOCIAÇÃO
PRÓ-DANÇA**
ORGANIZAÇÃO SOCIAL DE CULTURA

Presidente
José Fernando Perez

Vice-presidente
Maria do Carmo Abreu
Sodré Mineiro

SÃO PAULO
**COMPANHIA DE
DANÇA**

Diretora
Inês Bogéa